基于胜任力理论的卓越警务人才培养研究

谭　胜　著

群众出版社
·北　京·

图书在版编目（CIP）数据

基于胜任力理论的卓越警务人才培养研究/谭胜著
.--北京：群众出版社，2024.5
ISBN 978-7-5014-6325-1

Ⅰ.①基… Ⅱ.①谭… Ⅲ.①警察-人才培养-研究
-中国 Ⅳ.①D631.15

中国国家版本馆 CIP 数据核字（2024）第 000204 号

基于胜任力理论的卓越警务人才培养研究

谭 胜 著

责任编辑：杜向军
责任印制：周振东

出版发行：群众出版社
地　　址：北京市丰台区方庄芳星园三区 15 号楼
邮政编码：100078
经　　销：新华书店
印　　刷：北京画中画印刷有限公司

版　　次：2024 年 5 月第 1 版
印　　次：2024 年 5 月第 1 次
印　　张：15.25
开　　本：787 毫米×1092 毫米 1/16
字　　数：266 千字

书　　号：ISBN 978-7-5014-6325-1
定　　价：65.00 元

网　　址：www.qzcbs.com
电子邮箱：qzcbs@sohu.com

营销中心电话：010-83903991
读者服务部电话（门市）：010-83903257
警官读者俱乐部电话（网购、邮购）：010-83901775
法律图书分社电话：010-83905745

序　言

公安院校是公安专门人才培养的主阵地。如何培养人、培养什么样的人是公安院校人才培养的永恒主题。与非公安院校相比，公安院校人才培养的特定内涵和要求是什么，更是公安院校长期以来不断凝练和思索改进的一个核心问题。在国家启动高校“双一流”建设以及实施卓越人才培养的大背景下，部分公安院校相继进行了一系列旨在追求卓越的人才培养改革。但总体来看，此类改革仍处于探索阶段，其中公安院校人才培养质量标准，特别是基于人才评价理论构建具有可操作性的评价标准体系，无论在理论上还是在实践中还未达成统一认识。

胜任力理论是西方管理学界研究员工取得成功、产生高绩效所应具备内涵特质的一种理论，广泛应用于人才测评、人力资源开发与教育培训。本书依据胜任力理论，构建警察胜任力模型，分析警察胜任力的受教育影响因素，特别是基于警察胜任力提升的视角，梳理了公安院校人才培养实践与改革现状，重点分析了其中存在的困惑与问题，为当下卓越警务人才培养改革提出了应对策略。本书逻辑重点有三个：一是从概念着手，提出警察胜任力三个假设维度；在此基础上，通过实证研究方法，经过大样本问卷调查与计量分析，构建警察胜任力模型。二是建立从模型到人才培养的关联性，即开展人才培养各环节对胜任力影响机理的研究。三是针对公安院校人才培养现状及存在的问题，按照本书分析框架进行对策研究。通过完整的研究论证过程，本书希望对以下三个方面进行探讨：

第一，卓越警务人才与胜任力是目标与工具、培养产出与评价标准的关系。“卓越人才”与“胜任力”两个概念逻辑相通，都是对“群体”或“自我”的超越，其逻辑内核具有一致性。胜任力模型是可测、可量的，尤其是通过特定方法构建胜任力评价指标体系，能够为卓越警务人才培养提供可观测的工具。

第二，“追求卓越”是公安院校人才培养的一种理念，具有普适性与特定性、绝对性与相对性。基于胜任力标准，卓越警务人才培养具有特定的要求，即成就动机、拓展素质、政治品性、职业素养和专业能力，而成就动机、拓展素质等内隐素质在毕业生职业发展中的作用更为明显，这是卓越警务人才培养的绝对性要求。不同职级、不同岗位公安民警的胜任力与卓越性具有相对标准；不同层级、不同类型的公安院校亦能够培养出符合自身定位和不同需求的卓越警务人才。卓越警务人才培养不是精英教育，也不是少数人的教育，这就是其相对意义。

第三，卓越警务人才培养本质上是一种高素质应用型专门教育。这种教育不同于通识教育，后者注重的是具有广泛适应性的通用人才培养，而公安院校实施的是基于公安行业的专业教育，需要注重公安专业理论在实践中的应用与创新。这种教育也不同于职业教育，后者注重的是操作技能的训练，而公安专门人才培养基于专业又高于专业，基于职业又不限于职业，注重学生较强的理论基础、专业知识和警务技能的综合运用。因此，卓越警务人才培养要求通识教育、专业教育以及职业教育的综合统一。

总体来说，本书以警察胜任力模型构建为基础，以胜任力提升的受教育影响因素研究为连接点，以公安院校人才培养现状及对照分析为重点，综合运用案例研究、比较研究、问卷调查等方法，对卓越警务人才培养的目标架构、核心要素以及评价标准进行了深入探索，为公安院校人才培养改革提供了对策建议和实践框架。

谭胜

2024 年 2 月

目　录

第 1 章　绪论

1.1　问题缘起

我国公安教育培训发端于新中国成立前夜，华东、华北解放区先后成立了公安干部培训学校，后经过多次改制。1978 年国际政治学院（中国人民警官大学前身）开办本科教育[①]，1984 年中国人民公安大学成立并开办本科教育，我国公安高等教育体系逐步形成。目前，开办学历教育的公安院校共有 35 所（不包括警察地市级培训学校），其中部属院校 5 所，开办本科教育院校 26 所，是国内乃至世界警察教育培训领域办学规模最大、结构最为完整的行业高等院校，是我国高等教育体系不可或缺的组成部分。

党的二十大报告明确指出要深入实施人才强国战略。新时期，“努力培养造就更多大师、战略科学家、一流科技领军人才和创新团队、青年科技人才、卓越工程师、大国工匠、高技能人才”。[②] 当前，高等院校人才培养模式改革日新月异，国家相继启动了高等学校“双一流”建设等一批重点建设任务，并持续开展“卓越人才培养计划”。这些改革举措为公安院校人才培养工作注入了新理念、新目标和新框架，一些公安院校也开启了卓越警务人才培养计划等人才培养模式改革。与卓越法律人才培养、卓越工程师培养等相关“国家计划”相比，卓越警务人才培养计划目前只是部分院校的改革，其核心概念、理论支撑、评价手段以及体系架构等方面的理论研究和实践改革还处于探索阶段。在已启动的卓越警务人才培养计划中，有院校明确提出人才培养要“胜

---

① 王彦吉．中外警察教育与培训［M］．北京：中国人民公安大学出版社，2010：176.

② 习近平在中国共产党第二十次全国代表大会上的报告，共产党员网，https：//www. 12371. cn/special/20da/bg/，2022-12-08.

任”公安工作岗位，但“胜任”的内涵特质是什么，标准体系如何构建；基于“胜任”如何培养专门人才，教学过程如何组织实施，特别是如何架构从胜任力提升到人才培养过程的有机联系，推动公安院校人才培养改革、打造卓越警务人才，仍然是公安教育研究中的一个重要课题。

1.1.1 研究背景

公安高等院校是我国高等教育体系的重要组成部分。公安院校人才培养改革既受国家高等教育政策的影响，也面临着公安行业政策变化带来的一系列挑战，更有高等教育自身发展规律的要求。

1. 政策调整对公安院校人才培养定位带来新的挑战和要求

第一，国家相关高等教育政策和发展战略的调整。从人才培养的定位来看，高等院校人才培养定位从新中国成立初期的“专才”转向“通才”教育，特别是“自 20 世纪 90 年代起，文化素质教育被提上我国高校人才培养工作的议事日程”。① 进入 21 世纪，社会各界开始对高校素质教育之路进行反思，特别是在高等教育大众化的背景下，专业性高端人才缺乏、大学生就业难、大学生社会竞争力低等现实问题，也使得国家重新审视专业教育、职业教育问题。2014 年，《国务院关于加快发展现代职业教育的决定》（国发〔2014〕19 号）明确提出“引导一批普通本科高等学校向应用技术类型高等学校转型，重点举办本科职业教育”。2021 年颁布的《国民经济和社会发展第十四个五年规划和 2035 年远景目标纲要》再次强调要“建设高质量本科教育，推进部分普通本科高校向应用型转变……加快培养理工农医类专业紧缺人才”。特别是根据《国家中长期教育改革和发展规划纲要（2010-2020 年）》，国家相继启动了卓越工程师、卓越医师等人才培养计划，突出各行各业应用型人才培养。可以看到，国家高等教育政策在强调通识教育、素质教育的同时再次关注到了行业领域特定人才的培养。

在这一过程中，行业高校的演变尤为明显。自 20 世纪 90 年代以来，在“共建、调整、合作、合并”的方针下，原中央部委所属的 500 余所高校划归地方管理。② 截至 2023 年 6 月，包括公安院校在内，仍由行业部委管理的普通

---

① 胡琦．我国高校文化素质教育走向及模式改革［J］．高校教育管理，2014（7）．

② 唐守廉，王亚杰．行业特色型大型和趋于经济社会发展互动机制的研究［M］．北京：北京邮电大学出版社，2011：4-22.

高等学校有 41 所（不含教育部直属高校）。[①] 通过高校合并调整和体制转轨，行业院校与原有行业部门的关系变得松散，原有关系被打破，行业高校在新的形势下纷纷寻求新的发展路径，但是有“部分院校亦盲目追求综合化发展和‘大而全’，对传统的行业特色专业进行了不科学的调整”。[②] 随着国家高等教育政策的转向，特别是启动“卓越计划”、加强应用型人才培养等系列举措，使得很多行业高校又回归行业领域。所以，周光礼教授就认为，组织变革的外部动力和组织传统文化使得“行业划转院校”经历“去行业化”到“综合化”，再到“再行业化”的过程。[③] “再行业化”势必引发新一轮行业高校人才培养改革。公安院校虽然一直在行业领域内，但是随着国家教育政策的变化，部分公安院校也在发展非公安专业，人才培养多样化。在新的形势下，如何适应高等教育发展趋势，如何体现自身优势和卓越性是公安院校人才培养改革的一个主线。

第二，公安院校招录培养体制改革后更加凸显其毕业生素质的重要性和意义。公安院校作为培养人民警察的特殊行业院校，一段时间以来，在毕业生就业方面国家并没有特殊的保障政策，与其他高校毕业生同台竞争（参加普通公务员考试），导致一些公安院校培养的公安专业毕业生流向社会，很多院校入警就业率非常低。近年来，国家有关部门注意到这一问题的严重性，研究制定了新的公安院校招录就业政策，人社部等六部门于 2015 年年底联合下发《关于公安院校公安专业人才招录培养制度改革的意见》（人社部发〔2015〕106 号）。新的招录就业政策主要宗旨就是将公安院校毕业生作为公安队伍来源的主渠道，具体分两大类，一是特殊公安专业毕业生实行定向招录培养、入学即入警的政策，即学生入校即有警察资格，毕业合格后直接进入公安机关。二是其他公安专业毕业生要通过专门的人民警察公务员考试，取得公务员资格后，在公安系统内经过报名、面试等程序入警就业。这种政策变化在很大程度上解决了公安院校毕业生就业问题，同时对其办学和人才培养也产生了深远影响。其一，公安院校人才培养目标更加明确单一，即培养合格的、胜任现代警

---

① 全国高等学校名单，中华人民共和国教育部网站：http://www.moe.gov.cn/jyb_xxgk/s5743/s5744/A03/202306/t20230619_1064976.html,2023-06-15.

② 谭胜．高等教育分类体系视域下公安院校本科人才培养的思考［J］．中国人民公安大学学报（自然科学版），2012（1）．

③ 周光礼．“行业划转院校”的“去行业化”与“再行业化”：环境变迁与组织应对［J］．教育研究，2018（9）．

务工作需要的卓越警官；其二，公安院校毕业生在走上工作岗位后不但要与普通院校毕业生同台竞争，而且公安院校毕业生内部之间竞争和对比将更加突出。因此，公安院校人才培养出口虽然有了政策保障，但是如何培养有竞争力、满足公安工作需要的毕业生，其潜在的挑战将是长期的、深远的。

2. 公安高等教育自身发展与改革要求，即毕业生胜任力标准正成为人才培养过程中的一个重要指标

毕业生胜任力是考察高等院校人才培养工作、学科建设工作的一项重要指标，对于一所大学的社会声誉乃至长远发展都是至关重要的影响因素。教育部2016年启动的第四轮学科评估也高度重视学科的人才培养功能，特别增加了毕业生胜任力的考察指标①；2020年第五轮学科评估进一步丰富完善了毕业生素质考察指标。2020年，中共中央、国务院印发的《深化新时代教育评价改革总体方案》也强调要"人岗相适……探索建立应用型本科评价标准，突出培养相应专业能力和实践应用能力"②。就公安院校来说，毕业生胜任力是考察学校教育对接公安机关需求的一个重要纽带。因此，部分公安院校在其人才培养方案中就明确提出胜任力标准，如湖南警察学院刑事科学技术专业在2020年版本科人才培养方案中提出毕业生要"胜任刑事科学技术方面的实际工作"。

按照当前公安院校招录培养体制改革的政策要求，公安院校毕业生将成为公安机关补充新警的主要渠道。据不完全统计，我国现有警力200多万人，如果以此为基数，按年自然减员率1.5%计算，每年需补充警力3万多人，除去军队转业干部和社会招警份额外，每年需从公安院校新招警力2万多人。因此，公安院校人才培养质量、毕业生任职表现和岗位胜任能力对于公安队伍建设的重要作用将更加凸显。与其他高校一样，公安院校毕业生走向工作岗位后，学生将脱离学校的管理范围，客观上失去体制与机制上的联系。但与其他高校不同，大部分公安院校毕业生就业后，与母校仍属于一个行业，从业务上看仍有一定的交叉，学校仍有获取毕业生入职表现的便捷途径。然而，就实际状况来看，公安院校与毕业生这种联系是随机的、不确定的，部分院校进行的毕业生跟踪调查也只是从总体上把握学生情况，并没有从加强和改进人才培养

① 全国第四轮学科评估方案，中国学位与研究生教育信息网（学位网），http：//www.cdgdc.edu.cn/xwyyjsjyxx/xkpgjg/283494.shtml，2017-8-10.

② 中共中央，国务院：深化新时代教育评价改革总体方案，中国政府网，https：//www.gov.cn/gongbao/content/2020/content_5554488.htm，2020-11-18.

工作角度建立一个科学的标准、稳定的路径、长效的机制，以衡量和评估其任职表现和职业生涯发展，这恰恰是畅通公安院校人才培养出口、改进人才培养工作的一个重要保障环节。胜任力理论既是一种人才评价理论，其模型结构亦是一种人才测评的工具。如何诠释人才培养过程中的“胜任”目标，搭建毕业生任职表现与人才培养过程的联系是一个值得研究的问题。

再者，公安院校人才培养仍面临着一些问题和诸多挑战，也需要从毕业生入职表现来寻找答案。“当今社会瞬息万变，人们很难完全将学校培养的人才结构和规模与社会需要对接起来，而只能是模糊地对接，大范围内的对接。”① 社会在变革，行业发展加速，对人才要求不再是“又红又专”的简单叠加，而是更加多元、更加苛刻。同样，公安院校人才培养虽然指向公安工作。但是，现代警务工作也不仅仅是靠单一公安业务技能，更多的是需要一种综合素质来胜任职业要求。长期以来，公安院校本科人才培养强调面向公安实战，也强调公安行业通用的基本知识技能和通识教育，但是如何整合不同的教育要求，仍然没有找到一个客观答案和平衡标准。例如，“大学通识教育与公安专业教育的平衡点难以把握，教学内容强调知识的客观成分而忽视学生自我感悟、自主提升等主观因素，出现明显的唯逻辑化和纯客观化倾向”。② 所以，公安院校仍然存在如何科学界定人才培养的知识能力结构、如何协调职业教育与专业教育、公务员考试与警务能力培养的衔接等一系列问题。要解决这些问题，必须考量学校办学“产品”的实际使用效果，从“产品”使用中的表现特征、优缺点以及影响因素等角度出发，以“产出”倒逼人才培养改革。

1.1.2 研究问题

本书研究的基本问题是在高等教育形势发展和公安高等教育改革的大背景下，如何界定卓越警务人才内涵以及如何培养卓越警务人才。具体问题可以分释如下：

1. 基本概念研究：卓越警务人才的内涵研究

明确卓越警务人才与传统人才的区别与联系，特别是从行业高等教育、专业教育以及高等职业教育边界的角度，厘清和构建卓越警务人才的内涵标准，

---

① 谭胜．公安高校应用型人才培养目标的含义及其培养思路［A］．王彦吉主编．公安教育教学理论与实践论文集．北京：中国人民公安大学出版社，2007.

② 谭胜，王红丽．试论教学练战一体化本科人才培养模式的内涵——以公安大学实践探索为例［J］．中国人民公安大学学报（自然科学版），2015（3）.

从理论上阐释公安教育实践领域卓越警务人才培养的基本逻辑。

2. 模型构建研究：警察胜任力模型构建

以胜任力理论为基础，结合卓越警务人才的内涵，按照胜任力模型构建的一般方法，定性研究与定量分析相结合，厘清警察胜任力特征要素和维度构成，经过构建、验证、淬炼和修订多重环节，力求建立一个科学全面、层次分明、解释有力的警察胜任力模型。

3. 胜任力提升与人才培养关联研究

研究不同的受教育背景对毕业生胜任水平的影响，分析公安院校卓越警务人才培养的应然状态和主要特征。结合警察胜任力模型，研究当前公安院校人才培养实践，特别是以胜任力提升的视角分析其中的问题与不足。

4. 卓越警务人才培养对策研究

如何基于警察胜任力模型，特别是其与人才培养过程的对应关系，推动公安院校卓越警务人才培养改革与实践。

需要指出的是，本书中的卓越警务人才培养特指本科阶段的卓越警务人才培养，涉及研究生层次、高职层次的研究，主要是为本科层次的人才培养找准参照和坐标。

1.1.3 研究意义

基于胜任力理论，开展卓越警务人才培养研究不仅具有理论探索意义，搭建新的理论研究框架，而且能够丰富卓越人才培养的工具箱，为公安专门人才培养质量提供诊断工具，从而指导和服务公安院校人才培养改革的实践。

1. 理论价值

丰富和推进卓越警务人才和公安人才培养相关理论研究。虽然很多公安院校在战略层面提出了培养卓越警务人才、完善公安专门人才培养体系的理念框架，也有学者论述："在全面推进依法治国的背景下，卓越警务人才培养模式注入了新的理念和标准"①，但是对于卓越警务人才内涵与标准的相关理论研究仍然不足，对于公安人才培养体系缺乏理论构建。本书从卓越警务人才的概念出发，厘清行业教育、专业教育和应用型人才、卓越人才培养之间的理论逻辑，突出卓越警务人才与普通公安人才内涵区别，甄别卓越警务人才的内涵要

---

① 黎宜春，陈雨薇．广西公安院校卓越警务人才培养模式的探析［J］．高教论坛，2016（5）．

素，特别是将概念辨析与胜任力理论结合起来进行研究，为卓越警务人才理论研究提供了一个全新的视角。本书顺利实施并产生预期结果，能够从理论层面丰富完善卓越警务人才相关理论，能够促进对公安专门人才培养规律的认识与把握，可以在一定程度上推动公安教育理论研究的发展。

2. 工具价值

为公安专门人才测评提供一个可供观测并经检验的工具和路径。对于公安院校“产品”的衡量与评价，不仅是用人单位选人用人和招录新警的重要环节，也是公安院校人才培养过程、推动人才培养改革的一个基本依据。很多高校通过毕业生跟踪调查等形式，收集毕业生在工作岗位中的职业表现，也有学者开展毕业生就业力或可雇佣性（Employ ability）①、毕业生职业适应性（Occupational Aptitude）② 等方面的研究，但这些研究大多存在于概念、特征领域，毕业生调查的形式、规模、方法手段也因学校、地域乃至具体调查人的偏好不同而不同，无法做到标准统一、科学规范。本书从胜任力理论及其模型构建出发，试图搭建校内人才培养与公安工作岗位表现之间的桥梁，以一个相对成熟、科学稳定的测评模型解释公安专门人才特征要素及其培养过程，力求为公安院校毕业生“出口”提供一个科学有效的测评工具和路径。

3. 实践价值

为公安院校人才培养实践提供宏观或微观的多维度设计。国家高等教育改革特别是行业特色型高校转型发展，人才培养领域“卓越计划”稳步推进等现实背景，为公安人才培养改革实践提出了新课题、新挑战和新要求。从公安高等教育谋篇布局、人才培养的层次结构到人才培养模式改革、教育教学过程改革，都需要新的理念、新的支撑。本书就是着眼于教育政策与理论环境的变化，以胜任力理论及其模型为视角，通过设定人才培养过程中的变量要素，回顾公安院校人才培养过程，力求为推动公安人才培养改革、培养能够胜任公安工作各个岗位的卓越警务人才提供宏观设计和微观建议。为此，本书具有一定的理论指导性和实践应用性。

---

① Hillage J & Pollard E. *Employability: Developing a framework for policy analysis*, Research Report No. 85, Institute for Employment Studies. Sudbury: DfEE Publications, p. 27 (1998).

② 吴超．人力资源管理中的职业适应性问题［J］．丹东师专学报，2002（4）．

1.2 国内外研究现状

1.2.1 卓越警务人才培养相关研究

以“卓越人才”为关键词，从国内学者400余篇研究成果来看，2010年前鲜有研究，随着“卓越计划”的启动，学者们开始集中关注国内外卓越人才培养的研究领域。卓越警务人才培养的相关研究与实践，下文将集中梳理，在此不做赘述。关于卓越人才培养的研究主要集中在以下几个方面：

1. 国外学者有关卓越人才和卓越警务人才培养的研究与实践

为便于分析讨论，本研究梳理了教育史上关于人才培养的经典理论和观点，并据此归纳国外学者关于警察教育研究的不同视角；同时简要分析国外同类警察院校（专业）的人才培养实践。

（1）国外学者有关卓越人才的理论研究。近现代以来，从夸美纽斯泛智主义到赫尔巴特关于培养“理性的人”的思想，从杜威的实用主义教育到赫钦斯的永恒主义教育，追求培养卓越人才是国外学者重点关注的领域，也是国外一流高校恒定的价值目标。美国教育学家布鲁贝克认为，从历史上看，大学存在的合法性来自两个方面，其中认识论合法性“就是以人的性格陶冶和心智开发为主要目的的大学教育”①。这种观点可以追溯到亚里士多德提出的自由教育理论，他强调“自由教育是唯一适合于自由人的教育，它的根本目的不是进行职业准备，而是促进人的各种高级能力和理性的发展，从而使人从愚昧和躁动中解脱出来”②。这种理念在现代大学中体现为通识教育。美国博德学院的帕卡德（A. S. Packard）教授为支持《耶鲁报告》，曾指出“我们学院预计给青年一种古典的、文学的和科学的，一种尽可能综合的教育，它是学生进行任何专业学习的准备，为学生提供所有知识分支的教学，这将使得学生在致力于学习一种特殊的、专门的知识之前对知识的总体状况有一个综合的、全面的了解”③。

与之相对，西班牙学者奥尔特加·加塞特在著名的《大学的使命》一书

---

① ［美］约翰·S. 布鲁贝克．高等教育哲学［M］．王承绪等译．杭州：浙江教育出版社，2001：13.

② 李立国．亚里士多德的自由教育思想简析［J］．焦作大学学报，1999（3）．

③ 周全兴．我军院校初级指挥军官培养模式研究［D］．华东师范大学，2005：127.

中强调大学普通教育的重要意义，但是他也特别强调大学的目标就是培养各种专业人员。大学教育分为两类，其中一类是“学术专业的教学，即培养律师、法官、医生、药剂师、中学教师等从事具体工作的专业工作者”①。当然，随着专业教育的深入发展，功利性倾向日益明显，也引发学者们的担忧。美国卡内基基金会前主席欧内斯特·博耶对当今美国大学教学现状进行了批判，“我认为高质量的大学本科教育应该使学生形成一种全球性的眼光和全人类的视野。人类大家庭的未来并不取决于把武器系统置于太空，而取决于全人类更好的相互理解”②。哈佛大学前校长德里克·博克将人才培养与大学卓越性联系起来，他认为大学评价过多注重学生的学业成绩、教师的学术成果等，而人才培养过程“在写作、批判性思维、数理能力等方面的培养还存在许多问题……这是现代大学逐渐失去对大学教学卓越性追求的根本原因”③。他主张培养学生的表达能力、批判思维、道德原则、公民意识、多元素养、广泛兴趣以及职业准备等。关于卓越人才的研究，国外学者多为以研究卓越教师等特定人才时加以论述。美国 R. 格拉泽（R. Glaser）等人认为，“卓越”表征是要“具有一个复杂性、结构化的基础，自主地思辨思维是其核心”④。学者伯雷特（C. Bereiter）与斯卡达利亚（M. Scardamia）认为，作为专家型卓越教师，关键在于“卓越”，它是一个动态的过程，而且是连续的，他们以问题为导向，积极寻求机会，扩展认知和能力的界限边缘，以达到最大化，不断解决新问题。⑤

从现有资料来看，国外学者还未将警察教育（Policing Education）与卓越（Excellent）两者联系起来进行研究，但学者们对警察教育训练仍然给予了高度的关注。与本书研究主题相关，国外学者主要从三个方面开展研究。一是警察素质提升与警察学历教育。学者们普遍认为，警察学历教育对在职警察素质

① ［美］奥尔特加·加塞特．大学的使命［M］．徐小洲，陈军等译．杭州：浙江教育出版社，2001：51.

② ［美］欧内斯特·博耶．关于美国教育改革的演讲［M］．涂艳国，方彤译．北京：教育科学出版社，2002：77-78.

③ ［美］德里克·博克. 回归大学之道——对美国大学本科教育的反思与展望［M］. 侯定凯，梁爽，陈琼琼译. 上海：华东师范大学出版社，2008：17.

④ CHIMTH，Glaser，Farr M. J.. The Nature of Expertise［M］，Hillsdale，NJ：Erlbaum，1988：15.

⑤ Bereiter S.，Scardamia M.. Surpassing Ourselves：An Inquiry into the Nature and Implications of Expertise［M］. Lasalle，IL：Open court，1993：23.

提升具有重要意义。美国学者李·麦吉（LeeMaggy）、庞奇（Punch）和莫里斯（Maurice）通过大量的访谈研究，认为警察通过在职攻读学士学位，对于其自身发展具有重要意义，特别是对领导力、组织能力的发展具有重要帮助。[①] 英国学者柯林·罗杰斯（Colin Rogers）和贝坦·史密斯（Bethan Smith）从机制上研究了警察学历教育，认为1916年美国加州大学伯克利分校首先为在职警察提供“刑事司法”（Criminal Justice）专业的学历教育，为警察素质发展打开了大学的大门，英国警察学院应该为警察提供相应专业的学历教育和研究领域。[②] 二是警察训练研究和警察专业化研究。涉及主题较为广泛，有针对一般训练过程的研究，也有针对专门案件的训练研究，如交通事故、精神病人案件，研究警察训练的内容及方法。比尔·迈克尔（Birzer Michael）关注警察教育训练过程，认为以往警察训练过多依赖行为模仿的训练方法，而在社区警务环境中，需要创设一种以成人教育理论为基础，以学生教育为中心的训练方法，将有助于训练效果。[③] 三是警察的素质结构研究，这部分研究与警察胜任力构成研究有重复，将在下文中呈现。

（2）国外高校相关人才培养实践。在实践层面，以“卓越计划”冠名的改革项目多为高校整体的发展计划，如美国佛罗里达大学卓越计划，主旨是该州政府按照层次标准，加大对大学的支持力度，推动一流大学建设。[④] 德国大学于2006年也启动了“卓越计划”，其本质为德国联邦政府与州政府联合打造“精英大学”工程。在卓越人才培养方面，从目前资料来看，国外大学实践主要集中在卓越工程师培养和卓越教师培养领域。早在1995年美国国家科学基金会就发表了《重建工程教育，聚焦于变革》一文，强调工程领域人才加强通识教育、提升学习能力的重要性。其后，美国工程院（NAE）与美国自然科学基金委员会联合发表了《2020的工程师：新世纪工程的愿景》。为此，麻省理工学院和瑞典皇家理工学院等四所大学于2004年创立了CDIO工

---

① Lee Maggy Punch，Maurice. Policing by Degrees：Police Officers' Experience of University Education［J］. Policing & Society，2004.

② Colin Rogers.，Bethan Smith. The College of Policing：Police Education and Research in England and Wales［J］. Higher Education and Police，2018（2）：87-106.

③ Birzer Michael L.. The theory of andragogy applied to police training. Policing：An International Journal of Police Strategies，2009.

④ 王战军. 美国佛罗里达大学卓越计划研究：州政府支持与大学自主谋利［J］. 比较教育研究，2017（6）.

程教育理念，主旨是加强卓越工程师的复合能力培养，“突出工程教育应以学生为中心，强调工程设计和工程实践的教学，提倡在工程教育方面高校之间展开合作以及高校与工业界之间展开合作，力图将工程实践有机融入到工程人才培养课程体系中来”①。在卓越教师培养方面，国外相关机构亦是多途径开展各类计划。2011 年，英国出台“培养我们下一代的卓越教师”（Training our next generation of outstanding teachers）计划。2012 年，德国实施了“卓越教师教育计划”（Excellent teacher scheme）。2014 年，美国教育部启动“让所有人拥有优秀教育者”（Excellent educators for all initiative）项目。这些项目与计划根据对卓越标准的认知采取不同的举措。

国外警察教育实践主要采取学历教育和培训两种形式。我国学者认为，当前世界警察教育模式有 5 种。② 第一种是英美模式：代表国家是英美等实行盎格鲁—撒克逊警察体制的国家。警察部门招募新警员经过警务技能培训，正式成为一名警察，警察学历教育的主要形式体现在社会普通大学的学历教育中。第二种是原东欧模式（包括越南和朝鲜）：以军队管理体系为特色。设有警察专门院校，实施学历教育，但警衔与军衔同轨，警察与军队混同编制。第三种是东方综合模式：这种培训模式以韩国为代表，还包括埃及等国家以及中国台湾地区。其警察具有比较完善的考试筛选制度，并通过国家级警察大学实施警察教育。第四种是原殖民地模式（发展中国家模式）：以军衔为基础建立培训与晋升相结合的制度，普通大学是警察学历提升的主要场所，警察机构内部各类专业培训中心是警察警务技能提升的主要场所。第五种是中国模式：考试招募制度逐步完备，培训与晋升相结合的制度正在建立之中，警察学历教育与在职培训并重。

就警察学历教育实践来看，国外警察人才培养主要有以下几个特点：一是警察人才培养与其教育体制紧密相联，教育模式直接左右课程的选择。以美国警察高等教育为例，中美两国首先在警察教育体制上就存在显著差异。在美国，警察学历教育和警察职业教育相对独立，界限较为分明。由于新警员并不是直接来自大学校园，而大学警察专业的毕业生的就业出路也并不就是警察业务岗位，因此美国警察的教育任务可以客观地分而治之，即存在注重理性层面

---

① NAE. Educating the Engineer of 2020：Adapting Engeering Education to the New Century［M］. Washington：The National Academies Press，2005.

② 王大伟. 中国公安教育的特色与定位——从中西比较的角度考察［J］. 中国人民公安大学学报，2003（2）.

的通识教育以及只关注警察岗位技能培训的分野。二是欧洲警察院校注重通识教育理念与专业适应能力的融合。从欧洲八国警察学历教育课程设置来看，如表 1-1 所示，刑事/犯罪学课程所占平均比例最高，为 27%，其次为基础课程，占 21%，而包含警务技能课程在内的其他警察相关课程只占 17%。三是人才培养的课程体系注重理论课程与实践课程相结合。由于警察教育目标指向很明确，具有很强的实践性，由此无论是美国的警察学历教育还是韩国的警察大学都对实践、实习给予充分的重视。美国密歇根大学明确要求田野工作、独立研究、实习等课程的学分；韩国警察大学明确规定学生在实际部门工作的课时；欧洲各国在这方面也有其相应的规定。

表 1-1　欧洲八国警察学历教育课程设置

课程 国家	法律	警察管理（领导科学）	刑事/犯罪学	其他警察相关课程	基础课程
荷兰	20%	25%	25%	20%	10%
比利时	20%	10%	30%	20%	20%
土耳其	25%	4%	5%	27%	39%
希腊	30%	20%	20%	20%	10%
捷克	10%	10%	60%	0%	20%
芬兰	10%	40%	20%	10%	20%
乌克兰	40%	10%	10%	10%	30%
克罗地亚	5.6%	10%	42.2%	26.7%	15.5%
平均比例	20%	16%	27%	17%	21%

资料来源：EUROPEAN SYSTEMS OF POLICE EDUCATION AND TRAINING. Edited by: Milan Pagon［online］（网址：http://www.ncjrs.gov/policing/eur551.htm，2017-09-12）

2. 我国学者关于卓越人才和卓越警务人才培养的研究

我国学者对卓越人才培养的研究比较丰富，其研究方向主要集中在以下几个方面：

一是对卓越人才的内涵与标准给予定性研究。关于卓越人才培养的标准，从国内学者的研究来看，主要分为通用的标准和某一特定行业的标准。例如，贡福海、范守信认为，卓越人才教育培养计划是“现实条件下的素质教育”，要求学生具有宽广的知识面、扎实的实践能力以及专业综合素质，这其中特别强调学生的问题能力，在工程教育中要体现出科学精神与人文精神高度融合。王利明认为："卓越法律人才当然应该是精英人才，但精英不是高高在上、远离大众、远离基层，而应当有服务大众的意识，具备服务基层的能力。"① 有学者以卓越工程师培养为例，认为卓越计划要走出培养"高级工程人才为目标"的误区，要有层次性地培养，如地方院校要"立足办学层次，立足经济社会对工程人才知识、能力、素质结构变化的需求，强调顺利完成工程人才的基础知识教育和一线工程师的基本训练，使学生具备基本的管理能力和综合素质"②。还有学者认为，卓越人才要有面向行业的实践能力、面向世界的全球眼光、面向未来解决专业前沿问题的能力。③

二是对卓越人才培养过程的研究。陈益飞认为，卓越人才计划是一种全新的教育理念，要以经济社会发展需求为导向，特别是要突出实践教学环节的重要性，强调人才培养要有行业企业的深度参与，并就卓越人才培养的教学组织方式、专业设置、师资队伍建设等问题提出构建举措。④ 还有学者基于卓越法律人才培养计划，认为卓越法律人才首先应定位于法律实务人才。根据服务面向，分应用型复合型人才与涉外型人才两个培养类型，从招生、课程教学、师资队伍、教学实践等各个环节构建不同类别的培养体系。⑤ 其他方面的研究更多地聚焦某一行业、专业乃至职业卓越人才培养，如电气、会计、机械等，并在人才培养理念、培养模式、课程建设等方面进行了重点研究。

三是对当前卓越人才培养中的问题进行剖析。武汉工程大学韩新才等人认为，当前国家在推进卓越人才培养计划的过程中，存在重理论科学轻应用科学、人才培养模式多样性不够、师资水平不足、实践教学重视不够以及校企互利共赢机制不健全等诸多问题。据此，对卓越人才培养提出建设性意见。⑥ 还有学者认为，除了师资队伍、培养模式等方面存在的问题之外，关键的是对卓越人才的目标和定位没有清晰的认识，对其标准与内涵需要进一步地广泛论

---

① 王利明．卓越法律人才培养的思考［J］．中国高等教育，2013（12）．

② 王力．"卓越计划"人才培养模式特征分析［J］．亚太教育，2015（11）．

③ 陶小马．教育研究及教学改革论文选［M］．上海：同济大学出版社，2011．

④ 陈益飞．高校培养卓越人才探索［J］．教育评论，2013（4）．

⑤ 王利明．卓越法律人才培养的思考［J］．中国高等教育，2013（12）．

⑥ 韩新才，王存文，闫福安．我国高校卓越工程师人才培养存在问题与对策研究［J］．教育教学论坛，2015（8）．

证，特别是在强调院校特色的同时，如何衡量“卓越”的标准缺乏有效的工具。

首先，在对卓越人才培养研究的基础上，部分公安院校的教育工作者开始关注卓越警务人才培养。但是，从量上看，研究成果不多，中国知网上仅有相关文章23篇。从总体来看，现有关于卓越警务人才培养的研究，很多是对部分公安院校相关办学实践的总结或者报道，如某省公安院校启动了“卓越警务人才培养改革”，并对其改革目标、方法路径以及成果进行了梳理总结，这在之后的案例研究中将详细阐述。其次，关于对卓越警务人才内涵的认识，从现有研究来看，基本是将其他领域的“卓越人才”概念移植到警务人才概念中。例如，有学者认为卓越警务人才内涵包括“法学素养、多学科知识背景、公安实践能力、国际视野、职业道德”①。最后，在卓越警务人才培养的路径方法上，多集中于教师作用、实践教学以及国际合作培养，而对于学科专业设置、课程构建、教学方法、第二课堂活动等主要教学环节涉及较少，或者缺乏系统构建。所以说关于卓越警务人才培养的研究尚属于起步阶段，研究的系统性不足、理论支撑不足、方法路径单一。

1.2.2 胜任力理论有关研究

胜任力理论是一种对人的评价理论，广泛运用于政府、教育培训、企业和工业生产等社会经济各个领域，是检验教育培训成果或选人用人的一个有效评断依据。

1. 胜任力理论研究概述

胜任力理论研究最早可追溯到20世纪初泰勒（Taylor）的“管理胜任力运动”（Management Competencies Movement）②，他在《科学管理原理》一书中采用时间和动作分析法比较优秀工人与一般工人的工作效率，研究工人胜任力。此后，人们从不同维度关注工作绩效。自20世纪70年代发端，胜任力理论体系日趋成熟，广泛应用于企业、教育以及政府领域，甚至在世界范围内引

① 高玮. 关于卓越警务人才培养的思考与探索［J］. 湖北警官学院学报，2012（10）.

② Jorgen Sandberg. Understanding human competence at work：An Interpretative Approach［J］. Academy of Management Journal 2000，42（1）：9-25.

发了一场“胜任力运动”（Competency Movement）①。1973年，美国著名心理学家麦克米兰（McClelland）采用全新思路正式提出了胜任力理论，他在《测量胜任力而不是智力》（*Testing for Competency Rather Than Intelligence*）一文中否定了智力和能力测验，特别是学业测验与职业成功的必然关系，提出了代之的胜任力测验，以及胜任力有效测验的原则。他对胜任力的定义是“与工作、工作绩效以及生活中其他重要成果直接相关或相联系的知识、能力、技能、特质或动机的总称”。② 在麦克米兰看来，胜任力是区别卓越成就者和普通者深层次的个人特征。

胜任力理论一经提出，就受到学者们的关注，并从不同角度开展胜任力理论研究。其中，美国学者劳伦斯（Norris）认为根据理论目标，胜任力理论研究风格分为三个流派。一是行为主义学派胜任力研究，主要目标是以胜任力研究教育培训工作；二是通用性胜任力研究，主要目标是甄别绩优者和普通者，应用于管理领域；三是认知学派胜任力研究，应用于语言学和高等教育的研究领域。③

行为主义学派胜任力研究主要是研究如何保证和提高对象的胜任力水平，重点在于开发产生或提升胜任力的教育培训方法和项目。在方法上，“基于胜任力的培训和教育主要依赖于任务分析，即通过结构化的观察得出具体的胜任特征，把胜任特征的构造完全看作一个纯粹的技术过程”④。但是，人的培养目标是多元的，把某一胜任力作为教育培训的终极目标显然不符合现代教育理念，因此这一理论受到来自教育界的批评。通用性胜任力研究是选择适合的人承担适合的工作，胜任该工作。这一流派的主要任务就是研究如何识别胜任力，学者们的不同方法、不同定义呈现出胜任力的特征观和行为观、冰山模型、洋葱模型等理论成果（关于胜任力概念内涵，下一章将具体阐述）。认知学派胜任力研究从认知心理出发，将胜任力本身与其目标——工作绩效分开研

---

① Orgen Sandberg. Understanding Human Competence at Work：An Interpretative Approach ［J］. Academy of Management Journal，2000（1）：9-25.

② David C. McClelland. Testing for Competence rather than for Intelligence ［J］. American Psychologist，1973（28）：1-14.

③ Norris N. The trouble with competence ［J］. Cambridge Journal of Educaiton，1991：21（3）：1-11.

④ 高建设. 胜任特征——高层管理者胜任特征模型建构与应用［M］. 北京：航空工业出版社，2009：6.

究。梅西克（Messick）指出，“胜任力是指个人所知道的，在理想状态下能够做到的，而工作绩效指在实际现存的环境中所能做到的”①。教育和培训只是使得人们认知和掌握了知识和技能，但是如何运用这些知识和技能产生胜任的绩效，需要个人其他能力、行为模式、知识转化等综合素质共同完成。还有学者从语言学角度认知语言的胜任力，并将其与言语规范规则区别开来，共同组成一个人的言语表现。

关于胜任力的类别，研究也非常丰富。诺德豪格（Nordhaug）以“六分法划分胜任力”②。（1）源胜任力，适用于各种职业、行业和组织；（2）一般行业性胜任力，适用于特定行业；（3）组织内胜任力，只适用于特定组织；（4）标准技术胜任力，适用于特定职业；（5）技术胜任力，适用于特定职业、特定行业，如某一行业的会计人员；（6）特殊技术胜任力。按照这一划分标准，本研究应属于一般行业性胜任力，即研究对象受行业领域限定。麦克米兰也对胜任力种类进行了研究。③ 他认为胜任力有内在特征和外显特征两类。前者是个人内部的某些特质，如向上动机、做事主动性、抽象思维等，这是一个人的内在特质，不易被发现。后者属于外在的表现，包括个体对工作组织的作用，如领导作用、影响、推动作用、组织能力等。还有学者按照用途将胜任力分为职业胜任力、个人胜任力和教育胜任力。这些分类研究对本书模型构建和指标选取具有重要的指引作用。

2. 胜任力模型研究及其实践应用

国内外学者对于不同的群体胜任力模型的研究较多，以“胜任”和“模型”作为关键词在中国知网上搜索，可查阅到相关文献达 2500 余篇，其中以“毕业生”作为关键词，“在结果中检索”，没有查阅到公安院校毕业生胜任素质或胜任力的相关研究，但检索到相关文献 10 篇。在这 10 篇文章中，有 2 篇为硕士学位论文，4 篇关于医学专业毕业生胜任模型研究，其他集中于职业院校及旅游专业毕业生胜任模型研究。例如，李貌的硕士学位论文讨论的是大学毕业生通用性胜任模型，该文通过问卷、访谈得出了成就导向、人际主动性、

① Messick S.. The interplay of evidence and consequences in the validation of performance assessments［J］. Educational Researcher. 1994：23（2）.

② Nordhaug O.. Competence specificities in organizations［J］. International Studies of Management & Organzation，1998：28.

③ McClelland D. C.，Boyatzis R. E.. Leadership motive pattern and long-term success in management［J］. Journal of Applied Psychology，1982：67.

献身组织精神、自信团队精神、服务精神、主动性思维能力等指标，并简要对比了大学毕业生在不同类型企业、不同行业部门的胜任力表现。[①] 董海瑛的硕士学位论文对医学专业毕业生胜任特征进行了探讨，并构建了职业发展能力、人际关系能力、个人特质、医学专业技能和知识4个维度18个二级指标的模型，并且该模型被认为可以较好地衡量医学学生的综合能力，对医学人才测评与选拔、医学教育教学方法改革有良好的借鉴作用。[②]

其他领域胜任力研究主要有两大类。一是某一类人员的胜任素质研究，主要集中在领导、经理人、技术人员、技工等。1982年，波亚茨（Boyatzis）通过行为事件访谈、问卷等方法考察了工业行业的41个管理职位2000余名管理人员胜任素质，得出了包括目标和行动管理、领导、人力资源管理、指导下属、关注他人、知识6大群征以及19个子特征等通用胜任力模型。[③] 斯宾塞（Spencer）在1989年研究得出包括21项胜任特征的，适用于技术员、销售员、社区服务人员、职业经理人和企业家5大类的通用行业模型。随后，学者对胜任力模型研究广泛关注，特别是一些管理咨询公司，结合较为大型的实证调查，构建了不同的胜任力模型。例如，全球性的管理咨询公司合益集团（Hay Group）30年来致力于胜任力研究，建立了丰富的模型库和评价问卷量表，如MCQ管理胜任力问卷（Managerial Competency Questionnaire）、LCO领导胜任力问卷（Leadership Competency Questionnaire）。美国其他咨询公司，如麦克贝尔公司（Mcber Company）、洛美哥（Lominger）、美国国际人事决策中心（Personnel Decisions International）等也在开展相关研究或调查。

国内学者构建胜任力模型较晚，比较著名的是2002年王重鸣等人通过实证评价的方法，结合研究对象的职务分析，构建了高层管理者的胜任力模型。值得一提的是，国内博士学位论文开始关注胜任力模型研究，目前检索到3篇相关博士学位论文，主要是对大学校长、行业院校教师以及公务员三类人员的胜任力进行研究。例如，刘晶玉通过文献分析法、关键事件访谈法（约10位校长）等构建了大学校长胜任力模型，包括人格魅力、教育理念、管理能力、人际关系、发展能力5个一级指标24个二级指标，并通过模型考察了校长的年龄、性别、学历、在位时间、学校成立时间、学校类别等因素对胜任特征的

① 李貌．大学毕业生通用职业胜任特征模型研究［D］．宁波大学，2008.

② 董海瑛．医学毕业生胜任特征模型构建研究［D］．四川大学，2007.

③ Boyatzis R. E.. The Competent Management：A Model for Effective Performance［M］. New York：John Wliey，1982.

影响。① 其他博士学位论文也采用不同的方法构建了不同的胜任力模型。

二是对某一种团队或团体的胜任模型特征进行研究。例如，1990 年，美国学者普拉哈拉德（Prahalad）对市场环境下一个团队所表现出来的核心胜任力进行过大量研究，他将其定义为团队在外围环境所表现出的竞争力，这些竞争力包括进入和应对不断变化的环境和博弈场的潜质，独特的不宜被模仿的特色优势以及对市场最终产品能够起到决定性作用等。② 国内学者马红民等通过对国内外相关文献的分析，提出了创业团队胜任力概念，对创业团队胜任力的指标维度和特征进行了总结，分析了创业型团队胜任素质对创业绩效的影响和关联度。③ 王是平通过问卷调查法，对并购企业高层管理团队进行了专门研究，运用胜任力理论，建立了并购企业高层管理团队的胜任特征模型。④

3. 胜任力模型的构建方法

胜任力模型构建方法是一种指标化的数学模型，从国外学者的研究来看，主要运用的方法有行为事件访谈法、文献法、工作分析法、问卷调查法、专家小组评议法等。一种模型胜任构建往往综合运用了几种方法。

（1）行为事件访谈法。行为事件访谈法作为胜任力模型构建的经典方法，首先由麦克米兰提出，由斯宾塞丰富完善并最终成为一种独立的构建方法。行为事件访谈法是指就关键事件进行重点深度访谈，访谈者要求被访谈者就工作过程中某些记忆犹新的行为事件进行详细的描述，访谈者详细记录，目的就是通过对事件的描述，特别是引导被访谈者对事件失败或成功原因的分析，寻找和揭示促成事件发生发展中被访谈者的个人行为特征和潜质。行为事件访谈法能够揭示研究对象深层次不易被觉察的特征，能够切合胜任力最本质的含义，“是目前最受组织机构和专家学者认可、在国内外应用最为广泛的胜任力模型构建方法”。⑤

（2）文献法。文献法主要通过梳理相关文献，列出不同文献就特定人群

---

① 刘晶玉. 研究型大学校长胜任力模型研究［D］. 东北大学，2011.

② Prahalad C. K. Hamel G. The core competence of the corporation［J］. Harvard Business Review 1990，68（3）：79-91.

③ 马红民，李非. 创业团队胜任力与创业绩效关系探讨［J］. 现代管理科学，2008（12）.

④ 王是平. 高层管理团队胜任特征对并购整合效能影响的实证研究［J］. 北京工商大学学报（社会科学版），2010（2）.

⑤ 南宁，胡建平. 基于胜任力的人力资源管理［J］. 管理纵横，2002（8）.

胜任特征或素质要求的题项，然后按照一定标准，或按出现的频次，或按重要性等进行排列组合，组成胜任力的最初题项或要素表。这种方法适用于研究的初始阶段，为下一阶段深入研究和题项甄别提供原始资料。

（3）工作分析法。胜任力与研究对象的工作职位和内容、职责紧密关联，通过对工作职位所需要的知识、技能、经验以及潜质等的分析，推演出胜任工作职位的胜任要素。工作职责分析简便易行，很多研究都运用该方面，但是这种方法也有不同的侧重点。美国学者桑德伯格（Sandberg）将这种不同侧重点称为员工导向、工作导向和复合导向。① 在研究实践中，美国学者较多重视人的因素，关注优秀业绩的行为；而英国学者主要以工作为导向，关注职业或关注标准。②

（4）问卷调查法。问卷调查法是一种相对便利而快速地收集大量数据的方法。③ 所以问卷调查法被广泛运用于社会科学领域。胜任力特征要素的确立也常用问卷调查法，与其他领域不同的是，调查问卷要综合运用行为事件访谈法、文献法或开放式问卷法等方法来确定编制的初始量表，再选定问卷对象进行调查。问卷回收后，按照一般的建模程序进行指标筛选、因素分析与验证的环节，最终确定胜任力的结构模型。

（5）专家小组评议法。专家小组评议法就是通过咨询权威专家的方法获得胜任力特征要素。专家小组评议之前，首先要准备评议内容，其可来自研究对象的访谈，也可来自开放问卷以及文献归纳。其次要选定研究领域一定数量的权威专家，对收集到的胜任力特征题项进行评定与评议，经过几轮的意见反馈，编制成题项评价量表，在此基础上进行数学统计，得出相应的胜任力模型。

1.2.3　警察胜任力及其模型研究

关于警察素质的研究由来已久，将胜任力理论应用于警察教育培训、招录选拔更是公共管理部门正规化、职业化发展的一个重要研究和实践领域。国内

① 许庆瑞，张蕾，王勇. 知识员工的能力及其测度［M］. 科学学与科学技术管理，2002（8）.

② Brundrett M.. The question of competence：the origins，strengths and inadequacies of a leadership training paradigm［J］. School Leadership and Management，2000，20（3）：353－369.

③ 王重鸣. 心理学研究方法［M］. 北京：人民教育出版社，2003.

外学者展开了大量研究，在警察胜任力内涵、模型结构以及应用等方面形成了较为丰硕的研究成果。

1. 国外学者关于警察胜任力研究

早在1971年，美国警察管理机构委托希尔森研究所进行警察心理素质模型研究，编制了针对警察职业的心理测量常模，广泛用于警察群体的职业测评和职业生涯管理等工作中。[①] 而胜任力理论早期研究者麦克米兰在提出胜任力的概念时，就以警察选拔为例，他认为“如果你想测试谁有可能成为一名好警察，那么就去看看好的警察到底都在做些什么，然后以此为样本来筛选候选人”[②]。他把筛选优秀员工的方法集中在关注其对象的行为特征之上。他在20世纪70年代参与美国政府关于对外联络官选拔模型的研究项目时，提出“跨文化的人际敏感性、人的积极期望、当地的政治网络”三项胜任特征，为胜任力概念运用于公共部门人力资源管理开创了先例。[③] 就目前资料来看，此项研究较为成功，运用特定胜任力模型为美国选拔了大批优秀的外交官。此后，政府各部门、军队、企业都开始运用胜任力理论以提升其人力资源管理的水平，提升组织工作绩效。

随着警务革命的发展，20世纪80年代美国很多城市的警察机构开始应用胜任力理论到警务管理工作之中。“它们大规模地将胜任力研究引入到警察的人力资源管理中，以此来提升警察的工作能力和成效，改善警察在公民中的形象。”[④] 其中，影响较大的有米尔斯（Mills）和伯纳诺（Bohanno）等人对马里兰州警察的胜任力研究以及拉吾（Love）和休斯（Hughes）对73位美国警察展开的研究，两项研究均采用实证的方法，甄选警察胜任力特征，前者将聪明、自信、自我管理、责任感、成就动机等特征作为胜任要素，后者将灵活性、持久性、自信、判断力等12项特征作为胜任要素。[⑤]

英国学者麦格克（McCurk）、普拉顿（Platton）和吉布森（Gibson）着重

① Jorgen Sandberg. Understanding human competence at work：An Interpretative Approach.［J］. Academy of Management Journal，2000，42（1）：9-25.

② David C. McClelland. Testing for Competence rather than for Intelligence［J］. American Psychologist，1973，（28）：1-14.

③ McClelland D. C.，Dailey C.. Evaluating new methods of measuring the qualities Needed in superior Foreign Service officers［J］. Boston：Mc Ber &Co.，1973，76（4）：8-11.

④ 朱骏杰. 沈阳市警察能力建设中胜任力应用研究［D］. 大连理工大学，2013：13.

⑤ 杨莉. 公安机关基层领导干部胜任能力模型构建［D］. 浙江大学，2008：17-18.

对 349 位侦探进行访谈和跟踪研究，最后得出结论："优秀侦探的一些特征包括长时间远离家人的能力，正确诊释感觉的能力，同感、忍耐不确定信息的能力，有效沟通的能力以及漂亮的、亲切的外表。"[①] 英国麦西亚西部警局为招录新警员，运用一个相对成熟的心理测评工具，专门建立了警察胜任力模型，包含有效沟通能力（Effective Communication）、对民众和社区关注度（Community and customer focus）、个人责任（personal responsibility）、灵活性（Resilience）、解决问题能力、尊重多样性（Respect for divesrity）、团队精神（Team Worker）。[②] 加拿大警方组织力量对警察部门的领导者进行了专门的研究，首先运用文献法，在大量文献的基础上，建立了包含 9 个特征的胜任力模型。其后，由该国四地警方的专家进行评议，最终确定 6 个胜任力特征，即控制力（Mastership）、批判思维（Critical Thinking）、管理能力（Stewardship）、沟通交流能力（Communication）、营建友善关系（Relationship Buiding）、组织战略思维（Organizational Awareness）。[③]

2. 国内学者关于警察胜任力的研究

以"警察/公安/民警+胜任"为关键词，在中国知网上搜索，共获得 16 篇学位论文，其中 1 篇博士学位论文，27 篇期刊论文。梳理汇总这些研究成果，大体可以分为三类。

一是概念介绍、理念引进及概念辨析方面的研究。例如，广州市公安局吴建军在《公安队伍建设的新视点：警察胜任力》一文中提出"警察胜任力"这个概念，并就其在公安工作中的作用机理、现实意义予以阐述。他认为："警察胜任力是指警察适应发展变化的职业需求并持久产生良好业绩的工作能力，通过对警察胜任力的属性分析发现它对公安机关开展队伍建设具有很高的实用价值。"[④] 王驰在其硕士学位论文中认为："警察胜任特征是警察个体在职行为的描述，体现了警察组织目标对个体的期望与要求，是指在特定警察组织范围内，个体所拥有的服务于警察组织战略与组织管理需要的，与卓越绩效（工作业绩）具有内在联系或显著相关的个体特征，这些个体特征是工作情景中警察行为表现或个体所具有的知识、技能、自我概念、特质和动机。"[⑤] 北

① 包飞．刑事警察胜任特征模型的建构［D］．华东师范大学，2006：19.

② 英国麦西亚西部警局官网，www. Westmercia. Police. Uk.

③ 包飞．刑事警察胜任特征模型的建构［D］．华东师范大学，2006：13.

④ 吴建军．公安队伍建设的新视点：警察胜任力［J］．公安研究，2011（8）.

⑤ 王驰．警察胜任特征建构研究［D］．苏州大学，2006：15.

京警察学院李敏蓉将现代信息技术和媒体平台与公安民警职业素养结合起来研究，并将微能力分为基础胜任力、核心胜任力和动机胜任力。需要特别指出的是，该文强调："胜任力是在一定的工作情景中体现出来的，不同职位、不同工作领域、不同文化环境中的胜任特征模型是不同的。"①

二是专注警察胜任力关键要素或模型的构建。模型构建可以分为警察通用胜任力模型与专门警种胜任力模型两类。王驰着重对警察通用胜任力进行了研究，从个体特征、工作关联度、组织战略三个维度，通过问卷调查法得出警察胜任力的沟通协调、分析能力、个人品质、人际敏感、服务导向等 10 种特征，并通过单因素方差分析法，对不同职位、不同警种的变量，各特征变异的显著性进行了研究。杨洁和王兆证在《监狱基层民警的胜任特征模型的构建研究》一文中，以行为事件访谈法对南京、无锡等地 15 位民警分绩优组和普通组进行访谈，获得样本数据，通过统计学分析，得出危机处理能力、时间管理能力、思想政治表达能力等 11 种胜任能力。张金涛对某省基层社区民警胜任力进行考察，通过问卷分析得出社区民警胜任力模型包含知识、能力、态度价值观、社会角色、自我特质 5 个维度。

三是将胜任力理论运用于警察人力资源开发与管理实践的研究，其主要方向是人力资源管理以及警察教育培训领域。例如，张珂珂等人基于胜任力理论设计了公安人力资源管理的一套运行体系，即基于胜任力的公安人力资源规划、公安人力资源获取与配置、公安人力资源培训与开发、公安人力资源绩效管理、公安人力资源薪酬管理。邓海清等人研究了公安机关领导岗位的绩效管理，认为"绩效评价的重点是完成工作的胜任素质及其结果，即'如何做'和'完成了什么'，从而为干部的能力开发、选拔晋升以及培训决策提供依据"②。根据岗位胜任力模型，将其中的胜任力显现部分作为绩效目标，对内隐部分通过岗位履职和综合测评进行测量，并辅之以后续的岗位胜任力激励与开发，形成一套绩效管理流程。

值得一提的是，湖南警察学院范瑛的博士学位论文《警察胜任力模型建构与培养策略研究》通过行为事件访谈法及问卷调查法，搭建了一个包括政治素养、个性特质、身体健康状况、专业知识、业务技能 5 个维度的警察胜任

---

① 李敏蓉. 基于胜任力模型设计的公安民警"微能力"素质培训［J］. 公安教育，2014（9）.

② 邓海清，昌远华. 公安机关基于岗位胜任力的干部绩效考评体系构建研究［J］. 甘肃警察职业学院学报，2017（9）.

力模型，并在对5个维度分析的基础上，依据目标课程理论，对警察院校人才培养目标定位、课程建设、教学过程、教师队伍、校园文化建设等进行了剖析，甄别其中存在的问题，提出警察胜任力培养策略。

1.2.4 文献综述与述评

本书主要研究内容为卓越警务人才培养和警察胜任力两个领域，对于两者学者们有着广泛的研究，但是将两者结合起来进行研究的并不多，特别是从胜任力理论出发，透视卓越警务人才培养过程，推动人才培养实践的研究。从目前的资料看，只有数篇学位论文，而博士学位论文只有1篇。因此，梳理现有文献资料，本书虽然有着丰富的理论铺垫和实践总结，特别是公安院校人才培养的理论与实践、胜任力模型构建理论与实践有着多领域、宽视野的资料积累，但从研究的视角来看，同类研究不多，本书有着很大的突破空间和较强的理论实践意义。回顾前人研究成果，呈现出以下几个特征，是本书确定逻辑起点、创新发展的前提与基础。

第一，在国家政策视域中开展卓越警务人才培养的研究，将国家“卓越计划”相关政策导向、理论基础迁移到卓越警务人才培养之中。虽然“卓越计划”目前还未涵盖警务人才培养，但卓越人才培养的研究丰富多彩，从政策透视、高等教育人才培养战略到卓越人才培养路径研究，从卓越教育理念到卓越工程师、卓越教师、卓越警务人才等具体行业教育的研究，卓越人才培养内涵不断扩大，目标逐渐清晰，培养过程和创新举措不断完善发展，为卓越警务人才培养的研究提供了丰富的理论支撑。但是，就目前掌握的资料来看，卓越警务人才培养研究仍然存在一定的误区，一是对其他领域卓越人才培养进行移植复制，无法体现公安行业特色性；二是不能体现“卓越”一词的内涵，仍然是从公安到公安，与政策要求、卓越理论等规律性因素衔接不紧密。究其原因，是对“卓越警务人才”本质含义与标准的研究没有达到一定的认知水平，缺乏一个理论与实践的桥梁，使得将通用“卓越标准”提炼、融通转化为行业标准。

第二，对于卓越计划、卓越警务人才培养实践有着广泛的研究，特别是对于有关院校的人才培养改革进行了较为深入的总结，具备一定程度的推广和借鉴价值，但对于其改革为什么“改”、依据什么“改”、“改”的效果往往研究较少。在研究视角上，很多学者关注宏观层面，如国家政策、高等教育改革趋势以及警务人才总体需求等方面，而对于警务工作岗位、学生个人发展等微观层面关注较少；在研究价值取向上，多为满足教育教学政策制定者的需求，而对教育教学实践者操作层面研究不够；在研究方法上，大多数研究运用经验归纳法、理论演绎法等定性方法，定量研究以及深入被研究对象内心世界的质性研究并不多。因此，现有关于卓越警务人才培养的研究背后理论支撑有待深入挖掘，研究视角需要进一步拓宽，研究技术手段更应丰富完善。

第三，胜任力理论的相关研究丰富，有着明确的理论范式和稳定成熟的研究方法，特别是在胜任力模型构建过程中，对于隐性素质的关注和量化研究，使人力资源管理或人才培养中的“优秀者”与“普通者”的区分变得更加可视和可操作。但是，胜任力理论研究包括警察胜任力研究，大多注重模型的构建，而对于模型构建之后的分析与运用研究不够。例如，关于胜任力模型各维度结构与相互关联、现实因素对胜任力各维度的影响、基于警察胜任力的影响因素推动人才培养改革等，目前的研究仍然很少。在现有的相关学位论文中，绝大多数硕士学位论文研究均止于模型构建，范瑛的博士学位论文是以警务人才培养为中心，但在警察胜任力模型构建过程中，样本的选择带有一定的地域局限性，且依据其胜任力模型透视人才培养实践的逻辑线索和作用机理，没有成为该研究的重点内容，导致模型构建与培养策略之间的逻辑架构还存在一定程度的空缺，这仍然可以作为进一步挖掘的方向。总体来说，胜任力理论虽然广泛用于人力资源管理、教育培训、人才选拔等领域，但就警察教育培训方面来说，其如何推动人才培养改革，或者说人才培养过程中的诸要素如何影响学生其后的胜任力，这方面研究显得较为滞后。

第四，卓越警务人才培养、警察胜任力构建研究在不同层次、不同范围产生了丰硕的研究成果。例如，国外警务人才培养的比较研究、国外警务人才胜任力测量、某一公安院校卓越警务人才培养实践研究、某一特定警种或层次警察的胜任力研究等，各类研究在培养目标、警察胜任力构成、培养策略等方面有着不同的结论和成果。但是，卓越警务人才培养和警察胜任力研究的视角大多数仍然是较为单一的，某一高校需要培养卓越人才，而高等教育系统也需要培养卓越人才。在公安院校（训练机构）部属、省属以及市办训练机构的三级办学格局中，对卓越警务人才培养层次性、适应性考量不足。警察胜任力研究中，要么关注笼统的警察胜任力的构建，要么是研究某一警种的胜任力，过高或过低的视角使得警察胜任力在运用过程中出现难以“落地”以指导实践，或者因过于具体而难以推广的问题。

1.3 研究思路和本书结构

本书总体思路是基于胜任力理论透视公安院校卓越警务人才培养的过程。本书首先以“卓越警务人才”“警察胜任力”概念与内涵为研究的逻辑起点，并据此构建警察胜任力模型的理论维度假设。运用胜任力研究方法，在理论假设维度下构建警察胜任力初始模型。以胜任力调查问卷开展实证研究，通过对实证数据的分析，验证、修正初始模型，得到警察胜任力模型。其后，重点进行警察胜任力影响因素分析，研究警察胜任力与卓越警务人才培养的实证关联性。最后，在前文研究成果的基础上，对公安院校卓越警务人才培养提出应对策略和改革建议。

根据研究思想，本书结构如下：

第 1 章为绪论。主要阐述研究背景、研究问题、相关概念界定以及文献综述、创新点等内容，绪论部分是本书的基础，特别是文献基础，也是本书研究的总体设计。

第 2 章主要是核心概念研究。从理论上界定卓越警务人才和警察胜任力的概念，并从两个概念的一致性和共通性出发，试图建立两个概念的内在联系。同时，引入本研究其他理论基础，为后期人才培养研究做好准备。

第 3 章主要研究警察胜任力模型构建过程，包括理论维度假设、特征要素探求、初始模型构建、实证检验等多个环节，最终得到警察胜任力模型。对模型各维度及其内容进行界定，并与理论维度进行对比分析。

第 4 章主要是警察胜任力的人才培养影响因素探讨。对可能影响警察胜任力的因素进行探讨，特别是将人才培养过程中的影响因素与胜任力结果进行比较研究，尽可能地把握在大学期间塑造毕业生从警胜任力的主要环节及其影响机理。

第 5 章主要是以胜任力为视角开展公安院校人才培养实践研究。本章目的一是对公安院校卓越警务人才培养现状进行梳理并进行简要分析；二是从警察胜任力各维度的视角，分析当前公安院校人才培养实践，找出实践与改革中存在的问题与不足。

第 6 章主要是进行公安院校卓越警务人才培养实践对策研究。基于警察胜任力模型，特别是对其影响因素、影响机理的分析，结合当前人才培养过程中的问题与不足，进一步厘清公安院校人才培养的理念，对其培养实践及其改革进程提出改进意见和建议。

第 7 章得出结论并展望未来，本章简要回顾全书研究过程，得出主要结论，进一步明确本书主旨思想。同时，分析研究中存在的问题与不足，展望本研究未来发展方向。

本书研究技术路线图如图 1-1 所示。

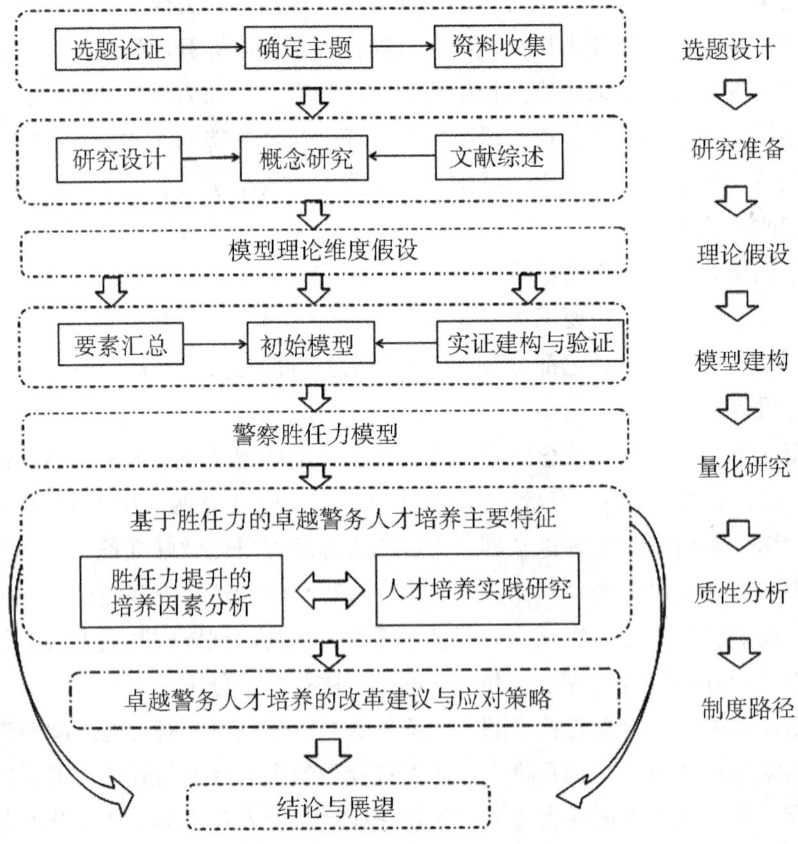

图 1-1 基于胜任力理论的卓越警务人才培养研究技术路线图

1.4 本书的创新点

本书是众多胜任力研究和公安专门人才培养研究中的一个组成部分，借鉴和汲取了前人研究成果、研究思路，同时也在研究视角、模型构建方法、实证成果运用等方面作出有益的探索。本书着重尝试基于警察胜任力影响因素探讨卓越警务人才培养实践，这是将模型构建与人才培养直接关联进行研究的一次探索。

与以往众多警察胜任力研究有所不同，本书构建警察胜任力模型的终极目标是通过模型构建，获取影响警察胜任力的因素，并着重通过对影响因素的分析，将人才培养结果与人才培养过程有机结合起来，为卓越警务人才培养改革提供实证数据支撑。“不同的行业，不同的组织性质，不同的个体差异，带来的胜任力的差异也不尽相同。”① 影响因素研究也是差异性研究，从“产品”或“成品”差异性窥视人才培养过程，力求诠释“胜任”、卓越中“超越”的内涵，在模型结果运用、研究结论逻辑依据等方面有着一定的创新性。

① 刘晶玉，任嵘嵘，邢钢. 研究型大学校长：胜任力与职业化发展［M］. 北京：科学出版社，2016：132.

第 2 章　概念界定和研究理论基础

2.1　核心概念界定

胜任力、卓越警务人才两个不同的概念，各自内涵主旨如何，在逻辑上是否一致，是否有关联研究的可能。基于这些问题，本章研究目标是界定胜任力与卓越警务人才培养的内在关联性，并以这种关联性为基础，尝试对警察胜任力模型构建的维度进行理论假设。

2.1.1　卓越警务人才概念界定

从前述文献综述看，虽然相关卓越人才培养、卓越警务人才培养的研究较多，但在理论上对其概念进行详尽分析的研究仍为数不多。本节从国家高等教育政策、公安专门人才培养、警务工作需求三个角度透视卓越警务人才培养相关概念。

1. 政策视域中的卓越人才培养

《国家中长期教育改革和发展规划纲要（2010-2020 年）》在“提升高等教育质量”的目标中提出“实施基础学科拔尖学生培养试验计划和卓越工程师、医师等人才教育培养计划”。为回应“中国大学为何培养不出自己的学术大师”的“钱学森之问”，国家在 2010 年前后选择北京大学等 20 余所数学、物理、化学、计算机、生物五个基础学科实施“基础学科拔尖学生培养试验计划”，又称“珠峰计划”，旨在“努力使受计划支持的学生有可能成长为相关基础科学领域的领军人物，并希望有一些人能够逐步跻身国际一流科学家队伍”[①]。而在应用学科领域实施卓越人才培养计划，教育部联合人社部、财政部、中央政法委等部门分别发布了《关于实施卓越工程师教育培养计划的若干意见》《关于实施卓越法律人才教育培养计划的若干意见》等文件，在工程教育、法律、医疗、教师教育、农林、新闻传播等领域启动卓越人才培养计划。

以“卓越法律人才培养计划”为例，该计划力求“培养造就一批信念执着、品德优良、知识丰富、本领过硬的高素质法律人才”，并以分类培养的方式，突出应用型、复合型，按照法律职业多层次、多领域的要求，“强化学生法律实务技能培养，提高学生运用法学与其他学科知识方法解决实际法律问题的能力，促进法学教育与法律职业的深度衔接”[②]，同时该计划坚守“厚基础、宽口径”的理念，强化学生法律职业伦理教育，注重学生国际视野、国际意识和国际规则的培养与应用。例如，中国政法大学是以法学教育为主的政法类高校，在卓越计划的支持下，该校将卓越法律人才定位为“应用型复合型”人才。在该校，“应用型”被理解为兼具“较强的动手能力”和“人文底蕴、公共意识、国际视野及法律伦理”[③]，而“复合型”在于学生知识、能力和素质的复合，不仅掌握法律知识和法学运用能力，更要兼具其他学科知识并运用法律解决问题的能力。在人才培养过程中，该校通过建立“同步实践教学体系”“国际小学期制”“中外联合培养制”等多重措施培养卓越法律人才。

从以上论述来看，“卓越计划”与传统高校人才培养过程并不是独立或不同体系，而是其延伸、发展，是提升我国高等教育质量、从教育大国走向教育强国的一个重要路径和实现过程。“卓越计划”内涵可以从以下四个方面进行分析。首先，就政策视角来看，卓越人才与拔尖创新人才培养计划概念相对，它是特定行业、特定职业的专门人才和应用人才。这类人才首先要具备宽厚的人文素养和必要的自然科学素质。其次要有深厚的行业背景，懂得行业规则、行业伦理和行业通用知识。再次需要具备并熟练运用专业知识和行业技能，在卓越法律人才培养中，称为法律实务技能；在卓越工程师培养中，称为工程能

---

① 陈希. 在“基础学科拔尖学生培养试验计划”筹备会议上的讲话［EB/OL］. http：//www. moe. gov. cn/，2017-07-04.

② 教育部、中央政法委员会关于实施卓越法律人才教育培养计划的若干意见［EB/OL］. http：//www. jyb. cn/info/jyzck/201204/t20120424_ 4900981. html，2017-10-30.

③ 黄进. 开展法学专业改革培养卓越法律人才——中国政法大学建设“卓越法律人才教育培养基地”的做法［J］. 法学教育研究，2014（1）.

力和创新能力；在卓越医生培养中，称为临床思维能力。最后，部分“卓越计划”强调与国际接轨，重视国际视野的培养，通晓国际规则，强化人才培养的国际化程度。

2. 公安专门人才培养体系视域中的卓越警务人才培养

高等学校人才培养与其层次类型定位密切相关。[①] 卓越警务人才培养是公安专门人才培养体系中的重要组成部分，从宏观视角特别是不同公安院校层次与类型定位的视角把握不同的人才培养需求是厘清卓越警务人才内涵的必然路径。国际教育领域十分重视不同层级、不同类型教育的区分与功用，并有着较为丰富的理论研究和实践标准。联合国教科文组织颁布的《国际教育标准分类法 2011》（ISCED）将教育分为早期儿童教育（代码为 0）到博士研究生教育的 9 个层级，第 5、6、7、8 级教育属于高等教育。其中第 5 级属于短线高等教育，第 6 级属于本科教育，第 7、8 级属于研究生教育。该分类法明确规定第 6 级本科教育分设学术学位和专业学位两类，即“高等教育包括通常所理解的学术教育，还包括高级职业或专业教育”。[②] 而《国际教育标准分类法 1997》亦将本科教育分为 5A1 与 5A2 两种，即学术学位和专业学位，“前者是按学科设置专业，为学术研究做准备，而后者以行业需要设置专业，实施一定理论与技术要求的专业教育，培养行业发展需要的应用型人才”[③]。

随着我国高等教育规模的扩大，国家和社会各界越来越重视宏观人才培养体系的问题。《国家中长期教育改革和发展规划纲要（2010-2020 年）》明确提出，要“建立高校分类体系，实行分类管理。……克服同质化倾向……重点扩大应用型、复合型、技能型人才培养规模”[④]。高等教育学术界对高等学校分类与人才培养定位的研究由来已久。华南师范大学陈伟教授以“优、雅、实、用”为介质，将现阶段我国高等学校分为四种理想类型（见图 2-1）。学术类高校以学术创新、精神创造见长，培养领袖或学术型人才，体现“优”

① 马陆亭. 为什么要进行高等学校分类［J］. 中国高等教育，2010（20）.

② 联合国教科文组织教育统计局编. 国际教育标准分类［S］. 2011，http：//www.doc88.com/p~5819882090549.html.

③ 谭胜. 高等教育分类体系视域下公安院校本科人才培养的思考［J］. 中国人民公安大学学报（自然科学版），2012（1）.

④ 国家中长期教育改革和发展规划纲要（2010-2020 年）［EB/OL］. http://www.moe.edu.cn/publicfiles/business/htmlfiles/moe/info_list/201407/xxgk_171904.html，2017-05-19.

的特征；通识类高校以学术理解力为培养目标，体现“雅”的特征；应用技术类高校以开发型应用能力为培养目标，体现“实”的特征；技术技能类高校以操作型应用能力为培养目标，体现“用”的特征。通识类高校和技术技能类高校均是以教学为主，主要是通过传统教学活动培养特定人才，而学术类高校和应用技术类高校以研究创新为主要方式培养人才。其中，应用技术类高校位于其“高等学校理想类型”的第四象限，主要包括一些与综合性院校相对的专科性院校，强调“专业素养之实”，我国很多应用型本科院校都归于此类。

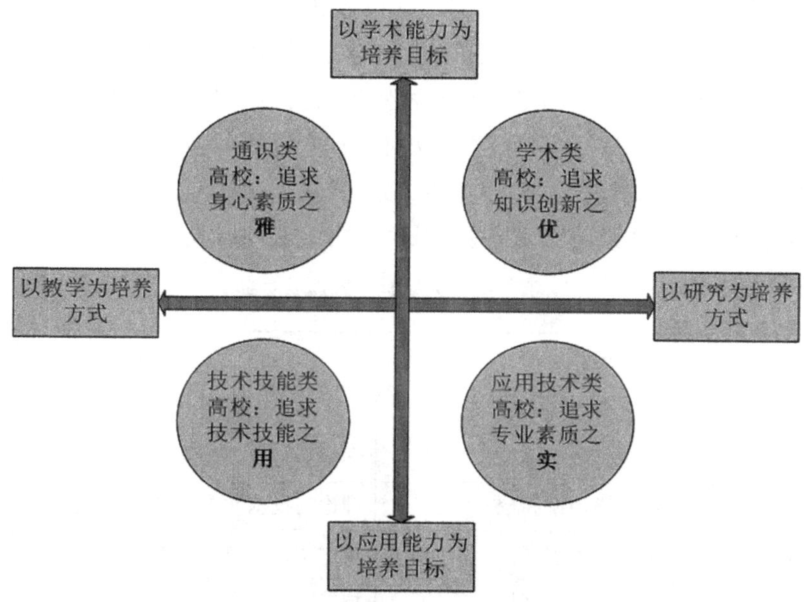

图 2-1　高等学校分类图①

潘懋元教授等人在结合国外高校分类标准研究成果的基础上，认为我国现阶段高等教育存在一个中间类型的高校，这类高校按照行业设置专业，以教学为主，但也承担部分应用研究任务，为满足区域经济社会发展需要，“为地方培养各行各业的应用型高级专门人才，它们既不能走学术研究型的独木桥，也不应都办成职业技术型的高职高专；中间类型所面向的不是具体职业而是某类行业，培养的是行业的高级专门人才，专业口径较宽，适应面较广。不但要求

① 陈伟. 高等学校分类模式的反思与“理想类型”建构［J］. 教育发展研究，2016(11).

有一定的理论水平，而且应当加强通识教育”①。按照潘懋元教授等人的观点，部分原211院校、一般部委院校以及一些地方院校应该走特色型高校之路，定位于中间类型，要“优化学科结构，建成新的、有特色的学科群……应在重视搭建通识课（公共课、专业基础课）教学平台的基础上强调应用型人才的培养”②。

李立国教授直接提出“特色研究型高校”的概念，他认为我国高校应分为研究型和应用型两类，其中研究型又分为综合研究型高校和特色研究型高校，其分类体系如表2-1所示。特色研究型高校除了培养艺术、体育等特殊专业人才之外，主要是“专注于培养某一行业或某一学科领域的专门人才”③。这类人才培养具有深厚的行业背景和优良的行业资源，依靠行业性领先和优势学科，培养本硕博各层次的专业型或学术型人才。应用通用型高校是培养通用型的工程师、教师、医师等特定类型人才，居于区域内领先水平。应用技术型高校多指新建本科院校，主要为生产一线培养高层次技术人才。而应用技能型高校主要为专科层次院校，面向工作岗位培养初级技术人才。

表2-1　高校分类与人才培养类型④

高校类别		人才培养类型
研究类	综合研究型高校	学术型与理论型人才
	特色研究型高校	学术型与专业型人才
应用类	应用通用型高校	理论与技术并重的应用通用型人才
	应用技术型高校	技术型、岗位型人才
	应用技能型高校	技能型、操作型人才

公安教育起源于新中国成立前期公安保卫干部培训，其本科学历教育起始于改革开放初期。现阶段，全国36所公安院校基本由相应层级的公安行政机

---

① 潘懋元，吴玫．高等学校分类与定位问题［J］．复旦教育论坛，2003（3）．

② 潘懋元，王琪．从高等教育分类看我国特色型大学发展［J］．中国高等教育，2010（5）．

③ 李立国，薛新龙．建立以人才培养定位为基础的高等教育分类体系［J］．教育研究．2018（3）．

④ 李立国，薛新龙．建立以人才培养定位为基础的高等教育分类体系［J］．教育研究．2018（3）．

构主管。20 世纪 90 年代，原隶属于行业部委的高校开始相继进行体制转轨，隶属关系划归地方或教育行政部门。公安院校是少数仍由行业部门主管的高校，是典型的公安行业办学。从以上分析的高等教育体系来看，公安院校人才培养显然与纯粹的学术教育不同，在《国际教育标准分类法 2011》中，公安本科教育属于第六层次的专业学位教育；在院校名称上更类似于卡内基高等教育分类法中的“专业学院”的类别；在潘懋元教授等人的分类体系中，公安院校应被定位为中间类型的高校；而按照陈伟教授的四种理想类型，公安院校则体现了“专业素养之实”，应归为应用技术类高校。

“按照教育部卓越人才的政策框架，卓越人才应分为本科层次、硕士层次和博士层次。显然，不同层次应该有不同的目标要求和培养标准。”① 虽然公安院校学历层次还不完备，但就本科教育而言，亦有其层次性、相对性。《公安高等教育发展规划纲要（2018-2022 年）（征求意见稿）》强调，“部属公安院校在服务全国的基础上，重点向尚未设立公安院校和尚未开办公安本科层次教育的省份倾斜，且重点开展高层次、综合性培训，而省属院校重点满足本省公安工作需要，开展民警专业培训和岗位培训”②。显然，部属公安院校和省属公安院校定位与使命不同，其人才培养目标与规格亦因此不同。公安院校卓越警务人才培养，一方面，在专业型高校或行业特色型高校的基本框架下，培养应用型人才，这是基本方向。另一方面，各公安院校服务面向不同，职责使命不同，其卓越警务人才培养亦是相对的，有其特定内涵和规律，特别是学科专业结构、理论与实践配比、知识能力结构应该有所侧重、有所不同。

3. 警务工作需求视域中的卓越警务人才培养

按照西方警务革命理论，世界各国警务实践模式在不断变革，警察人才需求也随之不断变化发展。改革开放初期，百废待兴，公安工作主要任务是“恢复被破坏的公安机关机构设置……并随着工作重心的转移，公安机关机构设置也在不断调整、完善”③。具有一定公安工作经验并具有服从意识、牺牲精神的公安人才成为公安工作步入正轨的前提保障。各地公安机关人才需求量大，不但缺乏专业性人才，也缺乏普通警务工作者。将无序的警务活动进行职

---

① 王庆石，刘伟．卓越人才的内涵与素质标准构建［N］．光明日报，2012-10-16（16）．

② 公安教育“十三五”发展规划（征求意见稿）．

③ 魏永忠．改革开放以来公安机关机构改革及其启示［J］．中国人民公安大学学报（社会科学版），2008（6）．

业化，应该等同视为第一次警务革命，即“现代职业（制服化）警务运动”[①]。因此，大量补缺型人才成为改革开放后一段时间公安机关人才需求的主要特征。

20 世纪 90 年代以来，以信息技术为代表的科技领域迅猛发展，使得公安工作更加专业化，需要更加专业性的人才，需要专业性“罪犯的天敌”来充实警察队伍。“第三次警务革命依赖于现代化科学技术手段加强了警察遏制犯罪的手段和能力。”[②] 这一时期，在外界科技力量的助推下，世界各国警务部门打击犯罪、维护社会稳定的能力大大加强，各国警务部门为适应技术的发展，更加注重引进、培养警务技术人才。我国在“科教强警”的战略指引下，具有某一领域技术专长的公安科技人才成为我国公安人才需求的主力军。

21 世纪以来，社会发展加速，社会各行各业的人才需求呈现新的特征。特别是在我国经济社会高速发展的背景下，社会转型发展加速，维护国家安全和社会稳定面临前所未有的复杂局面，社会矛盾交织转换，违法犯罪手段推陈出新，危害性增大，公安工作面临严峻挑战，对人民警察素质能力要求也越来越高，越来越宽泛。基于同样的问题，2011 年 3 月，美国人魁斯特佛·斯顿（Christopher Stone）提出了“警务改革新专业化”（Toward New Professionalism in Policing）。“警务改革新专业化是承担责任性+有效执法性+改革创新性+改革整体性。”[③] 因此，公安工作不仅需要科技人才，也需要更多更全面的人才。责任、有效、创新、整体等几个特征虽不能概括当前我国公安机关人才需求的全部特征，但是动态追求、超越完善、注重有效的理念大大突破单纯技术理性的适应，逐步走向主动卓越，胜任警察职业需要，满足其人才需求的总体框架。

4. 卓越警务人才内涵标准与价值选择

卓越是一种理想，一种品质，也是一种境界。亚里士多德认为，“人之卓越就是实现人之为人的内在要求，它既不体现为动物性的生活满足也不体现为种性的绝对沉思，而是体现为人性的满足，当然这种完美既离不开理性的指

---

① 张立刚. 警务革命视野下的中国警察教育改革［J］. 云南警官学院学报，2009（3）.

② 王虹. 世界警务革命背景下的警察教育探析［J］. 法制与社会. 2004（6）.

③ 王大伟. 新警察专业化论——第五次警务革命向何处去［J］. 中国人民公安大学学报（社会科学版）. 2012（6）.

引，也离不开领域的实际行动”①。汉语“卓越”一词，“卓”的本义是超然独立、高明、高超、高远，“越”的本义是经过、越过。“卓越”的整体释义为：杰出，超出一般，非常优秀；表示技艺或成就高超出众。简而言之，卓越人才就是非常优秀的人才。但这种“卓越”并非空洞的，而是有具体指向，有着具体维度或观测点的。

综合以上几个方面的论述，从当前警务实践需求以及公安院校改革实践多重角度来看，结合“责任感、创新性、应用性、国际化”四个观测点②，本书认为，“卓越警务人才”可以定义为“具有宽广视野和坚实素质基础，能够运用公安专业知识、专业技能在特定领域或公安行业中解决实际问题或创新发展的高级应用型专门人才”。这一内涵界定亦可以从以下几个层次加以理解。

首先，卓越警务人才要立于公安行业背景之中，属于典型的行业人才。国家卓越计划就是立足法律、工程制造、农林、医疗等行业而实施的，并特别强调要将卓越人才培养标准分为通用标准和行业标准。卓越警务人才首先是普通高校培养符合社会需要的合格公民，因此卓越警务人才培养要坚持普通标准。同时，卓越警务人才是面向公安行业培养的专门人才，要有适应和胜任公安职业与岗位的知识、能力和素质。

其次，卓越警务人才培养关注实践能力。在实践中，卓越人才培养融入企业行业之中，通过校企合作等多种人才培养模式，强化实践能力培养。从公安院校层次定位来看，卓越警务人才非研究性的学术人才，其培养过程更关注实践能力。承载卓越警务人才培养的是公安专业教育，它是“属于大学的专业”，而“不属于大学的职业”③，培养的不是职业教育中的一线实操性人才，而是将专业理论运用于行业实践的应用型人才。

再次，卓越警务人才培养是一种动态的培养过程，从被动适应到不断超越自我。美国学者博恩·催西认为卓越就是“不断地为自己确定越来越高的目标，然后尽一切可能达到这些目标，你就会成为一个卓越的人”④。可见，所谓追求卓越就是对现实和自我的超越，实现一个个更高的目标。从理论上看，

① 章乐. 人之卓越的丧失与制造平庸的教育［J］. 教育发展研究，2011（21）.

② 王庆石，刘伟. 卓越人才的内涵与素质标准构建［N］. 光明日报，2012-10-16（16）.

③ ［美］亚伯拉罕·弗莱克斯纳. 现代大学论——英美德大学研究［M］. 徐辉，陈晓菲等译. 杭州：浙江教育出版社，2001：23.

④ 张清杰. 让学生享受卓越教育 成就卓越人生［J］. 中国高等教育，2011（21）.

卓越警务人才是永无最优的相对概念，也是不同层次、不同类型公安院校持续不断的追求目标。

最后，卓越警务人才更加注重知识技能层面的人格与个性的塑造。卓越人才是一种超越，但这种超越也绝非表层知识层面的超越，而是人的内在素质的不断超越，人文素质、责任感、成就感、创新能力、学习能力等都是各类卓越计划的重中之重。世界警务革命叠加起伏，卓越警务人才不仅仅是适应日益革新、需求倍增的警务工作需要，而是要从被动走向主动，从知识、技能层面走向内在驱动能力的生成，胜任和引领现代警务改革的复杂局面。

当然，普通的卓越人才培养还强调国际化要素，部分岗位的卓越警务人才应该具备国际警务执法合作的国际视野和国际交流能力。但就目前公安管理体制以及公安工作岗位实际来看，绝大部分工作岗位属于内政范畴，特别是一些岗位具有保密性，参与国际交流在法律和政策层面都有诸多限制。涉外警务人才是专门的人才领域，有着特定的背景和要求。因此，基于普及性价值考量，在以下研究中，将卓越警务人才内涵限定于普通公安工作岗位范畴，未将国际能力纳入卓越警务人才的内涵之中。

2.1.2 警察胜任力概念与内涵

1. 胜任力概念界定

关于胜任力概念的内涵，学者一般认为有特征观和行为观两种类型。[①] 美国学者 R. 博亚特兹（Richard Boyatzis）是特征观内涵的代表，他认为任何与有效或杰出的工作绩效相关的个人的特征、特质以及技能都称为胜任力。他提出了“胜任力洋葱模型”。如图 2-2 所示，将胜任力要素由外而内地排列，技能与知识是外显的，处于外层；动机与特质是一种内驱力，能够推动个体，因此处于洋葱的内核部位。[②] 斯宾塞继承了这种观点，认为胜任力是一种个人潜在的特征，并由低到高将其分为动机、特质、自我概念、知识和技能五种类型，它们是能够将高绩效员工与一般绩效员工区分出来的任何个体特征。斯宾塞根据心理学中的“冰山原理”，构建了胜任力的冰山模型。[③] 如图 2-3 所示，

---

① 刘晶玉．研究型大学校长胜任力模型研究［D］．东北大学，2011.

② Boyatzis R. E. . The Competent Management：A Model for Effective Performance［M］. New York：John Wliey，1982：43.

③ Spencer L. M. ，Spencer S. M. . Competence at work：Models for superior performance［M］. New York：John Wiley &Sons. ，1993：231-257.

水面以上部分主要是外显的知识、技能层次，水面以下部分是内隐的、深层次的特征，如社会角色、自我概念、特质、动机等，是决定工作绩效的关键要素。“胜任”的英文翻译有 Competence 和 Competency 两种，在很多情况下是通用的，但是有些学者认为这两个单词具有不同的含义。特征观一般以 Competence 来表示，如 M. 阿姆斯特朗（Michael Armstrong）等人认为，Competence 指的是人们应该能够做的事情，而不是他们做事情时是如何表现的。行为观以英文单词 Competency 来表示，是指与优异绩效有因果关系的行为维度或行为特征，是人们履行工作职责时的行为表现。① 如英国学者弗尔彻（Flecher）认为，胜任力是可以观察到的、具体的、能证实的并合乎逻辑的一类行为。②

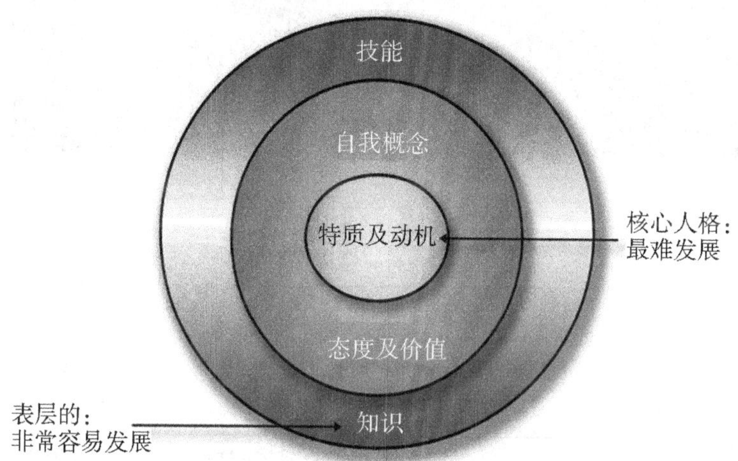

图 2-2　胜任力洋葱模型③

① Michael Armstrong and Angela Baron. Performance Management ［M］. London：The Cromwell Press，1998：296-299.

② Flecher S. NVOs，Standarpds and competence：A Practice guide for employers management and trainers ［M］. London：Kogan，1992：331-337.

③ 伍晔等. 基于胜任力冰山模型的企业营销人员培训研究［J］，企业家天地（理论版），2011（1）.

图 2-3 胜任力冰山模型①

表 2-2 胜任素质冰山模型释义②

素质层级	定义	内容
技能	指一个人能完成某项工作或任务所具备的能力	表达能力、组织能力、决策能力、学习能力等
知识	指一个人对某特定领域的了解	管理知识、财务知识、文学知识等
角色定位	指一个人对职业的预期，即一个人想要做些什么事情	管理者、专家、教师
价值观	指一个人对事物是非、重要性、必要性等的价值取向	合作精神、献身精神
自我概念	指一个人对自己的认识和看法	自信心、乐观精神

① 伍晔等．基于胜任力冰山模型的企业营销人员培训研究［J］，企业家天地（理论版），2011（1）．

② ［美］莱尔·史班瑟，莘那·史班瑟．才能评鉴法［M］，魏梅金译．汕头：汕头大学出版社，2003：25．

续表

素质层级	定义	内容
特质	指一个人持续而稳定的行为特性	正直、诚实、责任心
动机	指一个人内在的自然而持续的想法和偏好，驱动、引导和决定个人行动	成就需求、人际交往需求

国内学者除了系统梳理国外学者关于胜任力的概念以外，对胜任力也进行过定义和归纳。王重鸣认为胜任素质是与工作情景联系的各项素质的有机结合，是人们适应工作或管理环境，产生具体绩效和成就的个体特征，包括知识、技能和态度等。① 赵曙明等强调胜任素质是指那些有助于取得较高工作绩效、胜任工作任务要求的个体素质或特征，如个体的动机、品质、技能、信念、知识体系等，它们在工作中体现或发展为个体胜任工作的能力或特征。② 彭剑峰等指出胜任素质是指能够驱动个体产生优异工作绩效的各种个性特征的集合，并且可以通过不同的方式表现出个体的知识技能、个性特征、内驱力等。③

从以上关于胜任力定义的界定来看，首先，国内外学者对于其概念的定义分歧并不大，主要集中于个体在履行职责任务中所表现出的素质和水平，这些素质或者表现为内在的品质、动机等要素，即这些特征使得个体能够做某些事情；或者表现为一种行为，即个体完成了某项工作。

其次，胜任力是分层次的，外层胜任特征，如行为、角色、技能知识等是显见的，而胜任力的内核包括行为动机、人格等因素，这些因素不易被觉察。

再次，胜任力与工作绩效联系在一起能够界定普通者与优胜者的社会角色与职能，特别是在胜任力的部分指标上，两个群体表现出较大的差异，具有很强的实践意义。

最后，胜任力是可测的，胜任力在特定时期在个体身上的表现往往是一致的和一贯的，是个体稳定的特质表现。但是，个体胜任力也会因时间推移、环境变化、教育培训等因素而不断发展变化。

---

① 王重鸣. 心理学研究方法 [M]. 北京：人民教育出版社，2000：25.

② 赵曙明，杨慧芳. 企业管理者的任职素质研究 [J]. 心理科学，2007 (6).

③ 彭剑峰，荆小娟. 员工素质模型设计 [M]. 北京：中国人民大学出版社，2003：133.

2. 警察胜任力的概念

如前所述，卓越是一种目标动态达成的状态，而胜任力就是达成卓越目标的阶梯形量化标准。很多学者搭建了从胜任到卓越的理想阶梯，以岗位胜任为基线研究卓越人才培养或人力资源开发。罗双平研究员阐述了岗位胜任与卓越效能的关系，他认为“当岗位胜任模型（competency model）构建完成，胜任该项工作的人员所具备的特征及组合结构就变得明确，凭借外显到内隐特征来进行人员素质测评也有了重要的尺度和依据，人力资源的合理优化配置的实现也有了科学的前提”①；同时，他选取企事业单位的高层管理岗位、专业技术岗位等建立胜任模型和卓越效能模型。黄勋敬博士在对 2620 名国内商业银行行长的大规模经典行为事件访谈和问卷调查的基础上，利用实证研究和追踪研究方法构建了商业银行行长领导力模型，探求银行行长走向卓越的过程。②

从内涵标准来看，卓越人才培养应面向未来，立足行业需求，突破外显能力，不断超越自我，胜任复杂多样的行业职业环境。以胜任力为介质，透视卓越人才的评判与培养是一种合乎逻辑的价值选择。在构成维度上，卓越人才超越普通知识层面，强调责任、创新和应用能力；而胜任力更多的也是内在的、潜在的素质构成。在实现方式上，卓越人才关注实践，培养卓越的、特定的实践能力；胜任力也非空洞无物，而是指向特定实践领域，在特定行业或实践领域中表现出来的综合特征。

借鉴前人研究成果，本书旨在以胜任力的视角探视卓越警务人才的培养，其核心概念——警察胜任力——需从卓越人才与胜任力两个概念交织构建。结合前文论述，胜任力与卓越警务人才两者的内涵可以构成以下四个逻辑线索。其一，胜任力理论关注个体知识能力与素质，这是个体外在表征和显见观测点；而卓越警务人才关注人才的实践能力、业务能力和动手能力，同样属于表层要素，两者具有相同的内在逻辑。其二，胜任力要挖掘个体显见特征背后的内隐素质，这是胜任力的核心要素；同样，卓越警务人才的“卓越”不仅体现在外在能力中，更要求人才具有健全的人格和个性特征。其三，胜任力理论的价值功能在于与工作绩效挂钩，在履行社会角色与职责中甄别工作绩优者；而国家启动的卓越人才计划一开始就诞生于特定的行业领域，与行业、职业和

① 罗双平. 从岗位胜任到绩效卓越：能力模型建立操作实务［M］. 北京：机械工业出版社，2006：2.

② 黄勋敬. 从胜任到卓越：商业银行行长领导力模型［M］. 北京：中国金融出版社，2009：3.

工作紧密关联，其目的是为行业或特定工作岗位培养卓越人才。其四，胜任力和卓越警务人才培养归结于胜任力的可测性，即以一个可测量的、相对稳定的指标与标准，连接人才培养的首尾环节，使得人才培养动态循环，不断超越自我。所以，在两者关系上，卓越警务人才是本体，是目标；胜任力是衡量本体的标尺和测量工具，是实现本体的路线图。当胜任力水平达到一定程度或者胜任力绩优者，就称之为“卓越”人才。

据此，警察胜任力可以定义为在警务工作中能够将绩优警察与普通警察区分开来的个性特征和行为，包括知识、能力、个性特质、角色认同、价值观、动机及现实行为。从以上逻辑关系来看，警察胜任力与卓越警务人才是“体”与“用”、“标”与“的”的关系。也就是说，警察胜任力是卓越警务人才最核心、最本质的特征，而提升毕业生从警的胜任力是培养卓越警务人才的媒介与落脚点。从警察胜任力视角解析卓越警务人才培养过程，能够准确把握卓越警务人才的内涵，并使之具体化、明确化和可测量化，为改进人才培养、推动教学改革提供有力的理论支撑。具体来说，其关系可以阐释为以下几个方面：

一是警察胜任力是与工作岗位、职业职位紧密结合在一起的，是在实际工作中体现出的个性特征和行为效果，并且随着工作岗位、条件和环境的变化，有着不同变化和要求。也就是说，卓越警务人才培养有着通用的标准和规律，但亦有不同警种、不同专业的特殊要求。因此，警察胜任力要在工作中、组织环境中分析甄别。

二是警察胜任力能够在实践中区分优秀者和普通者，能够区分组织的各类角色。现实中，优秀者和普通者的界限往往并不明确，更多的是外在表现为具体工作所承担的职能与角色，而其职能与角色背后的胜任力可以作为现实绩效的追因要素，亦可以预测警察在未来的工作成果，成为推动卓越警务人才培养改革进程的价值追求。

三是警察胜任力是由外显特征和内隐特征组成的，外显特征能够通过警察工作中的表现直接观测出来，区分度不高；而内隐特征不易查测，需要运用胜任力理论及其研究方法甄别和提取，是区分绩优者和普通者的主要要素。卓越警务人才培养需要明确内隐要素的内涵与外延，制订有针对性的培养计划。

除此之外，从警察胜任力内涵出发，还可以得出以下特征：

第一，警察胜任力具有基础性。警察具备的胜任能力是一名警察履行好职责、产生高绩效的基础条件和必要条件，但从逻辑关系上来说并不是充分条件。取得良好的工作绩效，需要有警察胜任力的基础，也需要发挥警察胜任力的主客观条件。这是在研究中不可忽视的概念特征。

第二，警察胜任力具有超越性。“人既具有现实性，又具有超越性。”[①] 胜任力表现为胜出于岗位工作的基本能力需要，而且是提升工作成效档次和水平的能力要求。警察胜任力相对于警务岗位适应力、履职能力最低标准等相关概念，有能力超越、绩效显著的特点。从发挥作用的过程来看，警察胜任力是积极主动的、积极作为的，是为了提升工作绩效或有效应对工作中多种要求的变化所具备的知识、能力和素质的总和。

第三，警察胜任力具有实践性。“警察胜任特征是工作条件下与工作绩效显著相关的个体特征。”[②] 警察胜任力只有在实践中才能得以体现，在实践中才具有价值。警务工作实践是警察胜任力的主要载体，是其展现与发展的基本平台。因此，警察胜任力不是虚无缥缈的，而是客观真实的，并在一定条件和环境中展现出来。

第四，警察胜任力具有可塑性。警察胜任力是先天遗传和后天塑造的共同结果，教育和人才培养是塑造警察胜任力的重要途径。通过对警察胜任力的研究，为警察后备人才培养、警察个体自我发展提供一个标杆和基准，特别是对胜任力中隐含因素的研究，能够为弥补先天不足、开展有针对性的培训提供更加清晰的要件。而在此过程中，个体的胜任力获得了发展和提升。

第五，警察胜任力的应用是有范围的。在公安机关组织内，警察个体有着不同的特质，也有着不同的胜任特征，但是组织需要的不一定是所有个体的所有胜任特征。组织会根据工作任务、岗位需求以及外围环境，明确员工胜任岗位工作，发挥最大效能的胜任力，并以此为招录新警或警察教育培训的标准和目标。这种标准和目标能区分绩效优异者与普通者的个体特征，被称为差异性胜任力（Different Competencies），无显著区分两者元素称为基准性胜任力（Threshold Competencies）。[③] 从警察组织群体来看，以应用范围为基准，警察胜任力亦有警察行业通用胜任力和警察岗位（专业）胜任力的区分。

根据上述警察胜任力内涵解析及其与卓越警务人才逻辑的关联性，特别是从警察胜任力应用的基础性、实践性、范围性等特征出发，构建警察胜任力能

---

① 韩云忠．论人的超越性本质［J］．山东师范大学学报（人文社会科学版），2012（3）．

② 王驰．警察胜任特征建构研究［D］．兰州大学，2006．

③ ［美］莱尔·史班瑟，莘那·史班瑟．才能评鉴法［M］，魏梅金译．汕头：汕头大学出版社，2003：22．

够发挥作用必须满足以下条件：

一是警察个体能力的价值层面：个体为什么这样做。

二是警务岗位工作任务的能力层面：个体能够做什么和必须完成什么。

三是警察组织环境的角色层面：个体被赋予什么样的角色。

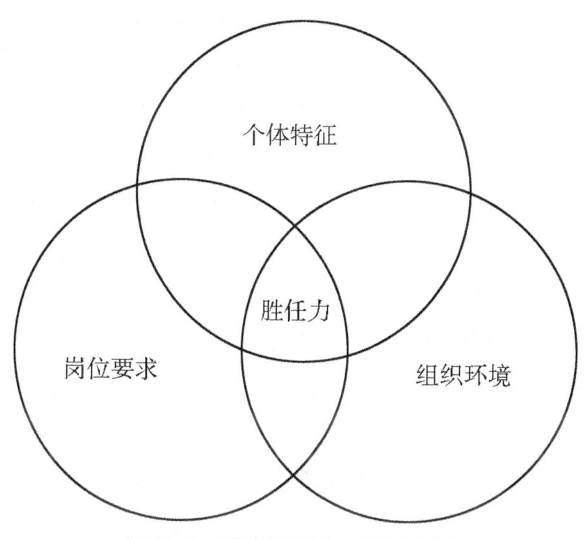

图 2-4　警察胜任力三环示意图

本书研究的是警察胜任力，不是空泛的胜任力研究，有着具体的时空界定。从图 2-4 来看，组织、岗位、个体的不同诉求的交集就是警务实践中警察胜任力发挥作用的条件和范围。只有同时满足组织环境、岗位要求和个体特征，个体的胜任力和胜任特征才能显现出来。清晰界定警察胜任力内涵与标准是从人才培养视角勾勒警察胜任力模型的前提，是本书开展实证研究的基础，更是卓越警务人才培养改革的参照标准和对称轴。

2.2　本书相关理论基础

本书主要的理论基础就是胜任力理论。胜任力理论是本书模型构建、素质测评以及回溯公安教育，推动公安人才培养的理论基础，其价值理念、模型构成、研究方法支撑本书全过程。除胜任力理论之外，在研究的不同阶段，专业教育理论、职业养成教育理论等均从不同角度对本书有着不同程度的支撑。

2.2.1 专业教育理论

1. 专业教育理论的提出及其内涵

关于专业教育，有学者认为在中世纪的欧洲大学已经存在。中世纪的大学一般设有文、法、医、神四科。其中文科是基本科目，只有研修文科后才能进入其他更高级的三门学科学习，因此有学者认为“文科的课程即为有古老传统的‘自由七艺’（Seven Lliberal Arts）”。[①] 而“其他三科则是通常所说的专业教育”（Profession Education）。因此，中世纪虽然受到宗教神学的控制，但是大学“也呈现了专业教育的因素”[②]。甚至有学者认为，专业教育的诞生早于自由教育。美国学者雅罗斯拉夫·帕利坎认为：“与纽曼陈述相左的事实是，专业学院早在文学院之前就已存在……博洛尼亚大学正是对法律特别是罗马法的研究确立了大学最初的格局。”[③] 因此，他认为专业教育正是起源于中世纪的大学。我国也有学者认为：“在古代有限的教育理论中，在今天看来几乎全都是针对自由教育的，专业教育被淹没其中。这也就给后人造成了一种假象，即作为一种教育形式，自由教育产生在专业教育之前。”[④]

可见，专业教育的概念与早期的自由教育相对。它可以追溯到中世纪，虽然受到宗教神学的控制，但是大学在形式上存在专业教育的身影。工业革命特别是美国《赠地法案》的出台，使专业教育迎来新的发展时期。但是，对于什么是专业教育，学者表述不尽一致。《美国教育百科全书》将专业教育界定为为满足专门学术知识的职业需要而开展的正式教学及训练。[⑤] 在《商业与金融百科全书》一书中，专业教育则被阐释为：“在专业学校开展的专门训练。专业教育是指使受教育者具备从事某种职业或生产劳动的专业知识与能力，是在基础教育的基础上不断将理论转化为实践，满足职业高度分化下的时代要求，并使学生掌握在职业生涯中将理论实践化的自主意识与能力，确保他们在

---

① 连进军，解德渤. 作为概念体系的自由教育及其发展脉络［J］. 高等教育研究，2013（1）.

② 涂艳国. 试论古典自由教育的含义［J］. 清华大学教育研究，1999（3）.

③ ［美］雅罗斯拉夫·帕利坎. 大学理念重审：与纽曼对话［M］. 杨德友译. 北京：北京大学出版社，2008：209、112.

④ 孟景舟. 专业教育的历史解析［J］. 复旦教育论坛，2013（11）.

⑤ Harlow G. Huger. Encyclopedia of American Education［M］. New York：Facts on File, Inc，1996：767.

专业领域的持续发展，同时培养他们的职业素养、塑造专业伦理，为社会提供具有专业素养和责任意识的高素质人才。”① 英国学者大卫·沃森（David Watson）对专业教育概念的表述是把受教育者培养成为能够胜任的专业人士的教育过程。

从以上论述来看，对“专业教育”的理解主要有两个视角，一是从知识的分类来看，将专业看作课程、学科知识的不同组合，专业教育侧重知识和理论的构建，学术倾向明显，对应的英文是 specialty、major。这类教育犹如普通综合大学中的各专业教育。二是将专业看作社会分工、社会需求分化的结果，专业教育是培养社会高级专门人才的一种形式，与社会各种具体职业联系较为紧密，对应的英文是 profession。如法学专业，在社会上可能聚焦警察、律师、法官、检察官等职业。综合学者的观点，关于专业教育的内涵理解比较一致的论点如下：第一，专业教育不是面向所有职业培养人才，而是为特定的高地位或专业性强的职业培养高级专门人才。第二，专业教育的知识基础是实践知识，是在“实践中认知”和“行动中反思”②，并随着实践的发展而不断更新和发展。第三，专业教育兼具理论性和实践性两种特征，要为专业性的工作提供必要的理论知识和业务技能，在理论与实践中搭建桥梁，要培养将理论运用于实践之中、推动实践创新发展的能力。第四，专业教育还要具备专业工作的其他综合素质，如专业意识、伦理责任以及批判精神、人文精神等。

2. 专业教育与职业教育的区别与联系

以上关于专业教育内涵的文献梳理中，有学者就是以专业教育与职业教育的区别和联系进行内涵界定。这里再予以突出，以便更加聚焦两者的各自内涵。

亚伯拉罕·弗莱克斯纳观点鲜明地指出职业教育不是大学教育的内容，针对美国医学教育缺乏专业性、科学性的问题，他批评认为这是一种美化的学徒制。他主要区分了“属于大学的专业”和“不属于大学的职业”。“专业是学术性的，因为它深深扎根于文化和理想主义的土壤。此外，专业的本性来自理智。”③ 这就是说专业是学术性、高深性的。他认为那种“不含学问的专业”

---

① Encyclopedia of Business and Finance［M/OL］. The Gale Group，Inc，2001. http：//www. answers. com/professional%20education.

② ［美］布迪厄. 实践感［M］. 蒋梓骅译. 南京：译林出版社，2003.

③ ［美］亚伯拉罕·弗莱克斯纳. 现代大学论——英美德大学研究［M］. 徐辉，陈晓菲等译. 杭州：浙江教育出版社，2001：23.

只能是“职业”，不能划归大学教育。从他的视角来看，法律、医学能够成为大学中的专业，但他又警告说：“一所没有成效的法学院或医学院毫无必要隶属于一所大学”，而应该成为一所“独立的职业学校”。[①] 商业、新闻、家政、图书馆，甚至教育在他看来都应视为职业，没有必要列入大学。

就两者的区别与联系，国内学者研究较多。就共同点而言，学者认为专业教育和职业教育都指向某一类职业，在人才培养类型上具有一定的共同性，在人才培养过程中突出实践知识和技能的要求，要紧密结合社会各行各业的发展需求培养实用型人才。主要区别梳理如下：

一是两者教育的层次和类型不同。例如，《国际教育标准分类法 2007》在其七级教育体系中专门设置了第 4 级，即非高等的中学后教育，为学生就业进入劳务市场的教育，或者在本科层次称之为第 5B 级教育，提供的是实用的/技术的/适应具体职业的课程，教授或训练的主要内容是为进入劳务市场做准备的具体职业技能。而专业教育处于 5A 层面。在《国际教育标准分类法 2011》中，职业教育被分列为第 4 级“中等后非高等教育”、第 5 级“短线高等教育”。而专业教育是处于第 6 级教育，即学士或同等水平（专业）。

再者，美国学者费德曼（Feldman）按照知能结构把人才分为技能型、技术型、工程型和学术型四种。[②] 根据教育部相关文件精神，“我国的学术教育和工程教育由大学本科或本科以上层次实施，技术教育在我国现为大学专科层次，是高等职业教育的发展方向，技能教育则由中等职业教育为主来实施”[③]。当然，这里的工程教育范围包括各类人才的专业教育，如教师、律师、警察、医生等。因此，可以说专业教育培养的是工程型人才，而职业教育培养的是技术或技能人才。

二是两者的本质属性不同。“专业教育的本质属性是‘专门职业’导向性，而高等职业教育的本质属性是‘一般职业’导向性。”[④] 专业职业是要具

① ［美］亚伯拉罕·弗莱克斯纳. 现代大学论——英美德大学研究［M］. 徐辉，陈晓非等译. 杭州：浙江教育出版社，2001：24.

② Feldman K. A.. Research productivity and scholarly accomplishment of college teachers as Relatedto their instructional effectiveness：a review and Exploration［J］, Research in Higher Education，1987，(26)：227-228.

③ 徐今雅，朱旭东. “专业教育”辨析——兼论专业教育与高等职业教育的关系［J］. 复旦教育论坛，2007 (6).

④ 刘育锋. 论职业教育的本质属性［J］. 职教论坛，2004 (4).

备一定的专业知识和相应的能力，是从一般职业中分离出来的，在职业体系中处于较高层次。对于职业教育，有观点认为，“职业教育以帮助学生获得某种职业为主要目的，所获得的职业是‘一般职业’并不包括‘专门职业’。”①

三是两者人才培养的知识能力结构不同。专业教育和职业教育都指向实践，培养适应一定职业的人才，但是人才知识能力侧重点有所不同。在专业实践中需要解决的往往是具有“不确定性（uncertainty）、独一无二性（uniqueness）、伦理冲突性（value conflict），而不是传统中纯粹的技术问题”②。“与专业教育不同，高等职业教育培养的‘实施型应用性’人才是具有生产、管理、经营、服务一线的实际能力的专业技术人才或管理人才；经验和经历对于工作质量更为重要，同时还具备更多一线的操作技能。”③

3. 专业教育理论对本研究的支撑作用

从胜任力角度出发，透视卓越警务专业人才培养，不仅要有公安专门人才培养的特色，为公安实战服务，更要遵从专业教育规律，从人才培养理念、培养目标、培养模式、培养途径等方面系统设计卓越警务人才培养全过程，培养公安行业的专业人才，胜任公安机关相关岗位。

第一，专业教育理论为把握卓越警务人才培养的本质规律提供分析视角。我国公安高等教育在长期的办学过程中形成了不同于普通高校，也不同于境外同类院校的办学特色。公安院校服务公安行业是公安队伍建设的源头，但同时又是培养人、塑造人的场所。因此，公安院校人才培养有着自身的运行规律。卓越警务人才培养是公安院校人才培养改革的一种方式，其本质上是一致的。专业教育理论围绕“专业”，但又不限于“专业”；服务特定行业，但又遵循普通教育规律；强调实践能力，又非仅仅注意操作技能，是一种兼顾大学基本素质、专业能力和职业面向的教育理论。在公安院校人才培养和卓越警务人才培养过程中，如何总体把握通识、专业、行业以及职业的教育规律，专业教育理论提供了一个可供借鉴与分析的视角。

第二，专业教育理论为解决当前公安院校人才培养过程中的一些争论提供

---

① The Columbia Electronic Encyclopedia [M/OL]. Sixth Edition. Columbia University Press, 2003. http://www. ansers. com/vocationa/education.

② Schon D. A.. Education the Reflectiive Practitioner [M]. San Francisco: Jossey-Bass publishiers, 1987: 6.

③ 徐今雅，朱旭东. “专业教育”辨析——兼论专业教育与高等职业教育的关系 [J]. 复旦教育论坛，2007 (6).

逻辑线索。公安院校是行业高校，又是国民教育体系的一部分。来自教育部门、公安行业部门以及大学生自身的需求交织在一起，使得公安院校人才培养具有多需求、多面向的复杂性，特别是当各方需求汇聚到一起时，往往会产生矛盾和争论。例如，基于警务工作的人才需求与基于人的发展需求、基于职业和岗位的需求与基于专业性工作的需求等，在课程设计、教学方式方法甚至警务实训中都会产生一些矛盾。专业教育是以警务工作所需要的“专业知识领域”为基础，重点是发展学生运用专业知识的能力，强调在警务工作中解决上述的“不确定性、独一无二性、伦理冲突性”的问题，与纯粹技能训练的职业教育有着本质不同。运用专业教育理论能够为解决办学实践中的困惑或争论提供一个明确的逻辑导向。

第三，专业教育理论为警察胜任力提升策略提供理论基础。警察胜任力有着特定的内涵、自身的体系结构和维度构成。无论是理论维度假设，还是实证维度，其维度结构与组合决定着警察胜任力的类型与水平。专业教育理论本质上是一种教育实践理论，能够结合公安院校的层次类型定位，为其毕业生胜任力边界与结构提供参照，并能从理念设计、培养目标、培养过程与环节、教学过程等方面为提升毕业生从警胜任力、培养卓越警务人才提供策略支持与措施借鉴。

2.2.2 职业养成教育理论

1. 职业养成教育理论的提出

职业养成教育起源于养成教育理论。养成教育理论是关注个体道德、人格塑造、价值观形成过程的理论。从英国思想家洛克的“白板论”到以布拉美尔德为代表的“改造主义”学派，从实用主义教育家杜威的“生活教育”到柯尔伯格提出的人格发展“三水平六阶段”论，养成教育理论内涵不断丰富，实施内容与途径也在不断完善和发展。

养成教育理论最初关注道德教育。英国思想家洛克认为，通过理性启蒙、优良教育以及反复内省实践能够使人形成习惯，养成良好德行。这种观点可以追溯到亚里士多德“德行出于习惯”的教育思想，并成为现代养成教育理论的重要理论渊源。美国教育学家柯尔伯格在吸收借鉴这种理念的基础上提出了“三水平六阶段”的道德发展理论，为养成教育研究发展提供了理论依据。“三水平六阶段”学说指出了养成教育长期渐进的必要性，强调环境对于个体道德发展的巨大作用，主张“在学校中要树立良好的公正群体气氛，这是道德教育必要的条件”[1]。同时，西方学者还从行为学和心理学等维度对养成教育进行了阐释和分析。托马斯·里考纳等人所倡导的“完善人格教育理论”即是一种注重行为养成的全面综合性实践教育。捷克教育家夸美纽斯提出的“教育以培养学生行为规则为基础”这一教育理念则成为推动西方学校养成教育发展的重要理论依据。

职业养成教育，也称职业素养养成教育、职业习惯养成教育，从总体上看属于道德教育范畴，随着现代职业教育、职业技术教育的兴起而逐渐成为职业教育中的一种理念和重要组成部分。我国自20世纪80年代以来，职业教育不断发展，职业人才培养及其素质构成成为职业院校和相关学者研究的一个领域。因为“社会上用人单位十分注重学生的职业素质，希望他们除了具备专业技能外，还要具有高度的责任感和使命感”。[2] 进入21世纪，职业养成教育在教育界特别是职业教育、行业教育领域受到了越来越多的关注和重视，我国学者也结合教育教学改革实践，对西方论点进行本土研究，从理论和实践方面对其进行了全面深入的探讨，并逐渐形成了科学化、系统化的研究成果。

2. 职业养成教育的概念

职业养成教育主要是将养成教育的方法、路径和原理运用于职业教育领域，形成职业教育中特定的内容、过程与手段。就其内涵来说，当前我国学者从不同角度对养成教育的概念内涵进行了分析界定。有学者基于德育视角对养成教育进行理论解构，指出养成教育是以道德教育的践行为路径，以价值观、人生观与世界观的形塑为目标，旨在培育学生道德素质和个人修为的现代化教育范式。[3] 有学者从社会环境与养成教育的关系角度指出，“养成教育实施要求学校、家庭和社会等多元主体的协同合作，整合各类教育资源、丰富教育模式，在提高学生知、情、意、行的综合素质的基础上促进青少年的持续发展”[4]。还有学者从方法与实践的维度出发，指出“大学生养成教育以高校为平台依托，辅以家庭和社会的参与配合，再综合使用符合大学生发展规律的教学手段，对其形成系统性的影响，从而培养其优良的品质和能力，以适应当代

---

① 林格. 教育，就是培养习惯（上）[M]. 北京：清华大学出版社，2007.

② 曾艳，周淑芬. 职业养成教育在会计专业教学中的实现 [J]. 教育与职业，2015（10）.

③ 闫玉. 略论养成教育的内涵及实施途径 [J]. 长春师范学院学报，2000（11）.

④ 魏莉莉. 从养成教育之标准看学校教育 [J]. 当代青年研究，2004（5）.

社会的发展"[①]。此外，还有学者把职业养成教育看作培养人的一种素质，认为养成教育与素质教育在内容上具有广泛的相近性与共融性。

在职业养成教育内容结构方面，有学者将其内容总结提炼为以下 14 项：诚信、严守法则、担当、筹划合理、协作、良善、高效、知行统一、勤学乐思、具备终身学习的能力、创新、积极自信、意志坚定、成功。[②] 有学者以素质养成机理为逻辑起点，将养成教育内容划分为知、情、意、行等素质。[③] 有学者从习惯的发展性和适应性出发，指出良好的行为习惯不仅包括道德品质、社会公德、言谈举止、身体素质，还应包括创新能力、团队合作、知行合一等时代内容。[④] 此外，还有学者从生态教育、养成途径以及接受图式等角度对养成教育的内容结构进行了划分与形塑。

总而言之，职业养成教育主要是"对学生进行职业理想、职业道德、心理健康和职业行为习惯的养成教育，能够有效促进学生的全面发展，提高社会实用型人才的综合素质"[⑤]。所以，职业养成教育在本质上是一种培养学生养成良好品行的教育，强调通过有意识的教育活动、文化熏陶以及社会实践活动等将外在的知识信息、价值理念内化为自身良好的行为习惯和思想意识，实现人的全面发展。

3. 职业养成教育的方法与路径研究

职业养成教育的方法与路径大体可归纳如下：

一是通过改进师生关系，加强教师影响，实施养成教育。改造主义者布拉美尔德就认为要通过民主的方式改进现有的师生关系，形成师生在平等互动的关系中促进学生养成良好的习惯。在教育实践中，养成教育更多地强调"建立健全学校管理体系；发挥教师言传身教的作用"。[⑥]

二是通过生活体验，实施养成教育。这是实用主义教育思想的代表性观点。杜威围绕"如何开展德育"所提出的"生活教育"理念对养成教育进一步发展完善具有积极推动意义。杜威认为"生活就是教育"，强调通过教学和

---

① 邢国忠. 把大学生养成教育作为高校育人的重要途径［J］. 思想政治教育研究，2008（3）.

② 林格. 教育，就是培养习惯（上）［M］. 北京：清华大学出版社，2007.

③ 薛玉山. 对高校学生养成教育的几点思考［J］. 吉林教育科学，1996（9）.

④ 王世英. 论学习者自主养成教育［J］. 学术论坛，2011（4）.

⑤ 梁梅珍. 中职学生职业养成教育探析［J］. 课程教育研究. 2018（17）.

⑥ 江浩. 论大学生的养成教育［D］. 合肥工业大学，2005.

校园生活实现对学生的间接教育；主张学生直接参加社会生活，在社会生活中接受应有的道德和能力训练。[①] 我国学者引入生态型教育理论模型，在阐释人才成长生态性特质的基础上提出“养成”的本质要义在于引导学生长期积累、践行、遵循并内化教育内容，实现知行统一。[②]

三是强调多主体、多维度参与，形成养成教育合力。这种方法从教育主体资源整合出发，主张由学校、家庭、企业、社会用人单位等多元主体形成教育合力、加强联动协作，鼓励大学生以自我教育的形式，通过自我认识、自我管理、自我修正等手段，逐步完善自我。[③] 同时，立足于学生与环境之间的关系，注重通过学校环境文化建设，加强对学生职业道德素养的熏陶；发挥家庭教育先导性、感染性的特点，以和谐的家庭氛围完善家庭教育，启迪学生的人格培养。[④]

此外，学者在实践教学改革中还提出了生活化养成教育、微观化养成教育、阶梯形养成教育、系统化养成教育等模式，这些教育理念不仅拓展和丰富了养成教育的理论体系框架，而且为养成教育的贯彻落实提供了更多的方向性选择和可能性操作。

4. 职业养成教育理论对本研究的支撑作用

综上所述，对于职业养成教育的研究，很多学者集中在思想政治教育、职业品质、职业道德、职业素养等方面。虽然公安本科教育在性质上不是职业教育，但是作为行业院校，职业养成教育的内容、方法、理念仍然可以作为支撑其人才培养实践的理论基础。因为公安教育明确指向警察职业。警察职业身份的相关意识形态，如理想信念、政治素养、警察意识、职业认同感、职业伦理、专业意识等都是公安院校人才培养需要塑造的应然目标。而这种“软”目标在打造卓越警务人才、提升毕业生从警胜任力方面具有重要作用。但是，它在日常课堂教学和警务训练中难有显见的效果，也难以衡量和评判，而需要借助养成教育的理念，设计和架构人才培养的全过程和各个环节。

所以，职业养成教育作为一种教育理念，其内容丰富、形式多样，强调教

---

① 胡小伟，孙敬华. 关于养成教育理论的研究综述［J］. 卫生职业教育，2013（23）.

② 薛雷. 浅议当代大学生养成教育［J］. 长春工业大学学报，2009（2）.

③ 简福平，陈旭. 试论大学生养成教育的主要途径［J］. 思想理论教育导刊，2009（5）.

④ 孔德秋. 从底线伦理的视角谈职校学生的养成教育［D］. 南京师范大学，2004.

育的长期性、一致性和潜移默化作用。这就为卓越警务人才培养实践与改革提供了多维度的视角，如从教育目标视角来看，职业养成教育有利于厘清“短平快”实战型人才与“宽口径、厚基础”高素质公安专门人才的本质内涵；从人才培养过程视角来看，可以贯穿卓越警务人才培养目标设立、环节构建以及课程体系建设等；从方法论视角来看，可以为卓越警务人才培养提供更加广阔的实现路径。又如职业养成教育强调师生互动，全校教职工全员育人；注重学生生活体验，主张多主体参与，形成育人合力等，这些也为在公安专门人才和卓越警务人才塑造过程中，公安院校、公安机关、社会以及个体在其中的作用与任务界定提供了理论依据。

第 3 章　警察胜任力模型构建与检验

本章主要目标是根据警察胜任力和卓越警务胜任力两个核心概念的内在逻辑关联，通过理论维度假设、特征要素提取、初始模型构建、问卷调查等理论与实证研究，构建并检验警察胜任力模型。

3.1　基于概念研究的警察胜任力模型构建思路

警察胜任力模型构建过程包括理论维度假设和实证研究两部分。理论维度假设是基于概念研究的逻辑关系，将警察胜任力模型分为三个维度；其后进行胜任力特征提取、初始模型构建、模型验证等实证研究的过程。

3.1.1　警察胜任力模型构建维度的理论假设

胜任力模型是胜任力理论研究的主要方法，构建警察胜任力模型是将胜任力理论及其概念运用于研究实践，以此推动卓越警务人才培养改革的基本路径。按照麦克米兰的定义，胜任力模型是“一组相关的知识、态度和技能，它们影响个人工作的主要部分、与工作绩效相关、能够用可靠标准测量和通过培训和开发而改善”①。换句话说，这种模型是指特定群体胜任目标要求的评价体系，一般是由核心指标以及多个次级指标组成的层次结构。根据前文概念研究结果，构建警察胜任力模型，建立胜任力层次指标，需要从组织中的角色职能、岗位知识能力以及个体内隐素质，即“组织—岗位—个体”三个层次维度进行考察和探求，如图 3-1 所示。

---

① David C. McClelland. Testing for competence competence rather than for intelligence [J]. American Psychologist, 1973, (28): 1-14.

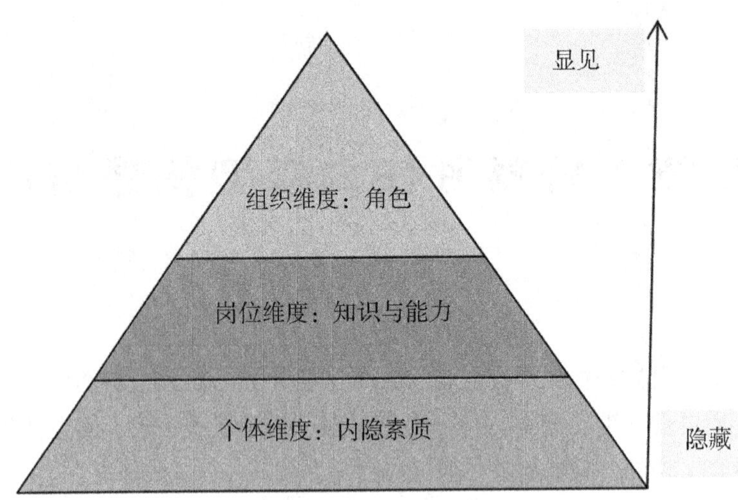

图 3-1 警察胜任力模型三个理论假设维度

1. 警察组织维度：扮演的角色

警察胜任力模型构建的工作关联度在很大程度上体现于研究对象在组织或具体工作中承担的角色或职能。有观点认为，“担任某一个特定的任务角色所必须具备的胜任力总和就是胜任力模型”①。前苏联学者安德烈耶娃也认为：“角色是占有一定地位的个体的外显行为。”② 组织中承担的角色任务是构建胜任力模型的一个重要维度。当然，这里的角色是指社会角色，是组织运行或工作过程中在他人面前表现出的形象或所起到的作用，需要得到公众或特定人群的认可。从这一维度出发，构建警察胜任力模型，首先要回归警察或公安机关这一特定组织，从赋予的应然角色与职能到实际承担角色的视域中提取和归纳。按照胜任力理论，特别是冰山理论的层次结构，从组织人的角度看，警察个体是公安组织的细胞，每个人都具有不同的职责，在组织中扮演着不同的角色（当然这并不是组织正式的角色分工，而是根据所起作用的实际角色），这是个体呈现在外界的第一认知和外显印象，因此处于“冰山”的最上层。

2. 警务工作岗位维度：知识与能力

知识与能力（专指警务知识与能力）是胜任力直接且重要的表现形式，是通过对角色或某一工作成就的分析得出的直接归因。它是处理日常警务工作

① 严正. 胜任素质模型构建与应用［M］. 北京：机械工业出版社，2013：24-25.

② 乐国安. 社会心理学［M］. 北京：中国人民大学出版社，2009：12.

必备的技能，是警务工作的前提。关于警察知识能力的研究十分丰富，不仅有对警察胜任力的研究，还有对警察职业素质、警察能力等的相关分析与研究，积累了大量素材与资料。这一维度的研究，一方面要考察警察群体在工作岗位中表现出的知识能力；另一方面更需要通过对前人研究文献的梳理汇总得出可信赖的警察胜任力要素。所以，对于这一维度要素的提取，要透过组织层面，关注具体的工作岗位，岗位要求的或体现出的知识与能力需要经过一定程度的归纳与甄别，探求“冰山”的中间层。

3. 警察个体维度：内隐要素

个体内隐要素是胜任力模型构成的核心元件，是驱动其他两个维度的价值原动力。这就是说，“专业能力就好比浮在冰山上的外显因素，通用能力则是隐藏在冰山下并对专业能力起决定性作用的内隐因素”。① 构建警察胜任力模型最重要的任务是挖掘警察职业通用的、不易察觉的内隐要素，这也是卓越警务人才培养的本质意义所在。警察胜任力内隐要素考察不能陷入宏大叙事，也不宜过于强调其工作组织的硬性要求或规定，而是要走进警察个体，在具体事件、言语行为中探测个人特质和核心价值。因此，警察个体内隐要素处于“冰山”的最下层。

3.1.2　警察胜任力模型假设与构建思路

警察胜任力模型假设是本书开展实证研究的前提，其基本假设内容有三个，一是警察胜任力模型是由 3-5 个实际维度构成的层次分明、逻辑清晰的有机组合体。二是警察胜任力模型受个体特征、成长环境等因素影响，呈现出不同的形态。三是警察胜任力是可塑的，提升胜任力是培养卓越警务人才的有效途径。警察胜任力模型构建的过程也是对以上研究假设进行检验和验证的过程，是得出研究结论的重要环节。具体模型构建思路如下：

从警察胜任力概念出发，上一章确立了其模型构建的三个理论维度。参照三个理论维度，以胜任力模型构建一般方法探析胜任力的初始要素。根据胜任力构建方法相关研究成果，通过每一种方法探求的初始要素，理论上都能够涵盖警察胜任力全部要素，但结合理论维度设计，本书将每一种方法与维度一一对应，重点探析相应维度中的特征要素，即以工作分析法探求警察胜任力的角

---

① 徐志林. 警察职业能力与警察职业能力培养［J］. 上海公安高等专科学校学报，2014（1）.

色职能要素；以文献法探求警察胜任力的知识能力要素；以行为事件访谈法探求警察胜任力的内隐要素。

通过三种方法获得的警察胜任力初始要素，经编码和整合，形成《警察胜任力调查问卷（试测）》。再以专家咨询和问卷调查两种方法对试测问卷进行验证和修正，即选取一定样本量的公安机关领导、专家和业务骨干以及部分公安院校教师、辅导员作为调研对象，以访谈和问卷结果，对试测问卷进行进一步修订完善，形成正式调查量表。正式调查量表面向在职民警再次发放，通过对问卷结果的探索性因素分析和验证性因素分析获取警察胜任力模型。

在警察胜任力模型基础上，下一章将以正式问卷结果为数据来源，从人口学特征、职业特征以及受教育背景三个方面进一步分析警察胜任力的影响因素，尤其是指向卓越警务人才培养过程的影响因素，以期为卓越警务人才培养改革提供理论支撑和实证依据。

具体研究设计见图 3-2：

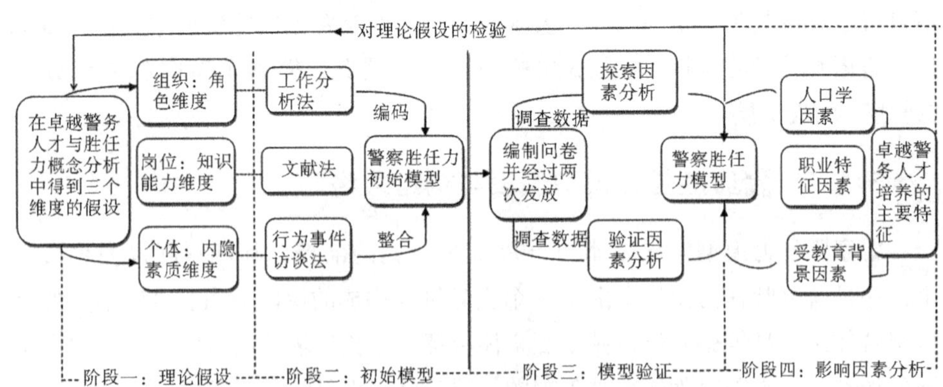

图 3-2　警察胜任力模型构建与影响因素分析路线图

3.2　警察胜任力初始模型构建

本节综合运用工作分析法、文献法和行为事件访谈法三种胜任力构建方法，探求警察胜任力初始模型。

3.2.1　警察胜任力模型特征要素的探求

警察胜任力模型的特征要素是在其理论维度下的具体内容，是警察个体胜任力的最直接体现。对特征要素的研究是构建警察胜任力模型的重要环节，也是理论维度验证与检验、胜任力测量以及推动卓越警务人才培养改革的重要抓手和观测点。按照构建胜任力模型一般程序，本书将以工作分析法、文献法以及行为事件访谈法，探求公安机关人民警察胜任力初始特征要素。

1. 基于工作分析法的警察角色与职责要素分析

角色是在社会关系中对人的行为及其产生影响的定位，“是一种试图从人的社会角色属性解释社会心理和行为的产生、变化的社会心理学理论取向”①。工作分析法是胜任力理论研究的重要方法，本书首先以对公安机关或警务工作中角色定位、性质与任务、职责与职能等为导向分析归纳出与之相应的胜任力要素，其考察角度主要有两个，即角色与职责。

为了便于收集资料和分析，本书采用“职业标准考察的是最低能力水准（Brundrett，2000）”② 的观点，以工作导向收集工作中或组织中的系列规章制度（或一些工作规范、工作通知等）作为资料来源，分析警察在职务工作过程中承担的角色与职责。规章制度是一个单位组织工作运转、劳动过程以及流程管理的规范和制度的总称，是对一个组织的工作运行规律的最直接体现。通过网上搜索和日常收集，共获取涉及警察角色定位以及明晰职责的法律文件、制度规章、领导讲话 65 份，起止时间为 1990 年至今。其中，公安部颁布的全国性法律制度 26 份，各省市公安厅（局）颁布的相关规章制度 21 份，地市公安局颁布的规章制度 18 份。

梳理公安机关人民警察角色与职责的有关制度文本，本书提取了各类角色名称。其中，有的制度文本对角色名称直接进行界定，如《公安部关于进一步加强公安法制队伍履职能力建设的意见》中规定，公安机关人民警察要“坚定不移地做中国特色社会主义事业的建设者、捍卫者”。而很多规章制度未直接写明角色名称，而只是对角色的定位与描述。例如，人民警察法第 4 条规定：“人民警察必须以宪法和法律为活动准则，忠于职守，清正廉洁，纪律严明，服从命令，严格执法。”从中我们可以总结出执法者、廉洁者、忠诚卫士等角色。经初步梳理表述，提取人民警察 25 种角色规定（见表 3-1）。进一步分析这 25 种角色，有雷同或类似的表述，经过进一步合并归类，得到 16 种角色。根据各种角色所占比重，综合考虑角色的重要性，将条目数在 10 以下

① 金盛华. 社会心理学［M］. 北京：高等教育出版社，2005：32.

② 贾建锋等. 胜任特征模型构建方法的研究与设想［J］. 管理评论，2009（11）.

的角色删除，即在后续研究中将警务通用人才、领导者、教育者、实战者、服务者、学习者、参谋者7种角色删除。

表3-1 公安机关人民警察角色分类与汇总表

<table>
<tr><th>角色</th><th>条目数</th><th>合并角色</th><th>条目数</th><th>占比</th><th>角色内涵</th></tr>
<tr><td>捍卫者</td><td>15</td><td rowspan="2">政治捍卫者</td><td rowspan="2">33</td><td rowspan="2">13.47%</td><td rowspan="2">对党忠诚，政治站位明确，党性强，有一定的政治理论水平</td></tr>
<tr><td>忠诚卫士</td><td>18</td></tr>
<tr><td>警务专家</td><td>30</td><td>警务专家</td><td>30</td><td>12.24%</td><td>掌握警务工作的专业知识与技能，能将知识技能运用于警务实践</td></tr>
<tr><td>廉洁者</td><td>22</td><td rowspan="2">遵纪廉洁者</td><td rowspan="2">30</td><td rowspan="2">12.24%</td><td rowspan="2">熟悉廉洁从政和纪律作风方面规定，按照规定要求自己</td></tr>
<tr><td>遵纪者</td><td>8</td></tr>
<tr><td>执法者</td><td>10</td><td rowspan="3">执法者</td><td rowspan="3">26</td><td rowspan="3">10.61%</td><td rowspan="3">熟悉法律知识，懂得运用法律知识，自身职务行为和日常行为均在法律框架内进行</td></tr>
<tr><td>懂法者</td><td>8</td></tr>
<tr><td>遵法者</td><td>8</td></tr>
<tr><td>社会人</td><td>5</td><td rowspan="3">通识人才</td><td rowspan="3">25</td><td rowspan="3">10.20%</td><td rowspan="3">掌握一定的文史哲知识，有一定的科技素养，熟悉信息技术手段，遵守社会公德，懂得人文关怀</td></tr>
<tr><td>博学者</td><td>9</td></tr>
<tr><td>信息技术使用者</td><td>11</td></tr>
<tr><td>身体健康者</td><td>21</td><td>健康者</td><td>21</td><td>8.57%</td><td>身体各项指标正常，精力充沛，身体素质过硬</td></tr>
<tr><td>群众知心人</td><td>7</td><td rowspan="2">群众工作者</td><td rowspan="2">17</td><td rowspan="2">6.94%</td><td rowspan="2">有群众工作能力与方法，从群众利益角度考虑问题，化解群众矛盾</td></tr>
<tr><td>矛盾调解者</td><td>10</td></tr>
<tr><td>爱国者</td><td>15</td><td>爱国者</td><td>15</td><td>6.12%</td><td>热爱祖国，有民族自尊心</td></tr>
<tr><td>公文起草者</td><td>6</td><td rowspan="3">语言文字工作者</td><td rowspan="3">10</td><td rowspan="3">4.08%</td><td rowspan="3">有文字功底，掌握公文撰写规范与要求，有良好的语言和沟通能力</td></tr>
<tr><td>媒体应对人</td><td>2</td></tr>
<tr><td>公关人</td><td>2</td></tr>
</table>

续表

角色	条目数	合并角色	条目数	占比	角色内涵
警务通用人才	9	警务通用人才	9	3.67%	
领导者	7	领导者	7	2.86%	
教育者	7	教育者	7	2.86%	
实战者	5	实战者	5	2.04%	
服务者	5	服务者	5	2.04%	
学习者	4	学习者	4	1.63%	
参谋者	2	参谋者	2	0.82%	

从以工作分析法梳理当代警察角色的结果来看，社会对于警察的角色期待是多种多样的，已经突破打击犯罪、维护社会治安的单一职责束缚，转而要求多面向、多角色。其中，政治捍卫者、警务专家、遵纪廉洁者、执法者、通识人才、健康者、群众工作者、爱国者、语言文字工作者 9 个角色总占比近 85%。这些角色的规定是警察组织发挥各个细胞作用的“外包装”和“标签”，系警察个体的普遍职责所在。因此，每一个角色对应着特定的职责，也映射出背后警察必备的素质。根据对以上规章制度的梳理，本书将警察各类角色与职责对应，分析工作中的能力素质需求。

2. 基于文献法的警察知识与能力分析

文献法是借用前人的研究成果，将与公安机关人民警察胜任力相关联的特征提取出来，并通过计量频次的方法，筛选重要的特征，为构建胜任力模型提供原始要素。为尽量将历史文献中的相关研究成果纳入研究视野，本书将尽可能扩大文献提取所涵盖的范围。中国知网、万方数据库两大资源库刊载的文献是本方法基本数据来源。以“公安+胜任”为关键词，在数据库中搜索获取论文 11 篇；以“警察+胜任”为关键词获取论文 23 篇。据此来看，直接以警察或公安人员胜任力为研究对象的理论研究，目前文献资源非常有限。因此，本书扩大了文献搜寻范围，先后以“公安+素质”“警察+素质”“公安+能力”“警察+能力”“公安+跟踪调查”“警察+跟踪调查”等为关键词，共获取 162 篇理论研究文献。除去理论研究、司法警察素质构成研究等与本书主题不密切的文献，共有 123 篇，就公安机关人民警察胜任力提出了不同的指标要素（中国知网搜索数据截止时间为 2020 年 6 月）。

经对甄选的文献进行逐篇梳理，共获得45个与公安机关人民警察胜任力相关联的原始语义表述。再对这45个原始要素进行整合，特别是对意义相近的要素进行合并归类，如政治素质包括忠诚意识、理想信念、政治站位等，公安专业知识与能力包括专业能力、专业技能、专业知识等，通用警务能力包括公安行业基础知识、警务通用知识、岗位适应能力、角色转换能力等，现场处置能力包括警务战术水平、现场控制能力、处警能力等，警务技战能力包括擒拿、射击、驾驶等，法律思维包括法治思维、法学知识、人权意识等。据此，共获取30项警察素质能力原始特征要素。具体结果见表3-2。

表3-2　基于文献法获取警察素质能力要素一览表

序号	要素名称	频次	占比	序号	要素名称	频次	占比
1	政治素质	80	10.83%	16	理论修为	18	2.48%
2	公安专业知识与能力	65	8.95%	17	爱岗敬业精神	15	2.07%
3	通用警务能力	58	7.99%	18	决策与管理能力	15	2.07%
4	法律思维	50	6.89%	19	责任心	12	1.65%
5	现场处置能力	49	6.75%	20	警察意识	10	1.38%
6	警务技战能力	47	6.47%	21	职业道德	11	1.52%
7	心理素质	43	5.92%	22	成就动机	10	1.38%
8	身体素质	36	4.96%	23	审美能力	8	1.10%
9	警纪作风	35	4.82%	24	洞察力	6	0.83%
10	群众工作能力	33	4.55%	25	动手能力	5	0.69%
11	人文素质	28	3.86%	26	国际化水平	4	0.55%
12	学习创新能力	26	3.58%	27	社会阅历	2	0.28%
13	团队协作与人际沟通	25	3.44%	28	性格特征	2	0.28%
14	公文写作	22	3.03%	29	社会形象	2	0.28%
15	科技素养	21	2.89%	30	智力水平	1	0.14%

3. 基于行为事件访谈法的警察内隐素质分析

行为事件访谈法是“目前公认的建立胜任力模型不可替代的关键环节”。[①]一是行为事件访谈，通过精心设定访谈提纲，辅之对话与追问，达到一种深度访谈、探明受访者内在动因的效果。二是通过对研究对象的分组或者是对同一对象成功与失败事件的对比分析，能够提取绩优者与普通者关键素质的差别，并赋予这些关键素质寓意和解释。三是行为事件访谈法是现阶段一种成熟的研究方法，有胜任力理论、质性研究等理论支撑，也有既定的程式与规范，并在实践中广泛运用，信度和效度在理论上较高。行为事件访谈法相对于以上两种方法，有一定的程序性和复杂性，本书从以下几个方面分步骤展开。

访谈对象的确定原则，一是按照一定的层次选取访谈对象，因为“由于每层都进行抽样，这使得样本在总体中分布更加均匀，更具代表性”[②]。二是距离适中，便于确定访谈时间、地点。因此，本书以公安院校教师、警务硕士（具备 3-5 年警务工作经历）以及来公安院校参加业务培训的在职警官为对象，选定访谈对象 39 人。访谈对象年龄、身份、职务、学历以及所在单位基本涵盖了大部分层次或层级，具体情况如表 3-3 所示。

表 3-3 行为事件访谈对象情况一览表

类别	访谈对象情况
性别	男 29 人；女 10 人
年龄	30-35 岁 8 人；36-45 岁 18 人；46 岁以上 13 人
身份	警务硕士 8 人；学校教师 5 人；学生辅导员 5 人；在职民警 21 人
职务	普通警官 14 人；队所领导 10 人；县市局领导 5 人；高校副处副高以上 7 人；其他 3 人
学历	博士 4 人；硕士 16 人；学士 18；其他 1 人
所在单位	派出所 16 人；县区公安局 5；市局及以上 8 人；公安院校 10 人

行为事件访谈的目的主要是通过对选定对象的深入访谈，获取访谈对象的基本信息，了解该对象经历的不同事件，并通过分析该事件中受访者的行为、

---

① 刘晶玉，任嵘嵘，邢钢．研究型大学校长：胜任力与职业化发展［M］．北京：科学出版社，2016：98.

② 金勇进，杜子芳，蒋妍．抽样技术［M］．北京：中国人民大学出版社，2015：60.

心理活动、所持观点等方面的信息，梳理、提炼、甄别隐含在个体上的特质要素。行为事件访谈的核心是引导访谈对象在轻松愉快的环境中，运用 STAR 方法回顾以往警务工作中印象最深刻的最成功和最遗憾的三件事，并通过追问和交流的方式达到预设效果。其中，访谈步骤和访谈以 STAR 方法组织，即以 Situation（情景）、Task（任务）、Action（行动）和 Result（结果）四个核心词组织访谈语言与对话，[①] 了解访谈对象所经历的最成功的事件及最遗憾（失败）的事件，特别是探求事件过程中的其内心活动。行为事件访谈步骤与提纲见附录 1。

访谈的实施主要由作者与 5 名在读硕士研究生分 3 组完成。访谈过程中，访谈人员做了简单分工，1 人作为主要访谈人，负责引言、设问以及主体部分的回应对话，另外 1 人负责录音和记录，并可以在访谈中穿插交流。3 个访谈小组共访谈 39 人，除去 3 个无效访谈外，共有 36 人次有效访谈。按照访谈设计，访谈小组根据录音整理访谈资料，形成文字稿。为便于呈现访谈成果，本书节选 1 份访谈记录，见附录 2。这份访谈记录是本书作者在 1 位硕士研究生的协助下，对近 1 个小时的访谈录音资料进行删减、整理、概括而获得的，共 2400 字。访谈记录的文字材料中并没有现成的特征要素供本书选择，而需要作者按照一定规则进行凝练和提取。为保障提取特征要素的规范性和一致性，本书的提取要素主要参照我国学者王继承根据斯宾塞总结的胜任要素而编制的通用胜任要素辞典（见表 3-4）。

表 3-4　胜任要素辞典概览表

<table>
<tr><th>成就特征</th><th>助人/
服务特征</th><th>影响特征</th><th>管理特征</th><th>认知特征</th><th>个人
效能特征</th></tr>
<tr><td>成就欲</td><td rowspan="2">人际洞察力</td><td>影响力</td><td>带队伍</td><td>分析思维</td><td>自我控制</td></tr>
<tr><td>关注质量与秩序</td><td>组织权限意识</td><td>指挥</td><td>概念思维</td><td>自信</td></tr>
<tr><td>主动性</td><td rowspan="2">客户服务
意识</td><td rowspan="2">建立人际资源</td><td>团队协作</td><td rowspan="2">技术专长</td><td>灵活性</td></tr>
<tr><td>信息搜集</td><td>团队领导</td><td>组织观念</td></tr>
</table>

资料来源：薛琴．胜任力模型构建与应用研究——以教学型高校教师为例［M］．南京：南京大学出版社，2016：21.

---

① 谢亚立．浅谈 STAR 原则在工程技术管理中的应用［J］．经营管理者，2014（23）．

通过梳理32份访谈记录，共汇总获得85个个性特征要素，个别经初步合并整理获得22个要素。根据艾森哈特（Eisenhardt Kathleen M）等学者关于案例研究的频次统计方法①，本书以频次统计方法归纳、汇总各特征要素（见表3-5）。从各要素统计来看，很多要素多次被受访者提及，甚至在同一访谈中被提及多次，如学习创新精神、职业认同。因此，这22个特征要素分布也不均匀。通过进一步分析考验得出行为事件访谈虽然也能将实战能力、专业技能、身体素质等这些较为显现的素质体现出来，但更加突出个体的内在素质。学习创新精神、职业认同、忠诚可靠、责任担当、意志力、人际沟通、理论思维、荣誉感、决断决策、灵活应变、勇敢精神11项内隐要素占比近75%。因此，内隐要素在行为事件访谈中更多地被挖掘出来。

表3-5 通过行为事件访谈法提取的个性特征汇总表

个性特征	频次	占比	个性特征	频次	占比
学习创新精神	52	10.55%	勇敢精神	13	2.64%
职业认同	49	9.94%	法律素养	12	2.43%
专业技能	46	9.33%	科技手段	11	2.23%
忠诚可靠	45	9.13%	群众意识	10	2.03%
责任担当	42	8.52%	实战能力	9	1.83%
意志力	39	7.91%	心理素质	9	1.83%
人际沟通	35	7.10%	身体素质	8	1.62%
理论思维	30	6.09%	思考能力	7	1.42%
荣誉感	27	5.48%	组织管理	6	1.22%
决断决策	21	4.26%	同情心	4	0.81%
灵活应变	16	3.25%	社会公德	2	0.41%

3.2.2 警察胜任力构成要素汇总与初始模型

采用上述工作分析法、文献法和行为事件访谈法等定性研究方法，从外

① Eisenhardt, Kathleen M.. Making Fast Strategic Decisions in High Velocity Environments [J]. Academy of Management Journal. 1989, 32 (3): 543-576.

显、中层和内隐三个层面对警察胜任力要素进行梳理和归纳，分别得到相应的初始要素。完整的警察胜任力特征由三个层面组成，需要对通过三种方法获取的初始要素进行梳理和整合。

1. 特征要素的简单汇总

基于工作分析法，本书得到警察 16 种角色与职责，考虑到频次重要性问题，删除条目数在 10 以下的角色，剩余 9 种角色与职责。基于文献法得到警察知识与能力要素，共 30 条，同样删除条目数在 10 以下的要素，剩余 22 个要素。基于行为事件访谈法得到警察内隐要素 22 个，删除条目数在 10 以下的要素，剩余 15 个内隐要素。汇总情况见表 3–6。

表 3–6 警察胜任力构成要素初始汇总

序号	初始要素	频次	来源方法
1	政治捍卫者	33	工作分析法
2	警务专家	30	工作分析法
3	遵纪廉洁者	30	工作分析法
4	执法者	26	工作分析法
5	通识人才	25	工作分析法
6	健康者	21	工作分析法
7	群众工作者	17	工作分析法
8	爱国者	15	工作分析法
9	语言文字工作者	10	工作分析法
10	政治素质	80	文献法
11	公安专业知识与能力	65	文献法
12	通用警务能力	58	文献法
13	法律思维	50	文献法
14	现场处置能力	49	文献法
15	警务技战能力	47	文献法
16	心理素质	43	文献法

续表

序号	初始要素	频次	来源方法
17	身体素质	36	文献法
18	警纪作风	35	文献法
19	群众工作能力	33	文献法
20	人文素质	28	文献法
21	学习创新能力	26	文献法
22	团队协作与人际沟通	25	文献法
23	公文写作	22	文献法
24	科技素养	21	文献法
25	理论修为	18	文献法
26	爱岗敬业精神	15	文献法
27	决策与管理能力	15	文献法
28	责任心	12	文献法
29	警察意识	10	文献法
30	职业道德	11	文献法
31	成就动机	10	文献法
32	学习创新精神	52	行为事件访谈法
33	职业认同	49	行为事件访谈法
34	专业技能	46	行为事件访谈法
35	忠诚可靠	45	行为事件访谈法
36	责任担当	42	行为事件访谈法
37	意志力	39	行为事件访谈法
38	人际沟通	35	行为事件访谈法
39	理论思维	30	行为事件访谈法
40	荣誉感	27	行为事件访谈法

续表

序号	初始要素	频次	来源方法
41	决断决策	21	行为事件访谈法
42	灵活应变	16	行为事件访谈法
43	勇敢精神	13	行为事件访谈法
44	法律素养	12	行为事件访谈法
45	科技手段	11	行为事件访谈法
46	群众意识	10	行为事件访谈法

三种方法虽然侧重点不同，但是一些通用要素，如政治素质、专业技能、群众工作能力等均以不同的表述重复出现。当然，这里的条目数并不能代表某种要素的重要与否，不能决定在警察胜任力要素结构中的地位与作用，它只代表在每种方法中出现的频次。基于此，初始汇总共获得 46 个特征要素。

2. 基于专家小组评议法的编码与详细汇总

在社会科学的认知世界中，因果关联性复杂多样，而社会科学总以最重要、最关键的解释变量去认识和解释世界，也就是说“要选择最少的自变量为事件事物发展变化提供最大的、最多的解释力”。[①] 46 个特征要素，显然数量较多，达不到“以少见多”的解释效果，仍需要详细整合汇总。专家小组评议法是胜任力研究的重要方法，也是对胜任特征进行筛选、删除、归类并得出一致结果的方法。通过专家小组评议法，将多余的、解释力不强的特征要素删除或归并，沉淀解释承载量较大的特征要素。本书聘请某高校 1 位博士研究生、2 位硕士研究生作为编码员，组成评议小组，以背对背的形式对初始特征进行编码和详细汇总。

编码与详细汇总的主要任务，一是合并同类项，使得各要素间边界清晰。二是清晰表达特征要素，使得要素表达具有精确性。三是初步梳理特征要素之间的逻辑关系，使得前后要素具有关联性。在编码过程中，将前文三个维度假设作为一级编码框架，46 种特征要素首先被三位编码员分别纳入其中，即利

① 郭志刚. 社会统计分析方法——SPSS 软件应用［M］. 北京：中国人民大学出版社，1999：35.

用管理学家马克斯·韦伯（Max Weber）提倡的单重归纳法①，把每个特征要素纳入最适合的维度中，但如果某个特征要素语义特别模糊，则删除放弃。据此，特征要素被进一步归纳合并。最后，审查和确认各特征要素之间的逻辑关系，按照一定规则归类排序，力求所列特征要素与（警察）胜任力维度之间有一定的关联性。②

本书进一步研究了编码归类一致性检验，考量编码员的共识度。具体方法是考察各维度编码汇总的要素特征名称与数量，其交集分别作为分子，其并集分别作为分母，两者之商即为编码归类一致性系数。以 T_1、T_2、T_3 分别表示三位编码员的编码结果，三位编码员编码归类相同的个数，即用交集表示 $T_1 \cap T_2 \cap T_3$，编码规律的总数用 $T_1 \cup T_2 \cup T_3$ 表示，编码归类一致性系数 M 则可以表示为：

$$M = \frac{T_1 \cap T_2 \cap T_3}{T_1 \cup T_2 \cup T_3}$$

以警察组织的外显角色素质维度为例，三位编码员编码与汇总结果如下：

表 3-7　警察组织视角下角色呈现维度编码与汇总结果整理

序号＼编码员	编码员 1	编码员 2	编码员 3	最终汇总
1	忠诚品性	对党忠诚	政治水平	忠诚品性
2	遵纪奉公	廉洁奉公	廉洁精神	廉洁意识
3	爱国精神	爱国精神	热爱祖国	爱国精神
4	法律基础	法律意识	法律知识	法律基础
5	社会人文知识	综合素质	社会知识	社会知识
6	身体素质	体质体能	身体状态	身体素质
7	群众工作能力	群众工作能力	群众意识	群众工作能力
8	语言文字能力	公文写作	语言文字能力	语言文字能力
9	专业技能		相关专业知识	

① Boss W., Tarnai C.. Content analysis in empirical social research [J]. International Journal of Educational Research, 1999, (31): 659-671.

② 赵辉. 中国地方党政领导干部胜任力模型与绩效关系研究 [D]. 西安交通大学, 2003: 67.

由表3-7可以看出，三位编码员从角色维度按照工作分析法中对各类角色的释义，结合上述排斥性、精准性的要求，将角色名词转化为对应的特征要素名词，进行语义转换。同时在角色维度中，三位编码员分别编码汇总了9个特征要素，其中第9个要素分歧较大，而前8个特征要素语义相近，经过讨论，其内涵趋于一致并重新命名。以公式呈现，三位编码员编码交集为8，并集为10，其编码归类一致性系数为0.8。以同样的方法，其他两个维度以及整体的编码归类一致性系数均在0.8以上。说明编码结果达到需要的可信度水平。[①]其他维度编码系数亦如此。

3. 警察胜任力初始模型及特征要素释义

经初始汇总、编码及详细汇总，46个特征要素经归并、删减和语义内涵定位等过程，得到23个特征要素。本书仍然采用专家小组评议法（具体过程与详细汇总同步），与相应理论维度假设进行一一对应，形成了3个维度23个特征要素的警察胜任力初始模型，见附表1。

该初始模型按照角色呈现、知识与能力、内隐素质三维度假设，分别对应了5-10个不等的要素特征。基于不同的特征提取方法，以及编码中的合并删减过程，评议组确定各要素语义内涵。准确定义各特征要素的内涵是编码与汇总的过程排斥性、精确性的要求，也是汇总的成果，更是进行进一步问卷调查、验证和检验初始警察胜任力初始模型的基础和前提。

3.3 警察胜任力模型实证研究与模型检验

本节的目的主要是对上一节得出的警察胜任力初始模型进行实证检验。验证方法为问卷调查法，即针对“具有相应工作经历的个人”[②]，以大样本形式进行问卷调查，同时进行信效度检验，最终确定其模型架构。

3.3.1 警察胜任力模型调查问卷编制与发放

1. 问卷编制

参照问卷编制的一般步骤和结构，基于三维度假设，根据23个特征要素

① ［美］罗伯特·J. 格雷戈里. 心理测量历史、原理及应用［M］. 施俊琦等译. 北京：机械工业出版社，2013：91.

② Godfrey P.，Hill W. L. . The problem of unobservables in strategic management research［J］. Trategic Management Journal，1995（16）：519-534.

及其语义内涵，编制警察胜任力构成调查问卷。

第一部分，问卷标题。因顾忌于“胜任力”的敏感词汇，因此问卷标题设置为“公安机关人民警察工作情境及其胜任力问卷调查”。

第二部分，导语。帮助调查对象大体了解本研究。

第三部分，调查对象的基本信息。主要包括个人身份、职业信息和受教育背景。

第四部分，问卷填写的形式。采用国际通行的李克特五点式量表打分法（Likert scale），调查对象根据自己判断，记为：“非常不认同”“不认同”“不确定”“认同”“非常认同”。

第五部分，问卷维度。根据前文警察胜任力维度假设和模型初始结构，将维度假设、胜任力要素、题项三者结合起来，整体设计问卷。

第六部分，问卷的具体题项，即问卷的主体部分。根据 23 个警察胜任力特征要素的内涵与释义，设计出能够考察特征要素的问卷题项。题项设计一是力求全面、准确反映特征要素的内涵；二是因为“‘故事情境’的模拟情节能极大地推动调查对象的积极性”,① 题项设计以日常工作中的事例、事实或行为习惯等作为基本语境，以期获得真实结果。警察胜任力模型调查逻辑问卷见表 3-8。

表 3-8　警察胜任力模型调查逻辑问卷

维度	特征	代码	题项
角色呈现	忠诚品性	A1	了解并认同党的领导地位形成过程及其历史必然性，要做党和人民的忠诚卫士
		A2	能自觉参加或执行基层党组织的活动或决定
		A3	有一定的政治觉悟，有清晰的政治站位，要做政治安全的捍卫者
	廉洁自律	B1	熟悉公安机关“十项规定”，日常工作生活中时常提醒自己遵守警纪要求
		B2	帮助群众后收到回赠礼物，我总会想办法婉拒
		B3	经常有熟人托我办事，我有人缘并在朋友眼中很有能力*

① 简明，金勇进．市场调查方法与技术［M］．北京：中国人民大学出版社，2008：84.

续表

维度	特征	代码	题项
角色呈现	爱国精神	C1	了解并认同忠于国家是警察的基本要求
		C2	执行任务面对外国人时，时刻提醒自己要展现和维护中国警察良好形象
		C3	有爱国的品质，对有损祖国尊严和利益的人或事，我感到义愤填膺
	法律基础	D1	我熟悉法律基础知识尤其是熟悉与警务工作相关的法律
		D2	作为执法者，掌握关于处警行为或措施的法律或政策依据
		D3	工作中我常有法律方面的困惑并试图解决
	社会知识	E1	努力做一个博学者，广泛涉猎文史哲知识，开阔视野，为做好工作打好基础
		E2	对现代科技尤其是警务技术的发展有所了解，是技术关注者，有科技敏感性
		E3	努力做一个社会人，注重公德，懂得人情世故，体现出人文关怀
	身体素质	F1	我近年来体检结果的主要指标都正常，是身体健康者
		F2	我在工作中时常感到疲乏，特别是加班后很难缓过劲*
		F3	我有主动锻炼身体的习惯
	群众工作能力	G1	懂群众，了解群众工作的一般过程与方法
		G2	知群众，常从群众权利和利益的角度处理问题
		G3	能充当群众矛盾化解者角色，能够有效化解矛盾
	语言文字能力	H1	我表达流畅，与他人交流无障碍，能清晰表达思想
		H2	我工作中常作为执笔人，起草文字材料并受到好评
		H3	其他工作都好说，我就怕动笔，写出来的东西自己不满意*
知识与能力	公安专业知识	I1	在学校学习掌握的专业知识转化提升后我能用在警务工作中
		I2	掌握了很多人还没有掌握的警务专业技能
		I3	我常作为专家或业务骨干被抽调参加一些重要工作

续表

维度	特征	代码	题项
知识与能力	相关专业知识	J1	我熟悉公安工作分工，了解很多岗位的一般工作过程，有警务工作的基本知识
		J2	我曾在公安机关多个岗位工作过并受到好评
		J3	我常与其他岗位或警种的同事进行业务交流，并从事过多个岗位
	警务技战术	K1	会一套较为实用的擒敌制敌本领
		K2	在警务工作中熟悉常用警用武器装备并能熟练使用
		K3	常主动找机会演练警械或警务技战术，并已经或希望应用于实战
	处警能力	L1	具备在处警或巡逻时运用现场警务战术的意识与能力
		L2	在处突任务中，在我的职责分工内，具备有效控制局面，不使事态扩大的能力
		L3	我在办案或维护治安秩序时是一个好帮手，能听从领导或带队同志的安排*
	警察心理	M1	在执行重要或重大警务任务时，具备控制紧张情绪的能力
		M2	在连续紧张的警务工作中，有健康的业余活动和方法调节身心
		M3	受到领导批评，我感到心理压力很大，会影响心情和工作积极性*
内隐素质	学习创新	N1	我学习能力较强且有一定的学习方法
		N2	我在工作中喜欢钻研琢磨，常有新方法、新思路
		N3	我有读书看报的习惯，有意识地紧跟时事和专业前沿
	决断能力	O1	我有做一项决定或决策的一般过程和方法
		O2	我在警务工作中常能抓住时机，把握关键，解决棘手问题
		O3	我对事物、事件常有自己的认识、观点和判断
	理论思维	P1	对一些具体问题知其然知其所以然，我能讲出深层道理
		P2	我对警务工作经验常思考、会总结、善提升、能推广
		P3	我能根据一些理论知识对事物发展有一定的预见性，并往往被实践证明其正确性
	灵活应变	Q1	紧急情况下我常能及时想出变通的应对措施
		Q2	我在处理问题时常备有几种不同方案并会根据实际情况选择
		Q3	自我感觉良好，对自我经验或方式方法十分自信，不易改变*

续表

维度	特征	代码	题项
内隐素质	职业认同感	R1	虽然有其他职业选择，但是我仍然愿意留在警务工作岗位
		R2	虽然警察工作辛苦，但有职业自豪感，我比较充实和认为有价值
		R3	警察工作乏味，发展前途不好，担心难以实现自我价值，我正在寻找更好的职业*
	人际关系	S1	以诚待人，人以诚待我，我有着良好的工作氛围
		S2	我在工作中重视协调配合，常争取别人帮助和帮助别人
		S3	我重视并把营造良好的人际关系作为做好工作的前提
	勇敢精神	T1	作为警察，无论在何种情况下，我必须先保护自己才能更好地做好工作*
		T2	面对危险犯罪嫌疑人，我首先想到的是如何制服他
		T3	遇到过危险，但我还没有真正想过要退缩
	意志力	U1	我有一些坚持很多年的、效果不错的工作习惯
		U2	对一些有困难的案件或事情，我不轻言放弃，总在努力，希望能够突破
		U3	我坚信付出才会有回报，坚持才会胜利
	责任担当	V1	对将移交的案件或工作，我必须仔细检查后方可出手
		V2	对工作中的确是自己的职责或过错，我会承担，不会推诿
		V3	工作责任是伴随警察职业始终的，在岗一天尽责一天
	荣誉感	W1	我还想进步和发展，争取获得荣誉，必须努力做好本职工作
		W2	我不想被别人看作能力低下，我要体现能力和价值
		W3	不求有功但求无过，开心轻松地过好每一天*

注：*为反向题项。

为保证问卷题项设计的科学性和准确性，设计具体题项后，本书邀请作者导师、博士生同学以及来京培训的基层民警逐题对问卷题项进行查验、讨论，并征询修改意见。主要意见有，反向题项较多，容易造成误填，问卷结果失去真实性；部分题项语义不明确，有歧义或内容有重叠交叉；部分题项承接转换比较生硬，或者考察意图明显，影响调查对象答题。根据以上意见，对问卷特别是问卷题项进行修订。同时，按照三个假设维度，对问卷题项的语义进行分析，进一步归类排序和优化逻辑结构，得到包含 69 个题项的“警察胜任力模型调查初始问卷”。初始问卷形式上与表 3-8 基本一致，但增加对问卷本身征求意见的开放题项，并隐去特征要素，只保留题项。

2. 问卷发放

本书问卷发放采取逐步的、探索性的方法，前后经过三次发放过程。

第一次于 2019 年 7 月发放，实施第一次小规模试测，因调查对象为高级警官，代表性不强，数据不理想而不采用。第二次于 2020 年 3 月发放，以“警察胜任力模型调查初始问卷”实施第二次试测。此次发放范围主要包括公安院校教师与研究生、公安机关领导、来京培训的高级警官等，主要目的是精炼问卷题次，优化问卷结构，为正式测试做好准备。此次共发放 230 份，回收有效问卷 215 份。根据此次试测结果，对初始问卷进行进一步删改和修订，包括下文将要分析的剔除显著性不高的题项以及根据意见建议修订个别题表述，比如修订题项 I2 的表述，使之更加情境化、生活化。在此基础上，形成本书的正式调查问卷，见附表 2。第三次于 2020 年 6 月发放，以正式调查问卷实施警察胜任力调查。本次问卷调查采取网上调查与传统纸质问卷调查相结合的方式。作者将修正后的正式问卷编入“问卷星”软件，通过北京、上海、江苏、辽宁、内蒙古、广东、湖南等地、涵盖东南西北各地域的地市公安机关，向各层次民警推送问卷，共收集有效问卷 664 份（见图 3-3）。传统纸质问卷仍然针对来京培训的各地警力资源（业务骨干班），以保证问卷样本的多样性和代表性。为进一步消除调查对象顾忌心理，本次问卷发放没有通过培训主办方渠道，而是通过先期联系学员代表，通过学员代表发放问卷，共发放 200 份，有效回收 191 份。本次调查通过两种方式共回收有效样本 855 份，其特征分布情况如表 3-9 所示。

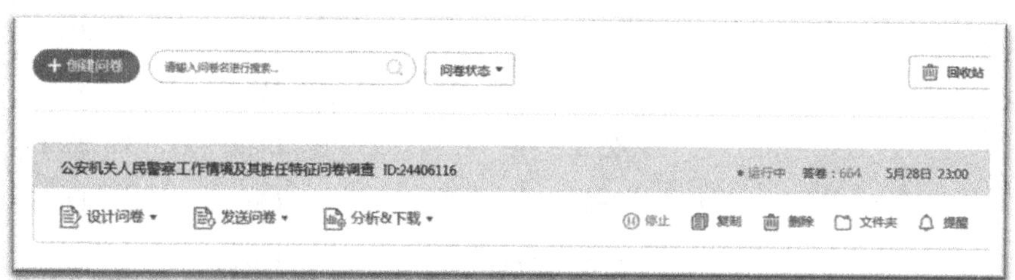

图 3-3　运用问卷星软件的警察胜任力模型问卷调查回收情况截图

表 3-9 问卷调查样本基本特征分布表

分类依据	类别	频数	百分比
性别	男	711	83.2
	女	144	16.8
	合计	855	100.0
警龄	小于 5 年	206	24.2
	5 年至 10 年	205	24.1
	10 年以上	444	51.7
	合计	855	100.0
警种	刑警	168	19.7
	交巡警	51	5.9
	治安	222	25.9
	刑科技	21	2.4
	公安管理	72	8.5
	其他	321	37.7
	合计	855	100.0
职务	局领导	19	2.3
	队所领导	153	17.9
	处室科领导	57	6.7
	普通民警	602	70.5
	其他	24	2.7
	合计	855	100.0
所学专业	公安文科	317	37.2
	公安工科	198	23.1
	普通文科	150	17.5
	普通工科	190	22.1
	合计	855	100.0

续表

分类依据	类别	频数	百分比
是否在一线岗位	是	747	87.6
	否	108	12.4
	合计	855	100
学历	博士	5	0.6
	硕士	81	9.5
	学士	572	67.0
	大专	105	12.9
	其他	92	9.9
	合计	855	100.0
毕业院校	部属公安院校	220	25.7
	省属公安院校	257	30.0
	211 或 985 高校	41	4.8
	普通高校	199	23.3
	其他	138	16.0
	合计	855	100

表 3-9 可以反映调查对象的基本情况。从中可以获取的信息为在被调查的人民警察中，男性占绝大多数，男女比例达到 6∶1；警龄 10 年以上的警察占 51.7%；70.5%的警察为普通民警，且在一线岗位的警察占 87.6%；所学专业分布较为均衡；大专以上学历的民警达 90%，学历以本科学历为主，占比 67%，具有博士学历的仅有 5 人；样本的毕业院校半数以上为公安院校，其中省属公安院校毕业生略多于部属公安院校。从样本特征来看，各部分比例呈现随机抽取的特征，大体符合当前公安队伍构成现状，具有一定的代表性。

3.3.2　警察胜任力模型调查问卷结果与分析

如前所述，本书问卷数据来源于第二次试测与第三次正式测量，即运用试测数据进行项目分析，运用正式测量数据进行探索性因素分析。

1. 试测数据的分析

问卷试测目的是检验问卷各个题项的显著性以及因素分析的初步拟合性。

所采用的数据是第二次问卷发放有效回收的215份问卷。问卷数据分析之前需做量化处理，其中问卷“基本信息”部分，按照前后顺序予以赋值，如“性别”题项，男性赋值“1”，女性赋值“2”。问卷内容的题项按照问卷中设置的得分予以赋值（反向题项反向赋值）。所有数据经量化处理后，输入SPSS2.0。试测数据经过项目分析，用T检验高低两组在题项上的差异，题项C1、C2被删除；经过探索性因素分析，题项B2、B3、J2、L3、D3、F3、H1、H3、R3、Q1、Q3、T1、T2、U2、W3被删除。

2. 正式测量数据分析

正式测量数据来源于第三次调查回收的855份有效问卷，共52个题项（初始问卷69个题项，试测中删除17个题项）。

一是进行项目分析。项目分析最常用的有临界比值和题总相关分析两种方法。本书主要使用临界比值法进行项目分析。首先将回收的问卷中所有受试者填答的题目加总，求出总分，并将总分进行排序，取总分最高和最低的27%。在855份数据中，前后178名被试分别作为高低分组，高低分组的临界值分别为221分、190分，表示问卷总分在221分以上的为高分组，在190分以下的为低分组。在高低分组后，对这两组被试取每个题目的平均值进行独立样本T检验，删除未达到显著水平的题目，通过T检验，F2和M3这两题的临界比值不显著，故删除。

二是进行探索性因素分析。在项目分析后，需要将剩余的题目进行探索性因素分析。在进行探索性因素分析之前，要进行KMO与Bartlett球形检验，检验研究数据是否适合进行探索性因素分析。KMO值越大，表明变量间共同因素越多，越适合进行探索性因素分析。

表3-10 公安机关人民警察胜任力调查KMO与Bartlett球形检验

公安机关人民警察工作情境及其胜任力问卷	
Kaiser-Meyer-Olkin	.961
Bartlett Approx. Chi-Square	23599.772
df	1225
Sig.	.0000

由表3-10可知，KMO值为0.961，在0.9以上，Bartlett球形检验值为23599.772，显著水平P=0.0000，这意味着母群的相关矩阵间存在共同因素，

进一步表明公安机关人民警察工作情境及其胜任力问卷适合进行探索性因素分析。

本书采用主成分分析法（Principal component analysis）提取公共因素，求出初始因素负荷矩阵，之后经过正交旋转求出旋转后的因素负荷矩阵。本书根据以下标准对问卷中的题目进行筛选：一方面，对测量题目进行主成分因素分析，“若一个题目在所有因素上的负荷都小于0.400，或者在两个或两个以上的负荷虽然都比较大，但很接近，则删除这个题目”①；另一方面，在进行主成分因素分析时，若属于一个因素的题目数少于或等于2个，则删除这个因素包括的所有题目。根据以上标准，问卷中的L1、L2、G3、G2、R1、R2、U1、M2、K1、K2、F1、D1、E2、E3题项不纳入因素分析。对问卷的剩余36个题项进行主成分分析，其碎石图以及正交旋转后的因素负荷矩阵表如图3-4和表3-11所示。

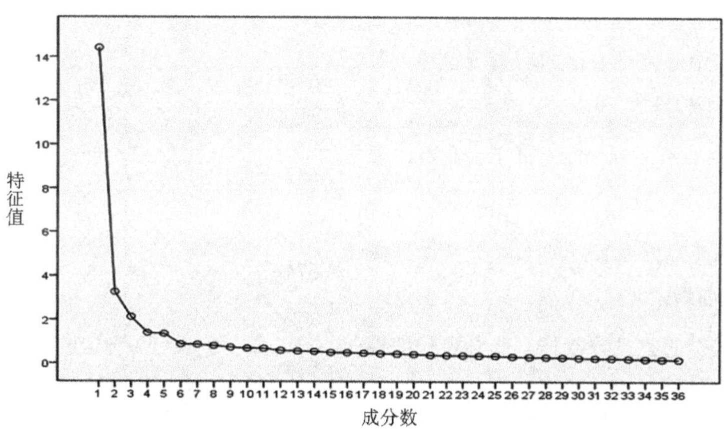

图3-4　公安机关人民警察工作情境及其胜任力问卷因素分析碎石图

从图3-4的碎石分布结果来看，从第五个因素开始，坡度明显转为平坦，说明前五个因素占据了解释量较大比重，也直观地说明了公安机关人民警察胜任力构成维度可以归纳为5个因素或维度。

① 陆跟书．大学生的课程学习经历、学习方式与教学质量满意度的关系分析［J］．西安交通大学学报（社会科学版），2013（2）．

表 3-11　公安机关人民警察胜任力正交旋转后的因素负荷矩阵表

题项	因素				
	1	2	3	4	5
V3 工作责任是伴随警察职业始终的，在岗一天尽责一天	.785				
U3 我坚信付出才会有回报，坚持才会胜利	.722				
S2 我工作中重视协调配合，常争取别人帮助和帮助别人	.705				
W1 我还想进步和发展，争取获得荣誉，必须努力做好本职工作	.698				
S1 以诚待人，人以诚待我，我有着良好的工作氛围	.691				
V2 对工作中的确是自己的职责或过错，我会承担，不会推诿	.690				
W2 我不想被别人看作能力低下，我要体现能力和价值	.688				
S3 我重视并把营造良好的人际关系作为做好工作的前提	.674				
V1 对将移交的案件或工作，我必须仔细检查后方可出手	.624				
T3 遇到过危险，但我还没有真正想过要退缩	.598				
P1 对一些具体问题知其然知其所以然，我能讲出深层道理		.734			
O1 我有做一项决定或决策的一般过程和方法		.692			
O3 我对事物、事件常有自己的认识、观点和判断		.680			
P3 我能根据一些理论知识对事物发展有一定的预见性，并往往被实践证明其正确性		.680			

续表

题项	因素				
	1	2	3	4	5
P2 我对警务工作经验常思考、会总结、善提升、能推广		.666			
N2 我工作中喜欢钻研琢磨，常有新方法、新思路		.624			
O2 我在警务工作中常能抓住时机，把握关键，解决棘手问题		.623			
Q2 我处理问题时常备有几种不同方案并会根据实际情况选择		.613			
N1 我学习能力较强且有一定的学习方法		.564			
N3 我有读书看报习惯，有意识地紧跟时事和专业前沿		.562			
A3 有一定政治觉悟，有清晰的政治站位，要做政治安全的捍卫者			.879		
B1 我熟悉公安机关“十项规定”，在日常工作生活中时常提醒自己遵守警纪要求			.826		
A2 能自觉参加或执行基层党组织的活动或决定			.823		
C3 有爱国者的品质，对有损祖国尊严和利益的人或事，我感到义愤填膺			.731		
A1 我了解并认同党的领导地位形成过程及其历史必然性，要做党和人民的忠诚卫士			.726		
D2 作为执法者，掌握关于处警行为或措施的法律或政策依据				.775	
E1 努力做一个博学者，广泛涉猎文史哲知识，开阔视野，为做好工作打好基础				.744	
M1 在执行重要或重大警务任务时，具备控制紧张情绪的能力				.710	

续表

题项	因素				
	1	2	3	4	5
H2 工作中常作为执笔人，起草文字材料并受到好评				.584	
G1 懂群众，了解群众工作的一般过程与方法				.514	
I2 掌握警务专业性强的技能，在一定范围有些人还是难以胜任的					.694
J3 常与其他岗位或警种的同事进行业务交流，并从事过多个岗位					.680
I1 学校学习掌握的专业知识转化提升后能用在警务工作中					.656
I3 常作为专家或业务骨干被抽调参加一些重要工作					.594
J1 熟悉公安工作分工，了解很多岗位一般工作过程					.552
K3 常主动找机会演练警械或警务技战术，并已经或希望应用于实战					.537
特征值	14.428	3.265	2.127	1.391	1.346
解释方差的%	40.077	9.071	5.908	3.865	3.739
累积解释方差的%	40.077	49.147	55.055	58.920	62.659

表3-11进一步说明了碎石图划分的5个因素，呈现了5个因素的具体内容及解释量，即这5个因素特征值均大于1，累积解释方差的百分比达到62.659%。第一个因素（维度）有10个题项，解释量达到40%强，特征值为14.428；第二个因素也有10个题项，解释量为9.071%，特征值为3.265；第三个因素有5个题项，解释量为5.908%，特征值为2.127；第四个因素也有5个题项，解释量为3.865%，特征值为1.391；第五个因素有6个题项，解释量为3.739%，特征值为1.346。

3. 结构效度检验

在探索性因素分析的基础上，为了进一步验证公安机关人民警察工作情境及其胜任力问卷的结构效度，本书使用 AMOS21.0 对调查数据进行验证性因素分析，以确定理论模型对实际数据的拟合程度，验证模型的正确性。目前，常用的考察模型拟合程度的指标有 χ^2、GFI、CFI、RMSEA 等。在上述指标中，一般认为 GFI、CFI 越接近 1 越好，RMSEA 越接近 0 越好，RMSEA 低于 0.1 表示较好的拟合，低于 0.05 表示非常好的拟合。验证性因素分析结果如图 3-5 所示：

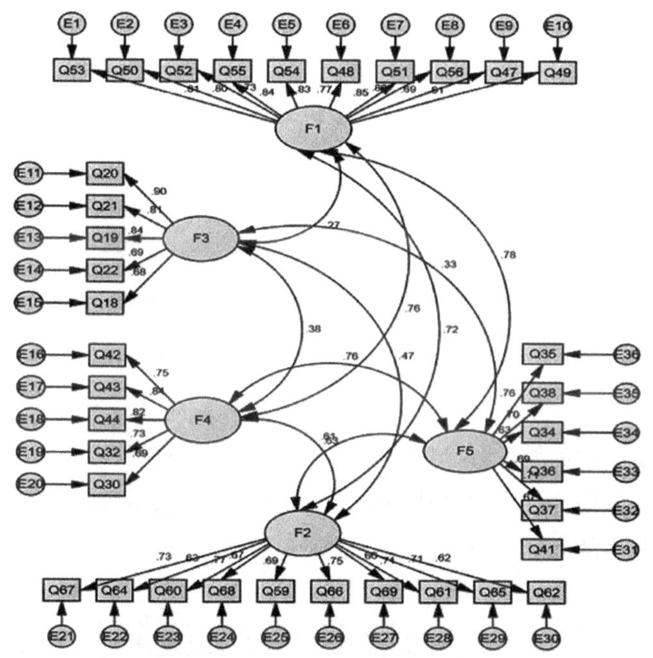

图 3-5　公安机关人民警察工作情境及其胜任力问卷验证性因素分析结果

对图 3-5 所示模型进行的检验结果表明，模型的拟合优度指数为：χ^2 = 2147.214（df = 584，P < 0.000），RMSEA = 0.064，GFI = 0.839，CFI = 0.897，NFI = 0.864，上述指标值都在可接受的范围内。由此可知，公安机关人民警察胜任力模型的拟合度较好。

在探索性因素分析后，为了进一步了解问卷的可靠性与有效性，需要对问卷进行信度检验。信度分析是使用同一方法对同一对象进行检验，验证其结果的稳定性与可靠性。本书采用克隆巴赫 α 系数（Cronbach）法进行信度分析，即在某一个维度或因素内不同问题或题项间的一致程度。因此，在编制问卷或者做探索性因素分析时，我们通常会以 α 系数来检验问卷可靠程度或者结构效度。一般来说，α 系数最好在 0.8 以上，在 0.7-0.8 之间可以接受；分量表的信度系数最好在 0.7 以上，0.6-0.7 可以接受。

信度检验结果如表 3-12 所示：

表 3-12　公安机关人民警察工作情境及其胜任力问卷信度分析结果

量表/维度	α 系数	题项数
总量表	0.954	36
维度一	0.936	10
维度二	0.896	10
维度三	0.884	5
维度四	0.863	5
维度五	0.843	6

由表 3-12 可知，公安机关人民警察工作情境及其胜任力问卷及各维度的信度系数介于 0.843-0.954 之间，这表明该量表的内部一致性比较好。

总之，从问卷的效度和信度分析的结果来看，可以发现公安机关人民警察工作情境及其胜任力问卷的结构较合理，信度也较高，可以作为测量公安机关人民警察胜任力的有效工具。

3.4　警察胜任力模型实证维度分析与比较

本节将在警察胜任力调查实证研究的基础上，进一步提取和研究其模型维度，并对各维度下的特征要素进行进一步定义和分析。在此基础上，将实证维度与前面章节中的理论维度假设进行对比分析，验证理论维度假设，得出较为完整的警察胜任力模型。

3.4.1　警察胜任力模型实证维度分析

前两节通过访谈、问卷调查等实证研究方法，获取了警察胜任力模型的 5 个维度（或因素），其总体解释量达到 62.659%。按照解释量大小，顺次分析如下。

1. 维度一：成就动机

由表3-11可知，维度一有10个题项，解释量达到40.077%，题项代码V、U、S、W、T，对应表3-8中警察胜任力5个特征要素：责任担当、意志力、人际关系、荣誉感和勇敢精神。这5个特征要素总体描述了个体人格品行特征，反映了个体对工作成就的努力和追求，本书将此命名为“成就动机”。成就动机维度存在于个体内隐深处，不易被察觉，但特征值较大，是警察胜任力模型的一个核心维度。根据前述警察胜任力模型初始特征要素研究及实证检验，该维度下有5个特征要素。

（1）责任担当。周恩来同志曾告诫，国家安危，公安系于一半。① 公安机关担负着保卫国家安全、维护社会稳定和保障人民安居乐业的重任。千千万万的公安民警就是这份担当与责任的具体承担者。郭声琨同志强调，公安民警特别是领导干部，“要为敢于担当的民警担当，要为敢于负责的民警负责”②。无数公安民警对具体工作的责任担当汇聚起来，就是公安机关对党和国家，对社会和人民的责任担当。从警察胜任力角度来看，责任担当是警察个体对警察职业、警务工作岗位的一种态度、一种价值观，是履行岗位职责、胜任岗位需求的前提条件。因此，警察的责任担当包括对警察职业责任的认同，对具体岗位的值守，对工作过失过错的担当等。

（2）意志力。意志力是心理学研究的范畴。美国斯坦福大学心理学家麦戈尼格尔将意志力定义为“控制自己注意力、情绪和欲望的能力”。③ 这种能力对于一个人的成功与成就非常重要。另一位心理学家乔赛亚·罗伊斯认为，“从某种意义上说，意志力通常是指我们全部的精神生活，而正是这种精神生活在引导着我们行为的方方面面”。④ 刚性的品质、坚毅的意志是人民警察形象的一个符号，是对警察职业充满艰难险阻又默默无闻、警务工作复杂多变又平淡往复的诠释。胜任警察职业，要具备坚定的警察意识和意志品质，树立意志追求，坚定发展目标，不轻言放弃，不半途而废，不断增强和磨砺意志力。

---

① 程琳. 公安学通论［M］. 北京：中国人民公安大学出版社，2014：78.

② 郭声琨. 在全国规范执法会议上的讲话. 北京，2017年1月.

③ Kelly McGonigal . The willpower instinct［M］. New York：Avery，2012.

④ 百度百科. 意志［EB］/［OL］：https：//baike. baidu. com/item/%E6%84%8F%E5%BF%97%E5%8A%9B/7681305，2018-07-08.

（3）人际关系。在管理学中，与经典科学管理理论不同，梅奥和霍桑以管理实验的方式，确立了人际关系管理思想。这一思想与传统科层管理理论不同，强调组织中的和谐人际关系、工作氛围与环境、非正式组织等因素对管理工作的重要作用。[①] 良好的人际关系能够促进工作效率、激发工作热情、增强工作动力。对于警察个体来说，重视并懂得营造良好的人际关系，特别是上下级关系、同事关系以及警民关系等是胜任工作岗位的一个必要条件。胜任警务工作岗位，要有人际关系意识和愿望，会沟通，重交流，能合作，有自觉维护良好人际关系的方法与技巧，有着良好的人际关系和工作氛围。

（4）荣誉感。荣誉是因某方面的成就或地位而获得个人名义的赞誉，是社会和组织对个人行为的一种认可和褒奖。个体追求这种认可与褒奖，并积极为之努力的心理称为荣誉感。美国社会学家托马斯（W. I. Thomas）将追求荣誉感的心理称为"求荣誉"的愿望，具体包括"个人自尊心、名誉感、光荣感、好胜心、自我感、集体主义情感组成的一种复杂的道德情操"。[②] 个体或多或少都有荣誉感的心理，但强弱不同，特别是为了一份荣誉而追求、坚守和付出的过程因人而异。警察的荣誉感与职业相联，追求警察职业荣誉，坚守警察职业信念，实现个体自身价值是警察个体不断超越自我、追求卓越的不竭动力。

（5）勇敢精神。勇敢与军人、警察时常联系在一起，与之关联的还有危险、灾害和牺牲。所谓勇敢精神，就是"由其欲望、决心、谨慎、观察、思维、行为共同组成的心理与行为的共同体"。[③] 勇敢是一种精神，但不是盲目行为，而是有智慧的精神力量。和平年代，打击犯罪分子特别是暴力犯罪分子、保护公民人身财产安全使得警察职业具有高危险性。即使非一线警察、非工作时间，人民警察法也赋予了公安民警行使解危济困的职责。[④] 职业特征使得警察在面对危险、危困、危急情形时必须挺身而出，勇敢无畏。勇敢精神是警察的职业品性，是从事警察职业、胜任警务工作岗位的心理准备和行为实践。当然，在人文关怀背景下，警察的勇敢精神不是不计后果，而是要有英勇无畏、不怕牺牲的勇气，有打击和制服犯罪分子的意识和决心，也有克敌制胜

---

① 姜杰. 西方管理思想史（第 2 版）［M］. 北京：北京大学出版社，2011：49.

② 百度百科. 荣誉［EB/OL］：https：//baike. baidu. com/item/%E8%8D%A3%E8%AA%89/73183？fr=Aladdin，2018-07-08.

③ 王力一. 论警察机智勇敢的职业品性［J］. 学理论，2015（12）.

④ 人民警察法第 19、21 条.

又能自我保护的能力与智慧。

2. 维度二：拓展素质

第二个维度也有 10 个题项，解释量达到 9.071%强，题项代码有 P、O、N、Q，对应警察胜任力 4 个特征要素：理论思维、决断能力、学习创新、灵活应变。这 4 个特征要素反映了个体通用的综合实力，是个体差异和精神气质的关键因素，本书将此命名为“拓展素质”。个体拓展素质相对于基本能力、专业素质等概念而言，其内涵丰富、范围广阔，是有效开展工作，提升工作质量和水平的重要保证。

（1）理论思维。《辞海》将“理论”解释为“人们关于事物知识的理解和论述”。[①] 所谓理论思维，是指“人们在认识过程中借助于概念、判断、推理等思维形式能动地反映客观现实的理性认识过程”[②]。恩格斯指出，“一个民族要想站在科学的最高峰，就一刻也不能没有理论思维”。[③] 同样，理论思维是个体发展的动力，是取得职业成就的基石。理论思维透过现象抓本质的基本路径是“实践—理论—再实践”人类认知过程和个体履职过程的关键环节。一般认为，理论以概念、原理和方法论的形式存在。[④] 理论思维就是要求个体有抽象概念、懂内涵原理、会运用科学方法。作为现代优秀警察，具备理论思维是区别于普通警察的显著特征。面对纷繁复杂的警务工作，警察个体要形成自己的世界观、价值观，对警务工作中具体问题有自己的认识、观点，形成抽象概念；而对事件、事物发生发展过程，要有清晰的逻辑思维，明确其背后的发生机理或原理；最终能提升、运用和推广掌握的抽象概念、内在机理，形成独特的方法论，预见性地指导警务工作实践。

（2）决断能力。美国著名管理学家赫伯特·西蒙（Herbert Simon）认为“管理就是决策”[⑤]，这表明决策对于一个管理者的重要意义。虽然普通警察与“决策”相去甚远，但作为刑事司法者和治安管理者，人民警察在日常警务活

---

① 辞海（下）[M]. 上海：上海辞书出版社，1979：2535.

② 蒋秀娣. 人生是一条河 [J]. 思维与智慧，2010（18）.

③ 马克思恩格斯选集（第三卷）[M]. 中共中央翻译局译. 北京：人民出版社，2012：467.

④ 周全胜，王小山. 大学生理论思维能力培养的意义与路径探微 [J]. 学理论，2014（9）.

⑤ [美] 赫伯特. 西蒙. 管理行为 [M]. 詹正茂译. 北京：机械工业出版社，2013：57.

动中需要面临大量的判断、选择和抉择问题，决断能力尤为重要。美国企业家杰克·韦尔奇认为，决断能力是“面对困难处境勇于作出果断决定的能力”[①]。我国有学者认为，决断力是指“决策者快速反应、快速判断、快速取舍、快速行动、快速修正的综合能力”[②]。警察的决断能力，一方面要掌握岗位工作中常规问题决策的一般方法与过程，懂得决断原理、方法及其约束条件，这是常规决策决断的基本能力。另一方面要有临场决策的魄力和本领，特别是面临危机处理、执法一线等突发问题，果断处理，有抓住关键、迅速判断并采取措施的能力。

（3）学习创新。学习创新能力对于一个人、一个组织乃至国家民族的作用毋庸置疑，国家制度、重要政策文件以及大量的学者研究都在这一领域进行了详尽论述，在此不予赘述。警察的学习创新能力包括警察培养阶段（如大学期间）的学习能力，更包括在工作中的学习创新能力，它对于警务工作质量、警察个体发展后劲至关重要。在行为事件访谈中，公安机关领导、警校教师或者在某方面取得突出成就的普通警员普遍强调学习能力、创新精神在其发展过程中的重要作用，并将此作为其取得当前成就的一个重要因素。警察学习创新能力首先表现为“学会学习”，拥有一套较为实用的学习方法，让学习更有效、更有用。其次是有探索研究的精神，遇事动脑钻研，突破常规，有所创新。最后，需要将学习创新作为一种常态和习惯，成为个体自觉，跟进知识演进和警务工作发展的前沿。

（4）灵活应变。灵活应变相对于理论思维、决断能力来说属于“软”实力。理论思维强调逻辑性、科学性，灵活应变能力往往靠直觉、经验；决断能力靠果断和强力推进，灵活应变能力则强调根据情境不断变化。警察需要理性思维，同时又要有“权变”（Contingency Theory）思维，即通过分析不同情境，采取不同的行为方式和行为路径，实现特定的组织目标。[③] 警务工作每天面对不同对象、不同事件、不同情境，除了一般执法程序与流程外，更需要有不同的处理方式。灵活应变能力要求警察思维不僵化、不偏激，既有决断的果敢，亦有及时调整、应时而变的柔韧；既有理论指导、逻辑推演的科学性和理论性，又有经验归纳、直觉感知的实践性和灵活性。

---

① ［美］沃伦·本尼斯，诺埃尔·蒂奇．决断——成功的领导者怎样做出伟大的决断［M］．姜文波译．北京：中国人民大学出版社，2008：25．

② 刘峰．胜在决断——谈企业领导的决断力［J］．企业管理，2009（3）．

③ 刘永芳．管理心理学［M］．北京：清华大学出版社，2008：34．

3. 维度三：政治品质

第三个维度有 5 个题项，解释量为 5.908%强，包括题项代码 A、B、C，对应警察胜任力 3 个特征要素：忠诚品性、廉洁自律和爱国精神。这 3 个特征要素表现为警察个体的政治信仰、政治规矩方面的特征，是带有根本性的、方向性的要素，本书将此命名为“政治品质”。政治品质是底线，主要解决警察职业为谁服务、为谁执法以及如何服务、如何执法的问题，是社会主义国家警察职业第一位的要求。但是，由于选取的样本均为正常履职的人民警察，此方面差异性不大，故解释量低于前两个维度。

（1）忠诚品性。“忠”是对权威中心的服从、正义品质的肯定、公平规则的期求[①]；“诚”，是“实”，即真实不欺、实事求是、真心实干、全心全意、精益求精。忠诚思想，鼓励执事以敬，专心一志，精益求精，严肃认真，勤勉谨慎，慎始慎终。这些精神均是当今各行各业的基本规范，更是人民警察职业道德建设的基本内容。从政治角度来看，忠诚是人民警察的政治要求，其核心是对中国共产党、国家、人民与政治制度的矢志不渝，这是对政治信念、政治理想、政治原则的认知、情感与评价，是信仰坚守、意志坚定和行为坚持。人民警察必须切实增强党的观念，接受党的绝对领导，始终在政治上、思想上、行动上与党中央保持高度一致，做党和人民的忠诚卫士、政权的捍卫者。

（2）廉洁自律。“廉洁”即清正廉明，无私奉献。东汉著名学者王逸在《楚辞·章句》中将廉洁解释为：“不受曰廉，不污曰洁。”[②] 廉洁作为一种德行，最根本的要求就在于处理政务、为人做官公正无私。廉洁是中华民族传统美德，也是无产阶级革命家一贯倡导的政治原则，更是当下人民警察核心价值观的一项主要内容。警察执法既面对危险困难，也面对诸多诱惑和陷阱。立场不稳、信念不牢，极易堕落腐化。廉洁从警的意义在于限制、防止和控制警察权异化的恶果，是胜任警察职业的基本要求。做一个廉洁自律的警察，要有无私奉献的职业品德、俭朴清廉的职业作风、拒腐防变的自律能力、防腐拒贿的应对能力、依法行使权力的权力理念等。

---

① 王子今．“忠”观念研究——一种政治道德的文化源流与历史演变［M］．长春：吉林教育出版社，1999：12.

② 王逸撰，黄灵庚校点．楚辞·章句［M］．上海：上海古籍出版社，2017：56.

（3）爱国精神。爱国主义是基于对国家和民族理性认识的一种崇高情感，“集中表现为民族自尊心和民族自信心，为保卫祖国和争取祖国的独立富强而献身的奋斗精神”①。爱国精神古来有之，亦是中华民族的传统美德。作为公权行使者，不仅要维护国家安定团结的局面，其一言一行更是代表着国家形象。没有内心深处的爱国精神，个体履职、胜任警察职业岗位也是空洞无实的。忠于国家，要求人民警察在警务工作中把国家的利益放在首位，热爱祖国，维护祖国的形象，维护祖国的荣誉和尊严，不辱国格和中华民族的尊严；保守国家机密，不背叛国家，特别是要坚定地与损害国家利益、尊严的人和事做坚决斗争。

4. 维度四：职业素养

第四个维度也有 5 个题项，解释量为 3.865%强，包括题项代码 D、E、M、H、G，对应警察胜任力 5 个特征要素：法律基础、社会知识、警察心理、语言文字能力、群众工作能力。如果说前三个维度分别面向社会人、职场人或者公职人员的话，那这一维度是面向警察职业，是所有从事警察职业的人应该具备的基本素质和综合能力。本书将此命名为“职业素养”。职业素养能体现警察个体能力水平，更能代表警察群体的形象，决定警察个体与组织发展的广度与深度。

（1）法律基础。警察是执法者，法律就是执法者的执法工具和执法依据。无论是身处一线的民警，还是公安机关行政人员，无论是公安机关领导者，还是普通民警，具备不同程度的法律知识、法律素养是开展工作的基本前提。从宏观视角来看“警察担负着行政执法、刑事司法的双重职能，增强其法律意识、提高其法律素质，是实现依法治国不可或缺的一环”②。胜任公安机关中的工作岗位和警察职业，就法律层面来说，首先要做懂法者，有一定量的法律知识储备，具备法律专业知识；其次要做守法者，要有法律至上的法治理念，崇尚法治精神；再次要做公正者，将法律公平、公正的理念融入工作之中；最后要做用法者，具备法律思维，做到有法必依，执法必严，违法必究。

---

① 李宏. 人民警察核心价值观基本问题研究［M］. 北京：中国社会科学出版社，2017：86.

② 蒋丽华. 侦查学专业本科学生法律素养的培养路径——以北京警察学院为例［J］. 上海公安高等专科学校学报，2015（8）.

（2）社会知识。社会知识也称社会常识、社会阅历，涵盖社会、人文、科技等多个领域。社会知识相对于专业知识来说，重在广，不在深；重在博，不在专。“当所有专业认知者都开始学习借助于非专业性的语言来开展知识生产时，实际上意味着他们所生产的知识本身也变成了一种社会知识。”① 简单来说，社会知识用通俗易懂的语言表达对社会的认知。虽然每个社会人、职场人都或多或少具备社会知识，但对于公安民警来说，社会知识尤为重要。警务工作面对形形色色的社会人员，同时还要面对诸多社会阴暗面。对社会不了解、没有人文涵养、不懂得人文关怀，开展警务工作势必艰难。因此，社会知识是立志从警的一个职业需求，体现警察个体的职业素养。

（3）警察心理。警察心理是指“警察的认识、情感的品质和气质、性格、兴趣、态度等人格特征以及整体心理健康的状况”②。从定义上看，广义上的警察心理包括性格特征因素等宏观领域，而狭义上的警察心理是指警察个体的心理健康及心理行为能力。警察职业担负着维护国家安全和社会稳定、打击违法犯罪活动的重任，有着高负荷、高压力、高强度、高危险等多重风险，在特定情况下还面临着人民群众、家人甚至上下级间的不信任、不理解，心理压力很大。一名合格的人民警察，心理素质必须过关，需要有健康的心理行为及心理特征、有心理压力承受能力，尤其是心理疏导和自我控制的意识和方法。作为职业素养，警察心理能力是其胜任力的一个重要特征要素。

（4）语言文字能力。语言文字能力主要包括“说”和“写”。警务活动需要文明语言，现场执法需要语言控制和规范语言，应对媒体需要公关语言，诉讼过程中需要法律用语，群众工作中需要群众话语；公安机关行政岗位承担大量公文写作任务，公安执法岗位承担法律文书撰写任务。警务工作是关于人的工作，是人与人之间的交流互动，且工作对象是特定人群。语言或文字交流和沟通在执法过程和公安行政事务中发挥着重要作用。因此，警察岗位入职除设有一般公务员面试、笔试和公文写作环节外，还专门设有警察岗位的专业面试。从这方面来看，“说”和“写”虽然是人的基本能力，但在公安机关有着特殊要求和特殊规定，与警察职业紧密相联，是警察职业素养的重要组成部分。

---

① 张乾友．个人知识、专业知识与社会知识——知识生产的历史叙事［J］．自然辩证法通讯，2017（1）．

② 耿晓栋．论警察心理素质培养［J］．法制与社会，2009（3）．

（5）群众工作能力。群众工作能力，也称社区工作能力，就是警察在社区开展群众工作的能力，“包括服务能力、保护能力、组织能力、沟通能力等”①。全心全意为人民服务是公安机关人民警察的宗旨，群众路线是公安工作的根本路线。公安民警与犯罪分子作斗争，但日常工作面对的是普通群众，承担大量的群众事务。例如，化解群众矛盾纠纷、解决群众困难、日常治安管理、社区警务工作、构建和谐警民关系乃至开展专群结合的专项行动都离不开群众工作能力的支撑。人民警察开展公安工作，必须从群众利益、群众角度出发，知群众冷暖，懂群众心理；必须掌握开展群众工作的一般方法，具备深入群众、服务群众、维护和谐稳定的能力。

5. 维度五：专业能力

第五个维度也有6个题项，解释量为3.739%强，包括题项代码I、J、K，对应警察胜任力3个特征要素：公安专业知识、相关专业知识、警务技战术。这3个特征要素与公安民警的专业性紧密关联，其中相关专业知识即公安通用知识，虽然有“通用”二字，但其知识能力内涵也是公安工作各岗位的专业特征，因此本书将此命名为“专业能力”。专业能力是公安民警正规化、专业化和职业化②建设的关键因素，是胜任现代警务工作的基本能力。

（1）公安专业知识。除了教育意义上的概念，从广义角度看，专业即“某种职业不同于其他职业的一些特定的劳动特点”③。公安专业知识显然就是从事公安职业或工作岗位所必须掌握的知识体系，具有一定的排他性、独立性。公安专业知识是公安民警从事公安职业、公安工作岗位知识技能的基础，是提升工作质量、促进专业化水平的基本要求。按照警种和工作岗位的分类，从事公安职业首先应掌握该警种的专业知识，如刑侦、技侦等。掌握此类专业知识的人群量在一定范围之内，而人群量越小，专业性就越强，就越能胜任岗位中更加专业、更加特殊的任务。

---

① 王海燕．提升警察群众工作能力的现象与模式建构研究［J］．法制与社会，2014（7）．

② 郭声琨．在全国公安厅局长座谈会上讲话（2016年10月12日）［EB/OL］．公安部官网：http：//www.mps.gov.cn/n2255053/n5147059/c5520879/content.html，2018-07-11．

③ 周川．专业散论［J］．高等教育研究，1990（1）．

（2）相关专业知识。相关专业知识是那些非工作岗位的专业知识，如公安行政岗位知晓执法一线岗位的专业知识，治安警察懂得刑事案件处理的方法与过程等。如前所述，当前的专业与职业很多时候无法一一对应，特别是在公安机关人民警察招录培养体制改革的背景下，公安院校毕业生往往以派出所为起点，专业人才并不在其专业岗位。这就需要所谓的“一专多能”。这种能力需要民警能够对公安工作部分或大多数岗位有一定了解，掌握岗位基本知识；而这种知识在常态工作中是隐含的，但在面临换岗、人事变迁中往往能表现出优势，能够快速适应、胜任新岗位、新要求、新技能。

（3）警务技战术。警务技战术是公安一线执法中能够有效控制现场的警察防卫控制技能和战术，包括单人的武器警械使用、擒拿、盾棍术以及多人配合的警务战术。毛泽东同志也指出：“军队、警察、法庭等国家机器，是阶级压迫的工具，对于敌对的阶级，它是压迫的工具，它是暴力，并不是什么仁慈的东西。”① 警务技战术是公安机关武装性、暴力性的表现，是公安机关保卫国家安全、维护社会稳定的基本手段。虽然不是所有民警都要面对犯罪分子，但警务技战术是公安民警发挥威慑力的前提和基础，也是民警自我防卫的工具。警务技战术水平与公安民警与生俱来，是现代警察的一个象征。

经实证检验的警察胜任力模型舍去了初始模型中的“身体素质、职业认同感、处警能力”三个特征要素。从实证的检验过程来看，此三个特征要素对应的题项主要因得分较低、显著性不强或者维度不明显而包含在其他特征要素之中等被舍去，如警务技战术的范围涵盖了身体素质、处警能力，而职业认同感与意志力、责任担当内涵都有交叉。舍去三个特征要素，使得胜任力模型更加紧凑简洁，更加聚焦胜任力内涵。

3.4.2　警察胜任力模型实证维度与理论假设维度验证与对比

在前面章节，本书分析了“胜任”与“卓越”的关系，界定了警察胜任力的概念与内涵。基于此类理论研究，本书进行了警察胜任力模型构建维度假设，即警察组织——角色维度、警察工作岗位——知识与能力维度以及警察个体——内隐要素维度。按照维度假设，本书设计了调查问卷并予以发放，通过实证分析与验证，获得了成就动机、拓展素质、政治品质、职业素养、专业能力五个维度。

---

① 毛泽东选集（第四卷）［M］. 北京：人民出版社，1991：413.

问卷调查的实证研究是对理论假设的检验和验证，从三维度假设到实证五维度，数量上首先不一致，理论假设不能完全被验证。但通过对比分析三维度假设与实证五维度，在逻辑上是基本一致的。

第一，理论假设中的“角色”维度与“政治品质、职业素养”实证维度。政治品质、职业素养两个维度包含了“廉洁自律、忠诚品性、爱国精神、法律基础、社会知识、语言文字能力、社区工作能力、警察心理”八个特征要素，而这些要素是从事警察职业、履行警察职责的角色要求，如政治上的捍卫者、情感上的爱国者、廉洁上的自律者、事业上的执法者、阅历上的社会人、日常工作中的群众服务者等。虽然有些特征要素在现实中容易被伪装，如贪污腐化分子伪装成廉洁者，但这些要素中的角色是要日常呈现的，是表面易感知的。因此，理论假设中的“角色”维度在实证研究中被分解成“政治品质”和“职业素养”两个维度。

第二，理论假设中的“知识与能力”维度和“专业能力”维度。在实证研究中，本书将“知识与能力”分层归类，将一般性职业知识归入其他维度，而将与专业性工作相关的知识与能力单独作为一个维度，如公安专业知识、相关专业知识以及警务技战术等，命名为“专业能力”。因此，“知识与能力”维度和“专业能力”维度在内涵上具有对应关系，且需要通过工作岗位中的表现、行为获得认知，处于维度结构中的中间层次。

第三，理论假设中的“内隐要素”维度和“拓展素质、成就动机”维度。“拓展素质、成就动机”维度包含责任担当、意志力、人际关系、荣誉感、勇敢精神、理论思维、决断能力、学习创新、灵活应变九个特征要素。这些要素是个体内在的机理和特征，平时不易觉察感知，需要时间积淀或特定的手段方可提取。因此，“内隐要素”维度和“拓展素质、成就动机”维度也具有对应关系。

根据以上论述，理论维度假设与通过实证研究得出的维度具有对应关系，其关系如图 3-6 所示。

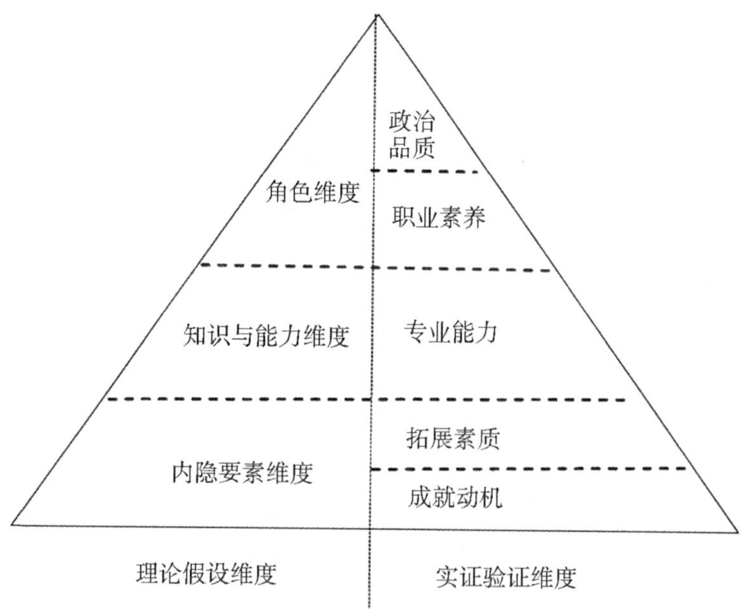

图 3-6　理论假设维度与实证验证维度逻辑关系图

按照冰山模型，从图 3-6 的三角形顶点到底边，从认知角度看依次是外显层次到内隐层次的渐变，理论假设维度与实证验证维度在逻辑上是一致的、符合的。综上所述，从卓越警务人才内涵概念出发构建的警察胜任力模型三维度理论假设是成立的，这一假设通过实证研究得到了检验，并在实践中得到进一步修正和细化。

第4章　警察胜任力培养的相关影响因素探讨

前述通过对警察个体相关行为特征的实证分析得到警察胜任力模型。“由于个体在不同情况下存在差异，这些差异将影响到个体的决策与行为方式”。[①] 通过个体差异分析可以归纳总结影响警察胜任力提升的相关因素。结合问卷调查收集到的数据，本章从人口学影响因素、职业影响因素以及受教育状况影响因素三个方面进行研究和讨论，以此总结得到基于胜任力提升卓越警务人才培养的主要特征和应然状态。

4.1　警察胜任力的基本状况

本书通过问卷调查获得样本855份，表4-1列出了基于855名警察的调查数据对模型中各维度进行简单分析的结果。简单分析能够在宏观层面把握当前警察胜任力的基本情况，把握警察能力素质结构的基本倾向，为下一步分析和人才培养改革研究奠定基础。

表4-1　警察胜任力模型各维度的均值和标准差

维度	均值	标准差
拓展素质	3.9493	.63288
成就动机	4.2611	.55234
政治品质	4.5310	.60219

① Finkelstein S., Hambrick D. C.. Strategic Leadership: Top Executives and Their Effects on Organizations [M]. St. Paul, MN: West Publishing Company. 1996.

续表

维度	均值	标准差
职业素养	4. 1460	. 60698
专业能力	3. 5764	. 79555
胜任力问卷	4. 0928	. 50661

具体分析过程如下：调查对象对“公安机关人民警察工作情境及其胜任力问卷”中各题目与自己实际情况相符合的程度进行判断，分为“非常不认同”“不认同”“不确定”“认同”“非常认同”五个等级，对这五个符合程度的选择结果分别赋值1-5分；每个维度的得分由该维度所包含的题目得分相加再除以该维度所包含的题目数计算而得。由表4-1可知，被调查的警察在公安机关人民警察工作情境及其胜任力问卷各个维度上的情况，在政治品质维度上得分最高，为4. 5310，在成就动机维度上得分次之，为4. 2611，在专业能力维度上得分最低，为3. 5764，在胜任力问卷上得分为4. 0928。

从得分分布情况来看，当前公安民警能力素质结构符合我国公安机关性质职能定位，更能体现胜任力理论的层次分布与要求。首先，“公安机关是我国人民民主专政政权中具有武装性质的治安行政和刑事司法的专门机关”①。政治素质是第一位的，是基本的要求。现实中，绝大部分人民警察能自觉做好人民民主专政政权的捍卫者、守卫者，是党和人民的忠诚卫士。政治品质不合格，不是说不能胜任警察职业，而是不能从事警察职业。因此，政治品质得分最高是符合实际的，也进一步说明了政治品质在警察职业中的重要地位。

得分排在第二位的是成就动机。成就动机是理论维度中的内隐要素范围，在几个维度中对警察个体胜任力的解释量、贡献率最大。警察职业任务重、压力大、危险性高，② 只有对警察职业有深刻的职业情感和广泛的认同度，以职业成就为动力，以职业发展为牵引，才能从根本上胜任警察职业。从数据结果上来看，广大公安民警爱岗敬业，有职业荣誉感、有职业成就动机，总体上能够满足和胜任公安机关保障国家安全、维护社会稳定、保障人民安居乐业的责

① 马亚雄．公安学基础教程［M］．北京：中国人民公安大学出版社，2012：45.

② 李瑛．当前公安民警面临的主要压力及解决对策分析［J］．法制博览，2014（11）.

任使命。

得分最低的是专业能力。专业能力维度在警察胜任力模型中的贡献率最小，胜任力解释量最小。专业能力是从事公安行业、警察职业的基本能力要素。但相对于其他维度来说，并非胜任力模型第一位的要素。换句话说，专业能力是重要的，是警察胜任力的有机组成部分，但它不是最重要的。这就契合并验证了“核心—边缘、内隐—外显”层次结构的胜任力理论。从另一个角度来说，专业能力维度得分量小也说明当前公安民警在执法执勤工作中存在一定程度的“本领恐慌”，警务工作知识、处警的专业能力还有很大的提升空间，公安民警的日常训练、集中培训等还需要进一步跟进。

职业素养、拓展素质得分处于中间层次，这与其在警察胜任力模型中的解释量也是基本一致的。从以上问卷调查的总体情况来看，当前公安民警队伍整体政治品质良好，队伍思想整体稳定，职业认同度较高，但是公安民警队伍综合能力、专业素养相对薄弱，也间接反映了在警务工作中专业人才较为欠缺。这不仅是公安队伍建设的一项重任，也是公安院校人才培养中的一项重要课题。

4.2 基于调查对象特征的相关因素分析

4.2.1 人口学信息的相关影响分析

人口学信息也就是样本的个人基本信息，包括年龄、性别等。探讨人口学信息对其胜任力的影响，有助于把握和辨析警察胜任力最基本的影响因素，为进一步分析打下基础。

1. 不同性别的警察在胜任力上的差异比较

为了比较不同性别的警察在胜任力上的差异，本书对调查数据进行独立样本 T 检验，结果如表 4-2 所示：

表 4-2　不同性别的警察在胜任力上的差异比较

维度/问卷	性别	均值	标准差	t 值
拓展素质	男	3.9749	6.3878	2.322*
	女	3.8225	.58925	

续表

维度/问卷	性别	均值	标准差	t 值
成就动机	男	4. 2451	. 57018	−1. 950
	女	4. 3405	. 44749	
政治品质	男	4. 5156	. 62563	−1. 463
	女	4. 6072	. 46392	
职业素养	男	4. 1955	. 59617	4. 739***
	女	3. 9009	. 60318	
专业能力	男	3. 6178	. 81223	2. 998**
	女	3. 3712	. 67358	
胜任力问卷	男	4. 1098	. 52119	1. 926
	女	4. 0085	. 41904	

注：* P<0. 05，** P<0. 01，*** P<0. 001

由表 4-2 可知，在胜任力模型大部分维度上，虽然男性得分高于女性，但不是所有维度都存在显著差异，只在拓展素质、职业素养、专业能力这三个维度上男性显著高于女性。公安机关警务工作很多岗位有性别要求，一般来说，男女比例为 8∶1 甚至更高。① 女性民警大多在公安机关从事内勤、行政方面的工作②，虽然政治过硬、工作有激情，但很多没有从事具体的一线警务工作，在职业素养、专业能力等方面得不到长效锻炼，因此不及男性民警。与公安机关人民警察队伍岗位性别结构相应，在公安院校招生中女生比例也大体维持在 15%左右，但在培养过程中并没有考虑性别差异。

2. 不同警龄的警察在胜任力上的差异比较

警龄，是个体从警生涯的时间。为了比较不同警龄的警察在胜任力上的差异，本书对调查数据进行单因素方差分析，结果如表 4-3 所示：

① 国家统计局社会科技和文化产业统计司．中国社会中的男人和女人——事实和数据（2012）［Z］，2012：109.

② 王媖娴．性别视角下的警察职业文化［J］．中国人民公安大学学报（社会科学版），2017（1）.

表 4-3 不同警龄的警察在胜任力上的差异比较

维度/问卷	警龄	均值	标准差	F 值
拓展素质	小于 5 年	3.9806	.63746	.261
	5-10 年	3.9358	.64291	
	10 年以上	3.9409	.62740	
成就动机	小于 5 年	4.3794	.51775	4.991**
	5-10 年	4.2390	.54586	
	10 年以上	4.2161	.56444	
政治品质	小于 5 年	4.5738	.56351	.535
	5-10 年	4.5208	.57015	
	10 年以上	4.5158	.63406	
职业素养	小于 5 年	4.5310	.60219	.137
	5-10 年	4.1271	.61925	
	10 年以上	4.1625	.56190	
专业能力	小于 5 年	4.1472	.62265	1.052
	5-10 年	4.1460	.60698	
	10 年以上	3.4975	.82873	
胜任力问卷	小于 5 年	4.1117	.49788	.168
	5-10 年	4.0936	.51196	
	10 年以上	4.0835	.50938	

注：*P<0.05，**P<0.01，***P<0.001

由表 4-3 可知，除了警龄小于 5 年的警察在成就动机维度上显著高于警龄大于 10 年的警察外，警龄在其他维度及胜任力问卷上均不存在显著差异。这就是说警察的成就动机随着时间的推移而逐渐减少。而从事警察职业的时间对其政治品质、拓展素质、职业素养、专业能力影响不显著，一个新警察的职业表现可能决定其整个从警职业生涯。从这个角度来看，新警的素质非常关键，是公安队伍素质的源头。而作为预备警官培养基地的公安院校，其人才培养、育人过程在公安队伍建设中更是具有重要地位，特别是在树立学生警察意识、培养职业情感方面，公安院校承担着更加重要的责任。只有在个人成长的学生时代筑牢正确的价值观和从警的职业观，才能在漫长的职业生涯中保持职业热情和工作积极性。

3. 不同地区的警察在胜任力上的差异比较

为了比较不同地区的警察在胜任力上的差异，本书对调查数据进行单因素方差分析，结果如表 4-4 所示：

表 4-4 不同地区的警察在胜任力上的差异比较

维度/问卷	地区	均值	标准差	F 值
拓展素质	华东	3. 9164	. 63668	. 619
	华北	3. 9880	. 59633	
	华南	3. 9791	. 61090	
	西南	3. 9533	. 51711	
	西北	3. 9967	. 67695	
	东北	3. 9606	. 73312	
	华中	4. 1333	. 67475	
	其他	3. 7714	. 87128	
成就动机	华东	4. 2505	. 53169	. 428
	华北	4. 2617	. 56175	
	华南	4. 2756	. 55284	
	西南	4. 3300	. 45269	
	西北	4. 2867	. 49112	
	东北	4. 1485	. 73956	
	华中	4. 3722	. 61530	
	其他	4. 3286	. 71191	

续表

维度/问卷	地区	均值	标准差	F 值
政治品质	华东	4.5533	.56711	1.908
	华北	4.5759	.60002	
	华南	4.4558	.63886	
	西南	4.5133	.45994	
	西北	4.3600	.63767	
	东北	4.3091	.93554	
	华中	4.7778	.38126	
	其他	4.6714	.41958	
职业素养	华东	4.1761	.60100	1.176
	华北	4.1090	.59884	
	华南	4.0911	.61817	
	西南	4.2500	.50619	
	西北	4.1167	.49160	
	东北	3.9798	.75203	
	华中	4.3796	.55367	
	其他	4.0833	.80530	
专业能力	华东	3.5445	.79854	.236
	华北	3.6030	.79658	
	华南	3.6093	.80288	
	西南	3.5267	.77812	
	西北	3.5800	.69748	
	东北	3.6606	.85365	
	华中	3.6889	.77981	
	其他	3.6000	.93150	

续表

维度/问卷	地区	均值	标准差	F值
胜任力问卷	华东	4.0882	.50580	.487
	华北	4.1075	.46695	
	华南	4.0822	.51575	
	西南	4.1147	.40844	
	西北	4.0680	.45554	
	东北	4.0117	.68646	
	华中	4.2704	.51646	
	其他	4.0910	.66948	

注：$^{*}P<0.05$，$^{**}P<0.01$，$^{***}P<0.001$

由表4-4可知，在所有维度上，不同地区的警察胜任力不存在显著差异。本书样本量来自东西南北中各个区域，具有一定的代表性。由于我国实行统一的公安机关管理体制和组织机制，各地公安民警的职责使命、目标任务等具有一致性。因此，地域对于警察职业的要求区别不大，对于警察个体的胜任力影响也不大。

4.2.2 职业特征的相关影响分析

职业特征，即样本的职业现状，包括从事警务工作的岗位、警种、职务以及工作中的相关表现等。探讨和分析样本职业特征对其胜任力的影响状况，是对不同层级、不同类别警察胜任力研究的一个有效途径，也为其相应的人才培养提供了实证数据支撑。

1. 不同岗位类型的警察在胜任力上的差异比较

警察岗位类型根据不同视角有不同的分类方法。为便于观测，本书先以“是否在一线岗位”为影响因素，进行警察胜任力差异分析。一般来说，一线岗位的警察主要是直接参与执法办案，而领导、机关内勤、专业技术人员则是非一线岗位。据此，对调查数据进行独立样本T检验，结果如表4-5所示：

表 4-5 不同岗位类型的警察在胜任力上的差异比较

维度/问卷	是否在一线岗位	均值	标准差	t 值
拓展素质	是	3.9516	.64347	.250
	否	3.9329	.55557	
成就动机	是	4.2613	.56473	.028
	否	4.2598	.45835	
政治品质	是	4.5402	.59230	1.047
	否	4.4659	.66819	
职业素养	是	4.1854	.59294	4.497***
	否	3.8679	.63545	
专业能力	是	3.5896	.80939	1.137
	否	3.4829	.68706	
胜任力问卷	是	4.1056	.51303	1.739
	否	4.0019	.45115	

注：* $P<0.05$，** $P<0.01$，*** $P<0.001$

由表 4-5 可知，在总体胜任力上，虽然在公安一线岗位工作的警察得分高于非一线岗位工作的警察，但是不存在显著差异。而从胜任力问卷各个维度上看，只有在职业素养维度上，一线岗位警察要显著高于非一线岗位警察，在其他维度上均不存在显著差异。这是由于一线警察处于公安执法前沿，法律知识、社会阅历、语言交流能力、群众工作能力、抗压力等均比非一线警察的要求要高，一线警察胜任工作岗位，其职业素养具有显著性。

2. 不同警种的警察在胜任力上的差异比较

警种差异性分析是对前文岗位类型差异性的进一步细化。不同警种也是涵盖在不同岗位类型的范畴之内。为了比较不同警种的警察在胜任力上的差异，本书对调查数据进行单因素方差分析，结果如表 4-6 所示：

表 4-6 不同警种的警察在胜任力上的差异比较

维度/问卷	警种	均值	标准差	F 值
拓展素质	刑警	4. 0138	. 66946	. 957
	交巡警	3. 9333	. 54836	
	治安	3. 9860	. 62800	
	刑科技	3. 9563	. 53786	
	公安管理	4. 0089	. 58722	
	其他	3. 9948	. 63157	
成就动机	刑警	4. 3308	. 54472	. 667
	交巡警	4. 1718	. 54529	
	治安	4. 2889	. 59512	
	刑科技	4. 2875	. 51753	
	公安管理	4. 2482	. 50054	
	其他	4. 3052	. 53258	
政治品质	刑警	4. 6215	. 58150	1. 204
	交巡警	4. 5846	. 69188	
	治安	4. 5497	. 55311	
	刑科技	4. 4750	1. 10965	
	公安管理	4. 5143	. 61124	
	其他	4. 5518	. 56276	
职业素养	刑警	4. 2205	. 64172	3. 973**
	交巡警	3. 8419	. 49552	
	治安	4. 2427	. 51233	
	刑科技	3. 9375	. 66074	
	公安管理	4. 0655	. 65573	
	其他	4. 1198	. 63096	

续表

维度/问卷	警种	均值	标准差	F 值
专业能力	刑警	3.7246	.81698	5.007***
	交巡警	3.0205	.72518	
	治安	3.5754	.77830	
	刑科技	3.6000	.67330	
	公安管理	3.0643	.77610	
	其他	3.5655	.78633	
胜任力问卷	刑警	4.1823	.54666	1.575
	交巡警	3.7504	.41516	
	治安	4.0885	.46438	
	刑科技	3.9913	.50474	
	公安管理	4.1002	.52270	
	其他	4.1074	.50380	

注：* $P<0.05$，** $P<0.01$，*** $P<0.001$

由表4-6可知，在胜任力总评上，不同警种的警察不存在显著差异。具体分析，在职业素养、专业能力两个维度上，各警种存在显著差异。其中，刑警、治安警察的胜任力得分均值总体都要高于其他警种。在其他维度及胜任力总评上，这两个警种得分均居前列，但是不显著高于其他警种，只在专业能力、职业素养而个维度上具有显著性。这可能与两个警种处于一线，工作具有高危性、高专业性、高强度的特征紧密关联。这与前一节的差异分析结果是基本一致的。

值得一提的是，交巡警在大部分维度上得分都是最低的。交巡警诞生时间不长，其职能、人员构成等还在探索之中，这也在一定程度上影响了其在胜任力调查中的得分。因为交巡警制度还没有全面实施，从警人数相对来说较少，本书暂不将其纳入结论之中。

3. 不同来源类型的警察在胜任力上的差异比较

目前，公安机关人民警察招录“主要是集中面向社会招录大学毕业生和接收安置军队转业干部，它构成了公安机关警力来源的主体部分"①。虽然 2015 年公安部等六部委提出"提高公安院校公安专业毕业生入警比例，确保公安院校毕业生成为公安队伍补充警力的主要渠道"。② 但长期以来，军转干部在公安队伍中仍然占有相当比例。为了比较不同来源类型警察的胜任力差异，本书以"是否为军转干部"为影响因素，对调查数据进行独立样本 T 检验，结果如表 4-7 所示：

表 4-7　不同来源类型的警察在胜任力上的差异比较

维度/问卷	是否为军转干部	均值	标准差	t 值
拓展素质	是	3.8151	.57159	-2.114^{*}
	否	3.9694	.63958	
成就动机	是	4.0384	.62782	-4.056^{***}
	否	4.2944	.53280	
政治品质	是	4.4651	.52553	-1.088
	否	4.5409	.61263	
职业素养	是	4.1008	.58983	-.740
	否	4.1528	.60972	
专业能力	是	3.4000	.76942	-2.211^{*}
	否	3.6028	.79668	
胜任力问卷	是	3.9639	.50355	-2.540^{**}
	否	4.1120	.50468	

注：$^{*}P<0.05$，$^{**}P<0.01$，$^{***}P<0.001$

由表 4-7 可知，在胜任力总评方面，军转干部或者从其他部门调入的警察得分显著低于其他来源警察（主要是大学毕业生）。从胜任力问卷各个维度上看，在专业能力、拓展素质、成就动机维度上，军转干部或者从其他部门调入的警察的得分显著低于其他来源警察，在政治品质和职业素养维度上不存在显著差异。随着正规化、专业化和职业化发展，经过正规大学培养的大学生更能适应和胜任公安队伍对民警素质能力越来越高的要求，特别是在专业能力、拓

① 徐环业. 初任培训民警思想教育工作探析［J］. 武汉公安干部学院学报，2013(3).

② 关于加强公安机关人民警察招录工作的意见（人社部发〔2015〕97 号）

展素质、职业素养方面，大学毕业生优势明显。

4. 不同职级职务的警察在胜任力上的差异比较

本书问卷调查对象包括不同职级职务的在职民警。为了比较不同职级职务警察在胜任力上的差异，本书对调查数据进行单因素方差分析，结果如表 4-8 所示：

表 4-8 不同职级职务的警察在胜任力上的差异比较

维度/问卷	职务	均值	标准差	F 值
拓展素质	局领导	4. 2800	. 77108	2. 958*
	队所领导	4. 1076	. 58150	
	处室科领导	3. 9864	. 58093	
	普通民警	3. 8208	. 65011	
	其他	4. 1056	. 47832	
成就动机	局领导	4. 2733	. 87298	1. 082
	队所领导	4. 3136	. 49526	
	处室科领导	4. 2818	. 52839	
	普通民警	4. 2378	. 55921	
	其他	4. 4611	. 43675	
政治品质	局领导	4. 4800	1. 04143	. 607
	队所领导	4. 5576	. 58345	
	处室科领导	4. 5000	. 80290	
	普通民警	4. 5365	. 54136	
	其他	4. 3333	1. 06936	
职业素养	局领导	4. 2444	. 97766	2. 307*
	队所领导	4. 2641	. 51397	
	处室科领导	3. 9659	. 61482	
	普通民警	4. 1288	. 61151	
	其他	4. 1759	. 56149	

续表

维度/问卷	职务	均值	标准差	F 值
专业能力	局领导	3.8667	.78437	.229
	队所领导	3.6797	.67286	
	处室科领导	3.6364	.72082	
	普通民警	3.5399	.82623	
	其他	3.4556	.86719	
胜任力问卷	局领导	4.1889	.83924	.926
	队所领导	4.1645	.43381	
	处室科领导	4.0741	.49231	
	普通民警	4.0727	.51333	
	其他	4.1063	.46077	

注：* $P<0.05$，** $P<0.01$，*** $P<0.001$

由表 4-8 可知，在胜任力总评上，职务不同的警察不存在显著差异。这就是说警察胜任力在不同职务上是独立的、相对的，不存在层次递进的关系。不同职级职务的警察的胜任力有其独立的内涵和标准。这与前文的警龄影响因素的非显著性结果是一致的。从各个维度来看，担任局领导的警察的拓展素质、专业能力得分均值要显著高于其他职务警察，而在其他维度上不存在显著差异。局领导一般为担任一级公安机关的领导职务，如县局领导、分局领导等，经过多年历练，其从警的基本素养，如思辨能力、社会阅历、语言文字能力、心理素质等要高于其他低级职务人员和普通民警。

5. 入警以来立功受奖次数不同的警察在胜任力上的差异比较

立功受奖是公安队伍管理的激励举措之一，而立功受奖也是有一定条件的，虽然表现为民警个体的行为，但背后也反映出其素质能力结构。为了比较入警以来立功受奖次数不同的警察在胜任力上的差异，本书对调查数据进行单因素方差分析，结果如表 4-9 所示：

表 4-9　入警以来立功受奖次数不同的警察在胜任力上的差异比较

维度/问卷	入警以来立功受奖次数	均值	标准差	F 值
拓展素质	≤1 次	3.4020	.63151	3.450**
	2-3 次	3.6391	.62780	
	4-5 次	3.8838	.62118	
	>5 次	4.0611	.63932	
成就动机	≤1 次	4.2532	.56518	6.077***
	2-3 次	4.2685	.51142	
	4-5 次	4.6444	.50613	
	>5 次	4.8722	.61242	
政治品质	≤1 次	4.4296	.70382	2.956*
	2-3 次	4.5574	.53281	
	4-5 次	4.6081	.45168	
	>5 次	4.5790	.61275	
职业素养	≤1 次	4.0567	.60725	3.065*
	2-3 次	4.1633	.58344	
	4-5 次	4.1296	.56922	
	>5 次	4.2469	.64435	
专业能力	≤1 次	3.4030	.85236	6.193***
	2-3 次	3.6569	.76640	
	4-5 次	3.5212	.77923	
	>5 次	3.7296	.72591	
胜任力问卷	≤1 次	4.0089	.50494	3.599*
	2-3 次	4.1170	.48054	
	4-5 次	4.0774	.47179	
	>5 次	4.1778	.54646	

注：*P<0.05，**P<0.01，***P<0.001

由表 4-9 可知，在胜任力总评以及各维度上，立功受奖次数不同，其胜任力有着显著差异。随着立功受奖次数的增多，胜任力总评和各维度得分也随之增加，特别是在成就动机、专业能力两个维度达到异常显著的程度。公安民警的立功受奖次数，从警察胜任力模型构建过程来看，可以以此为依据，将其分为绩优组和普通组，绩优组产生高绩效，即产生较多的立功受奖次数。从调查数据分析来看，胜任力总评和各维度都呈现显著差异，且得分由绩优组向普通组递减，也进一步验证了警察胜任力模型。

4.3　受教育背景影响因素分析

本研究的卓越警务人才培养主要对应公安院校本科阶段的人才培养工作。从学历结构上看，样本受教育背景主要集中在大专以上学历。高中及以下占比不到 10%，在填写调查问卷阶段，这部分人员（样本）被告知参照最高学历期间的情况予以填写。因此本书笼统以“大学期间”概括，并将相关影响因素作为自变量，考察不同自变量下的警察胜任力情况。

4.3.1　受教育层次与类别的差异比较

1. 不同学历的警察在胜任力上的差异比较

学历是警察知识水平一个外在的表征。为了比较不同学历的警察在胜任力上的差异，本书对调查数据进行单因素方差分析，结果如表 4-10 所示：

表 4-10　不同学历的警察在胜任力上的差异比较

维度/问卷	学历	均值	标准差	F 值
拓展素质	博士	3. 4250	1. 09049	3. 561*
	硕士	3. 9602	. 60196	
	学士	4. 1365	. 61533	
	其他	3. 8857	. 65166	
成就动机	博士	3. 4250	1. 32508	3. 400**
	硕士	4. 2658	. 47169	
	学士	4. 3238	. 57614	
	其他	4. 2502	. 50186	

续表

维度/问卷	学历	均值	标准差	F 值
政治品质	博士	3.7500	1.89297	2.533
	硕士	4.4762	.69136	
	学士	4.5363	.60405	
	其他	4.5521	.52273	
职业素养	博士	3.2917	1.67981	3.613**
	硕士	4.0847	.63773	
	学士	4.1322	.60325	
	其他	4.2035	.56398	
专业能力	博士	3.4000	1.14310	.922
	硕士	3.5873	.82530	
	学士	3.5634	.81921	
	其他	3.5991	.74199	
胜任力问卷	博士	3.4583	1.39850	3.180*
	硕士	4.0916	.48816	
	学士	4.1217	.50918	
	其他	4.0981	.47918	

注：* $P<0.05$，** $P<0.01$，*** $P<0.001$

由表4-10可知，在胜任力总评上，学历不同的警察存在显著差异；在拓展素质、成就动机、职业素养维度上，学历不同的警察之间也存在显著差异，而在政治品质和专业能力维度上并没有出现显著差异。这就是说学历高低对警察的政治品质和专业能力影响并不大，或者说学历不是这两个维度大小的决定性因素。而在有显著差异的维度（即拓展素质、成就动机和职业素养三个维度）和胜任力总评上，具有学士学历的警察得分均值最高。这也在一定程度上说明，相对而言，在当前公安工作实际中，取得大学学士学位的警察能够很好地胜任当前我国警察职业，大学本科毕业生是我国公安队伍建设需求的主力军。

2. 不同院校毕业的警察在胜任力上的差异比较

从警察招录来源看，如前文所述，主要是大学毕业生和军转干部，而大学毕业生又可分为公安院校的毕业生和普通高校的毕业生。为了比较不同院校毕业的警察在胜任力上的差异，本书对调查数据进行单因素方差分析，结果如表 4-11 所示：

表 4-11　不同院校毕业的警察在胜任力上的差异比较

维度/问卷	学校	均值	标准差	F 值
拓展素质	部属公安院校	3.9705	.65676	2.945*
	省属公安院校	3.9435	.63188	
	211 或 985 高校	4.0656	.58288	
	普通地方高校	3.9684	.59443	
	其他	3.8557	.66477	
成就动机	部属公安院校	4.3235	.53737	2.326*
	省属公安院校	4.2905	.51529	
	211 或 985 高校	4.2781	.57683	
	普通地方高校	4.2335	.56226	
	其他	4.1321	.60530	
政治品质	部属公安院校	4.5476	.63707	2.235*
	省属公安院校	4.6080	.54573	
	211 或 985 高校	4.5375	.73342	
	普通地方高校	4.4181	.66425	
	其他	4.5226	.48251	
职业素养	部属公安院校	4.0724	.66732	1.515
	省属公安院校	4.2075	.57164	
	211 或 985 高校	4.1406	.53566	
	普通地方高校	4.1086	.60410	
	其他	4.2028	.58915	
专业能力	部属公安院校	3.5345	.81762	.796
	省属公安院校	3.6380	.75112	
	211 或 985 高校	3.7000	.70207	
	普通地方高校	3.5213	.83011	
	其他	3.5698	.81873	

续表

维度/问卷	学校	均值	标准差	F 值
胜任力问卷	部属公安院校	4.0777	.51976	1.160
	省属公安院校	4.1495	.48290	
	211 或 985 高校	4.1444	.50475	
	普通地方高校	4.0500	.50898	
	其他	4.0566	.52453	

注：* $P<0.05$，** $P<0.01$，*** $P<0.001$

由表 4-11 可知，在胜任力总评上，不同毕业院校的警察并不存在显著差异，也就是说无论是普通地方高校和部属公安院校，还是省属公安院校培养的毕业生胜任力并无显著差异；无论是在专业能力、职业素养维度上各层次的院校的毕业生胜任力亦无显著差异。在拓展素质维度上，211 或 985 高校毕业生显著高于其他高校，而普通高校包括部属公安院校拓展素质相对较低；在成就动机维度上，部属公安院校毕业生得分均值最高，省属公安院校次之；在政治品质维度上，省属公安院校毕业生得分均值最高，部属公安院校次之，普通地方高校得分相对较低。从以上分析来看，并不存在一类高校能在胜任力各维度上均占据显著优势，各类高校各有所长。例如，211 或 985 高校毕业生较深层的综合素质、拓展能力很强；部属公安院校和省属公安院校在职业认同度、在公安岗位上成功成才的决心较大；而省属公安院校的思想政治教育也有很强的优势。

3. 不同专业的警察在胜任力上的差异比较

从行业背景来看，可以分为公安类专业和普通专业（即非公安类专业）；从专业门类来看，可以大体分为理工科、文科两大类。① 为了比较不同专业的警察在胜任力上的差异，本书对调查数据进行单因素方差分析，结果如表 4-12 所示：

① 按照《普通高等学校本科专业目录（2011）》，公安文科主要是指公安学类专业，属于法学门类；公安工科主要是指公安技术类专业，属于工学门类。普通文科专业囊括文史哲等专业，普通工科主要涵盖理工医等专业，农、艺等专业毕业生鲜有从事警察职业。

表 4-12　不同专业的警察在胜任力上的差异比较

维度/问卷	专业	均值	标准差	F 值
拓展素质	公安文科	3. 9646	. 62845	1. 936
	公安工科	3. 9791	. 67635	
	普通文科	4. 0121	. 66426	
	普通工科	3. 8425	. 55707	
成就动机	公安文科	4. 3098	. 50885	4. 184**
	公安工科	4. 3281	. 56271	
	普通文科	4. 2310	. 61211	
	普通工科	4. 1329	. 54407	
政治品质	公安文科	4. 5569	. 56994	2. 516
	公安工科	4. 6144	. 62159	
	普通文科	4. 4793	. 62185	
	普通工科	4. 4411	. 60932	
职业素养	公安文科	4. 1470	. 59186	1. 172
	公安工科	4. 2048	. 63766	
	普通文科	4. 1566	. 63751	
	普通工科	4. 0742	. 57236	
专业能力	公安文科	3. 5854	. 79577	2. 981*
	公安工科	3. 6863	. 76735	
	普通文科	3. 6103	. 82139	
	普通工科	3. 4192	. 78725	
胜任力问卷	公安文科	4. 1127	. 47514	1. 465
	公安工科	4. 1625	. 54027	
	普通文科	4. 0979	. 54017	
	普通工科	4. 0820	. 48080	

注：* P<0. 05，** P<0. 01，*** P<0. 001

由表 4-12 可知，在胜任力总评上，不同专业的警察并不存在显著差异，这与前文不同院校毕业的警察在胜任力总评上无显著差异的结果是一致的。从各个维度来看，在成就动机维度上，公安专业显然高于普通专业，这是公安专业在职业意识、成就成才方面教育培养的优势与特色。在专业能力维度上，不同专业背景的警察胜任力具有显著差异，其中公安工科专业的警察得分均值最高，普通文科专业的警察次之。而在拓展素质、职业素养、政治品质维度上，不同专业的警察之间不存在显著差异。从这一分析来看，公安工科专业在人才培养的胜任力上具有一定的敏感性，特别是在成就动机、专业能力方面有较强的针对性。可见，公安技术类专业在公安人才培养体系中占有重要地位，并且取得了较好的育人效果和较高的毕业生从警胜任力水平。

4.3.2 受教育过程的差异比较

1. 大学期间影响较深的专业（基础）课程数量不同的警察在胜任力上的差异比较

专业课程是专业水平的集中体现，也是学生学习某个专业的核心课程，居于课程体系核心地位。为了体现专业课程的质量与数量，问卷调查中设置了“大学期间影响较深的专业（基础）课程数量”的选项，据此比较警察胜任力上的差异。本书对调查数据进行单因素方差分析，结果如表 4-13 所示：

表 4-13 大学期间影响较深的专业（基础）课程数量不同的警察在胜任力上的差异比较

维度/问卷	大学期间影响较深的专业（基础）课程数量	均值	标准差	F 值
拓展素质	小于 1 门	3.9147	.71468	2.495*
	1-3 门	3.9184	.60408	
	4-6 门	4.0655	.60250	
	大于 6 门	4.1300	.73874	
成就动机	小于 1 门	4.1108	.62551	3.800**
	1-3 门	4.2710	.52310	
	4-6 门	4.3702	.49328	
	大于 6 门	4.3075	.70616	
政治品质	小于 1 门	4.3471	.76763	4.109**
	1-3 门	4.5559	.54568	
	4-6 门	4.5690	.55925	
	大于 6 门	4.6500	.72004	

续表

维度/问卷	大学期间影响较深的专业（基础）课程数量	均值	标准差	F值
职业素养	小于1门	4.0752	.67553	1.182
	1-3门	4.1529	.56903	
	4-6门	4.1310	.62311	
	大于6门	4.2833	.76813	
专业能力	小于1门	3.3745	.88895	3.046*
	1-3门	3.5743	.74455	
	4-6门	3.6738	.82654	
	大于6门	3.9100	.89437	
胜任力问卷	小于1门	3.9644	.57765	4.150**
	1-3门	4.0945	.46670	
	4-6门	4.1619	.50743	
	大于6门	4.2562	.65319	

注：*P<0.05，**P<0.01，***P<0.001

由表4-13可知，在胜任力总评上，大学期间影响较深的专业（基础）课程数量不同，对其毕业生从警产生显著差异，在拓展素质、成就动机、政治品质和专业能力这四个维度上也存在显著差异。大学期间影响较深的专业（基础）课程数量越多，其胜任力及其相应维度得分均值越高。值得一提的是，专业课程的影响对胜任力的“专业能力”产生显著影响，但不是最显著的，而是对成就动机、政治品质以及胜任力总评产生更加显著的影响。这一研究结果大大拓展了对专业课程内涵及其价值的理解。“大学价值教育，虽不局限于单纯的科学教育、知识教育和职业教育，但应当渗透于专业课程的教育中。”① 专业课程不仅是“专业”的课程，也是知识的课程、能力的课程和思想的课程。优秀的专业（基础）课程不仅在于专业领域的教学，更能在教学中产生溢出效应和体验价值，对学生综合素质发展产生重要影响。

2. 大学期间选修课数量不同的警察在胜任力上的差异比较

选修课是高校课程体系的重要组成部分，是“高等学校各学科、专业教

① 石中英. 价值教育的时代使命［J］. 中国民族教育，2009（1）.

学计划中规定的由学生自行安排选习的课程”。[①] 一所大学所开设的选修课数量与质量在一定程度上代表着这所学校的实力与水平，能够影响其人才培养质量。为了比较大学期间选修课数量不同的警察在胜任力上的差异，本书对调查数据进行单因素方差分析，结果如表 4-14 所示：

表 4-14　大学期间选修课数量不同的警察在胜任力上的差异比较

维度/问卷	选修课数量	均值	标准差	F 值
拓展素质	小于等于 1 门	3. 8753	. 76134	2. 373*
	2-5 门	3. 9000	. 60678	
	6-8 门	3. 9308	. 57025	
	大于 8 门	4. 0413	. 64059	
成就动机	小于等于 1 门	4. 1877	. 62438	1. 296
	2-5 门	4. 2276	. 53335	
	6-8 门	4. 2952	. 50478	
	大于 8 门	4. 3005	. 57236	
政治品质	小于等于 1 门	4. 4543	. 60911	. 910
	2-5 门	4. 5131	. 58780	
	6-8 门	4. 5342	. 54991	
	大于 8 门	4. 5765	. 64721	
职业素养	小于等于 1 门	4. 1152	. 65066	. 161
	2-5 门	4. 1395	. 58970	
	6-8 门	4. 1427	. 56528	
	大于 8 门	4. 1667	. 63794	
专业能力	小于等于 1 门	3. 4790	. 89592	. 888
	2-5 门	3. 5529	. 76107	
	6-8 门	3. 5767	. 72986	
	大于 8 门	3. 6376	. 83310	

① 顾明远. 教育大辞典［M］. 上海：上海教育出版社，1998：563.

续表

维度/问卷	选修课数量	均值	标准差	F 值
胜任力问卷	小于等于 1 门	4. 0223	. 57310	. 223
	2-5 门	4. 0666	. 48414	
	6-8 门	4. 0959	. 45031	
	大于 8 门	4. 1445	. 53651	

注：*P<0. 05，**P<0. 01，***P<0. 001

由表 4-14 可知，大学选修课数量不同的警察在拓展素质维度上存在显著差异，大学选修课数量越多，其胜任力得分越高。但是，在胜任力总评及其他维度上，选修课数量对其并不产生显著差异。也就是说，在当前和以往的人才培养过程中，选修课对开拓学生视野、发展能力方面起到了较强的正向作用，但对人才培养质量、毕业生胜任力的影响不是很明显。

3. 大学期间第二课堂情况不同的警察在胜任力上的差异比较

一般认为，按照人才培养方案和教学大纲开展的课堂教学为第一课堂，第二课堂是与课堂教学相对的概念，是指“在第一课堂外的时间进行的与第一课堂相关的教学活动”①。为了比较大学期间第二课堂情况不同的警察在胜任力上的差异，本书对调查数据进行单因素方差分析，结果如表 4-15 所示：

表 4-15　大学期间第二课堂情况不同的警察在胜任力上的差异比较

维度/问卷	第二课堂情况	均值	标准差	F 值
拓展素质	丰富	4. 0684	. 60661	5. 022**
	一般	3. 9218	. 62318	
	不丰富	3. 8348	. 69578	
成就动机	丰富	4. 3542	. 56769	4. 561*
	一般	4. 2446	. 53453	
	不丰富	4. 1494	. 57705	
政治品质	丰富	4. 6226	. 61566	2. 865*
	一般	4. 5018	. 61129	
	不丰富	4. 4787	. 51489	

① 顾明远. 教育大辞典［M］. 上海：上海教育出版社，1998：217.

续表

维度/问卷	第二课堂情况	均值	标准差	F 值
职业素养	丰富	4.2250	.61984	3.007*
	一般	4.1350	.60436	
	不丰富	4.0375	.57831	
专业能力	丰富	3.7051	.80512	5.154**
	一般	3.5630	.76653	
	不丰富	3.3798	.86395	
胜任力问卷	丰富	4.1951	.51934	6.367***
	一般	4.0732	.48955	
	不丰富	3.9760	.52526	

注：* P<0.05，** P<0.01，*** P<0.001

由表 4-15 可知，第二课堂对毕业生从警胜任力有高度敏感性，在胜任力总评和各维度上都呈现显著差异，特别是在胜任力问卷、拓展素质以及专业能力方面都有高强度的显著性。无论是公安院校还是普通高校，培养的毕业生从警胜任力及各维度得分高于第二课堂一般和不丰富的高校。第二课堂因校而异，但都有着丰富的内涵与多样的形式，丰富多彩的第二课堂活动能够激发学生的兴趣、爱好、特长，能够在活动中促进学生个性历练和全面发展，为其从警生涯打下坚实的基础。因此，大学期间的第二课堂情况对警察从警的胜任力有着极其重要的作用。

4. 大学期间影响较深的教师数量不同的警察在胜任力上的差异比较

师资队伍是教书育人、答疑解惑的主要载体，是人才培养的关键。为了比较教师对学生的影响在其后从警胜任力上的差异，本书对调查数据进行单因素方差分析，结果如表 4-16 所示：

表 4-16　大学期间影响较深的教师数量不同的警察在胜任力上的差异比较

维度/问卷	影响较深的教师数量	均值	标准差	F 值
拓展素质	小于 1 人	3.9509	.69774	2.660*
	1-3 人	3.9170	.60777	
	4-6 人	4.0790	.60222	
	大于 6 人	4.1963	.77135	
成就动机	小于 1 人	4.0679	.61852	3.608**
	1-3 人	4.1700	.51831	
	4-6 人	4.3290	.53113	
	大于 6 人	4.5407	.80635	
政治品质	小于 1 人	4.4071	.71530	2.443
	1-3 人	4.5570	.54431	
	4-6 人	4.5000	.66555	
	大于 6 人	4.6741	.80603	
职业素养	小于 1 人	4.1176	.65249	.652
	1-3 人	4.1420	.57819	
	4-6 人	4.1613	.60881	
	大于 6 人	4.2963	.85776	
专业能力	小于 1 人	3.4804	.87342	3.700*
	1-3 人	3.5622	.76278	
	4-6 人	3.6613	.76702	
	大于 6 人	4.0222	.94353	
胜任力问卷	小于 1 人	4.0248	.55993	2.518*
	1-3 人	4.0896	.47156	
	4-6 人	4.1461	.52036	
	大于 6 人	4.3059	.73590	

注：* $P<0.05$，** $P<0.01$，*** $P<0.001$

由表 4-16 可知，优秀教师对学生的影响是深远的、持久的。影响较深的教师人数越多，其毕业生从警胜任力总评就越高，且呈显著差异。而在具体维度上，优秀教师对学生成就动机、拓展素质和专业能力三个方面影响深刻且显著，特别是对学生成就动机影响异常显著。校园生活主要由教师与学生组成，教师的素质能力、责任心、人格特性以及价值观能够对学生产生直接影响，而优秀教师的言传身教、榜样示范又具有无形作用。梅贻琦先生在清华大学就职典礼上就说过："所谓大学者，非谓有大楼之谓也，有大师之谓也。"从教师影响的因素来看，师资队伍水平对毕业生从警人格塑造、价值观、成就感、责任担当以及专业能力、拓展能力等胜任力特征的影响具有高敏感性、高显著性。

5. 大学期间接受警务化管理程度不同的警察在胜任力上的差异比较

所谓警务化管理，就是"运用人民警察条例、条令及学校所制定的各种学生管理制度，坚持'从严治警，从严治校'的方针，进行有意识、有组织、有计划的管理协调"。① 警务化管理是公安院校特有的管理体制。为方便采集和对比普通高校毕业生的类似数据，在问卷调查中，普通高校毕业生被告知参照在校期间的"政治要求和纪律管理"进行问卷填写。为了比较大学期间接受警务化管理程度不同的警察在胜任力上的差异，本书对调查数据进行单因素方差分析，结果如表 4-17 所示：

表 4-17 大学期间接受警务化管理程度不同的警察在胜任力上的差异比较

维度/问卷	接受警务化管理的程度	均值	标准差	F 值
拓展素质	严格	3.9890	.65384	1.155
	较严	3.9268	.62495	
	一般	3.8713	.62540	
	没有	3.9633	.52109	
成就动机	严格	4.3043	.59803	1.927
	较严	4.2592	.47703	
	一般	4.1705	.52906	
	没有	4.2184	.50070	

① 谭胜. 公安院校警务化管理下大学生时间管理现状调查［A］. 北京市高等教育学会 2007 年学术年会论文集（下册），2008：587.

续表

维度/问卷	接受警务化管理的程度	均值	标准差	F 值
政治品质	严格	4. 5963	. 61887	2. 803*
	较严	4. 4904	. 62366	
	一般	4. 4636	. 51598	
	没有	4. 4041	. 59650	
职业素养	严格	4. 1948	. 63203	2. 010
	较严	4. 1146	. 58588	
	一般	4. 1202	. 55315	
	没有	3. 9898	. 61933	
专业能力	严格	3. 6399	. 84315	2. 660*
	较严	3. 6051	. 70998	
	一般	3. 4372	. 76066	
	没有	3. 4286	. 77675	
胜任力问卷	严格	4. 1448	. 53363	2. 825*
	较严	4. 0792	. 47603	
	一般	4. 0126	. 46904	
	没有	4. 0008	. 48259	

注：* P<0. 05，** P<0. 01，*** P<0. 001

由表 4-17 可知，在胜任力总评上，大学期间接受警务化管理程度不同的警察存在显著差异，在政治品质和专业能力这两个维度上也存在显著差异，警务化管理越严格，其政治品质、专业能力就越强，在胜任力总评上也就越强。警务化管理有政治性的、纪律性的、学业性的要求，是树立政治信仰、养成警察意识、严格纪律作风、励志努力学习的有效手段，因此政治品质、专业能力方面呈显著性差异。而在拓展素质维度，虽然不呈显著性差异，但警务化管理程度选择“没有”的得分高于选择“一般”或“较严”的得分。这可能是毕业于普通高校的警察未经警务化管理，但通过其他途径获得了相应的胜任力特征。因此可以说在这两个维度上，警务化管理是其差异性的充分条件，而非必要条件。但从总体上看，警务化管理对毕业生从警胜任力具有重要且显著的影响。

6. 入警前警务实习长度不同的警察在胜任力上的差异比较

警务实习，是指学生在大学学习期间，在公安机关相关工作岗位参加业务锻炼。就目前的人才培养来看，学生参加警务实习是公安院校人才培养的一个特色，也只有公安院校有此条件，普通高校入警的民警大多没有参加警务实习。为了比较入警前参加警务实习的状况对其后从警胜任力的影响差异，本书对调查数据进行单因素方差分析，结果如表 4-18 所示：

表 4-18　入警前警务实习长度不同的警察在胜任力上的差异比较

维度/问卷	入警前警务实习长度	均值	标准差	F 值
拓展素质	<2 个月	4. 0133	. 62464	2. 942**
	2-4 个月	3. 9359	. 60079	
	>4 个月	3. 9281	. 66281	
成就动机	<2 个月	4. 2608	. 53721	2. 281**
	2-4 个月	4. 2414	. 53897	
	>4 个月	4. 2779	. 57210	
政治品质	<2 个月	4. 5399	. 58287	. 274
	2-4 个月	4. 5080	. 59616	
	>4 个月	4. 5459	. 61823	
职业素养	<2 个月	4. 1515	. 62358	1. 039
	2-4 个月	4. 1371	. 58991	
	>4 个月	4. 1507	. 61467	
专业能力	<2 个月	3. 5105	. 83064	. 711
	2-4 个月	3. 5789	. 74292	
	>4 个月	3. 6078	. 82068	
胜任力问卷	<2 个月	4. 0952	. 50752	. 121
	2-4 个月	4. 0803	. 47421	
	>4 个月	4. 1021	. 53346	

注：*P<0. 05，**P<0. 01，***P<0. 001

由表 4-18 可知，入警前警务实习的状况对其今后从警的胜任力总评及各个维度上均不存在显著差异，但是在成就动机、拓展素质维度，实习时间的长短与其后的胜任力间具有显著关联，时间越长，其两个维度表现越佳。也就是说，通过公安实习，很多学生在警务工作中磨砺了意志、锻炼了品质、增强了职业认同感，同时在为人处世、处警能力方面也有所提升。但是，公安实习对政治品质、专业能力和职业素养并没有显著性影响。这一方面要反思现有公安实习制度设计与教学安排问题，特别是在专业对口、警务工作深度参与等方面应重新考量；另一方面要客观地看待警务实习的作用，过多的实习时间将挤占理论教学时间，总体上也并不必然对学生从警胜任力产生显著的积极影响。

4.4 警察胜任力的人才培养影响因素述评

警察胜任力培养和提升与多种因素有关，特别是人才培养过程各要素对胜任力及其维度有着不同的影响关系，见表 4-19。以下将分层次进一步分析胜任力提升与人才培养过程的影响机理。

表 4-19 警察胜任力影响因素与影响关系分析表

因素 \ 维度	拓展素质	成就动机	政治品质	职业素养	专业能力	胜任力总评
性别	*	—	—	* * *	* *	—
警龄	—	* *	—	—	—	—
地区	—	—	—	—	—	—
是否在一线	—	—	—	* * *	—	—
警种	—	—	—	* *	* * *	—
是否为军转	*	* * *	—	—	*	* *
职务高低	*		—	—	*	
立功受奖	* *	* * *	*	*	* * *	*
不同学历	*	* *	—	* *	—	*
毕业院校	*	*	*	—	—	—
不同专业	—	* *	—	—	*	—
专业课程	*	* *	* *	—	*	* *

续表

因素 \ 维度	拓展素质	成就动机	政治品质	职业素养	专业能力	胜任力总评
选修课程	*	—	—	—	—	—
第二课堂	**	*	*	*	**	***
教师影响	*	**	—	—	*	*
警务化管理	—	—	*	—	*	*
实习时间	**	**	—	—	—	—

注：此表是整合本书第三章表格而成，* $P<0.05$，** $P<0.01$，*** $P<0.001$

4.4.1 警察胜任力总评的影响因素分析

警察胜任力总评是综合五个维度，对于警察胜任力情况的一个总体评价。它既是公安机关人民警察管理体系中的重要环节，也是公安院校人才培养的重要指征。由表 4-19 可知，警察胜任力总评首先在入警来源是否为军转干部、立功受奖次数两个因素上存在显著关联性。其一，“军转入警来源”胜任力得分显然低于大学毕业生，这充分说明了当今警察队伍构成需求更加专业化、高素质化，大学毕业生应该是警察队伍构成主体。当然，军转干部参加公安工作也有其独特的优势，且是一项政治任务。本书研究主旨是公安院校的人才培养，其优势不再赘述。但从胜任力角度分析，本书认为，受过高等教育的警务人才更能适应当前公安工作的需要。其二，立功受奖次数可以看作一名警察工作成效的一个标志，奖励次数越多说明其工作成效越卓越。因此，警察工作成效及其卓越性受到警察个体胜任力水平的显著影响。这也再次印证了警察胜任力在警察职业生涯与职业发展中的重要作用，为公安院校进一步优化人才培养目标，推进卓越警务人才培养改革指明了方向。

就受教育过程来说，首先是“学历层次”对公安院校毕业生胜任力有着显著影响，胜任力总体得分最高的仍然是本科层次的毕业生。其次是“影响较深的专业课程数量、第二课堂情况、影响较深的教师数量、警务化管理程度”等因素对胜任力总评也有显著影响，特别是第二课堂活动对其影响呈现强显著性。这说明警察胜任力是可控、可测量的，更是可以塑造的，公安院校通过加强相应的人才培养环节，能够有效提高毕业生胜任力，提升人才培养质量。

不同性别、不同地区、不同警龄以及不同岗位类型、不同警种、不同职级职务等因素与警察胜任力总评并不呈现显著相关性。这说明警察胜任力与自身所处的岗位、职级职务关联性不大。换句话说，职级职务越高、警龄越长，未必其胜任力越强，男警官也未必比女警官强，不同岗位、不同职级职务的警察，其胜任力特征都有着特定要求和标准，达到此要求和标准，即个体具备相应内涵的胜任力，都能在工作中表现绩优和卓越。另外，不同院校、不同专业、选修课数量、实习时间等受教育背景因素亦对毕业生从警胜任力总评影响不显著。这既为各类院校人才培养定位带来相应的启示，也要求对人才培养过程中的相关环节进行一定的反思和重构，为推动公安院校人才培养改革方向提供了实证基础。

综合以上分析，本书认为警察胜任力高低与警察个体身份关联性不大，每个岗位、每个层级均对其胜任力有着特定的要求；另外，警察胜任力标准能够区分出警务工作中的绩优与普通人群，能够为推动卓越公安队伍建设提供理论支持。同时，实证研究验证了警察胜任力与受教育过程紧密相联，人才培养相关环节对塑造胜任力有着重要影响。

4.4.2 警察胜任力各维度影响因素分析

1. 成就动机与受教育影响因素

成就动机是一个心理学名词，是个体对目标的一种价值认同，是排除障碍，实现目标和成功的内驱力。① 按照前文研究，成就动机是警察胜任力模型中最为隐性的一个维度。在人才培养实践中，成就动机的培育不易觉察、不易实施、不易衡量。公安院校毕业生的成就动机与很多因素有着显性关联。有学者研究表明，性别、专业、是否有公安实习经历、所在院校的层次甚至父母是否为警察等因素都对学生成就动机有影响。② 由表4-19可知，一方面，成就动机与警龄、是否为军转、立功受奖次数存在显著关联，特别是成就动机在立功受奖方面有着高显著性，这表明成就动机在成功成才方面具有重要影响或推动作用。同时，成就动机随着警龄的增长而有显著下降，呈负相关关系，也就

---

① Nicholls. Motivation In：H. E. Mitzled. Encyclopedia of education research（15ed）［M］. New York：Macmillian，1982：1256-1263.

② 曹智荣．警察院校大学生成就动机与创业意向的调查分析［J］．高教学刊，2016（1）．

是说警龄越短且为非军转，其成就动机越高，这也从另一个角度说明当前公安院校培养的预备警官的成功成才的价值取向是积极鲜明的。另一方面，毕业生的成就动机与学历、专业性质、院校层次、影响较深的专业（基础）课程和教师数量、第二课堂、实习经历都有显著影响关系，影响因素较多。但与选修课、接受警务化管理两个因素无显著关联，这从反面拷问选修课的设计与开设质量、警务化管理是否能够触及学生内心世界等深层次的问题，需要在教育教学改革中寻找解决路径。

2. 拓展素质与受教育影响因素

警察胜任力模型的拓展素质维度包括理论思维、决断能力、学习创新、灵活应变四个特征要素。拓展素质的形成既有个体差异的影响，更需要后天塑造和引导。培养学生优良的素质拓展能力，使学生具备相应的处事能力，是教书育人、培养卓越人才的应然之义。从前文实证研究来看，首先，拓展素质维度与警察性别、是否为军转、职务职级高低等职业特征有显著关联。这说明拓展素质在一定程度上受一些个人先天因素的影响，同时与警察工作成效有着较为显著的正相关关系，对于学生发展后劲、职务晋升具有重要作用。其次，拓展素质与学历、院校层次、选修课、第二课堂、影响较深的教师数量、实习时间等受教育因素亦有显著关联。但是，拓展素质与所修专业、接受的警务化管理两个因素无显著关联。这表明，无论是公安专业还是普通专业，其毕业生入警后拓展素质无显著差别，也无论入警后从事哪种专业工作，拓展素质要求是恒定的，不因专业分工而存在差异。同时，警务化管理只是强调了纪律和规范的要求，对学生拓展素质提升作用不显著。

3. 政治品质与受教育影响因素

公安机关是政治上层建筑的重要组成部分，政治性是公安机关人民警察第一位的属性。警察胜任力政治品质维度包括忠诚品性、廉洁自律和爱国精神特征要素，这是公安院校强调的人才培养的重点和特色。在公安院校人才培养实践中，公安院校坚守“政治建校、从严治校”的理念，坚守培养忠诚可靠人民卫士的责任和使命。根据前文实证研究结果，政治品质与工作成效（立功受奖次数）有显著关系，政治过硬是做好警务工作的前提；而就培养过程来看，影响较深的专业（基础）课程、第二课堂、警务化管理等培养环节对于塑造学生优良的政治品质具有显著作用。但是，影响较深的教师数量、实习时间两个因素对于政治品质影响不大，这就涉及当前警务人才培养中全员育人、全过程育人理念的贯彻与实施问题。教师的教书育人和专业实习不仅是知识与能力的增长，更是理想信念、思想意识的塑造和养成过程。因此，就实证分析来看，发挥教师特别是专业课教师的思想政治教育功能，进一步完善实践教学目标设计都是卓越警务人才培养与改革的一个方向。

4. 职业素养与受教育影响因素

职业素养是从事警察职业所应知应会的素质，包括法律基础、社会知识、警察心理、语言文字能力、群众工作能力、警察心理等特征要素。从前文实证研究结果来看，职业素养的形成与所处职业特征有很大关联性，特别是与岗位、警种、职务职级等警务分工特征有着显著的关联性，与受教育因素中的学历层次、第二课堂等亦有着显著关联。其一，岗位、警种与公安院校各专业有一定联系，一线岗位、警种，其职业素养要求较高，但公安院校不同专业的毕业生职业素养差异不大，这说明公安院校各专业在职业素养培养方面所秉持的理念、采取的措施可能没有显著区别。其二，职级职务较高的警察，其职业素养较高，这表明职业素养对毕业生发展后劲有着重要影响。其三，相对于其他层次毕业生，公安院校本科毕业生的职业素养较高。从培养过程来看，其与第二课堂丰富性亦呈正相关关系，这也表明实施本科公安学历教育并注重完善学生课外活动等培养环节，符合当前公安机关对警务人才职业素养的需求。但是，职业素养在影响较深的专业（基础）课程、选修课、影响较深的教师数量、实习见习等环节中没有得到应有的重视或者还未发挥出应有的作用，这就要求在警务人才培养实践中要进一步界定“职业素养”的目标与内涵，按照卓越性要求将其融入人才培养相关环节之中。

5. 专业能力与受教育影响因素

专业能力维度包括公安专业知识、相关专业知识、警务技战术三个特征要素。根据前文研究结论，专业能力维度与警察个体性别、警种、职级职务、立功受奖次数等职业特征有着显著关联性；与所学专业、专业课程、第二课堂、影响较深的教师数量亦有显著关联，特别是与警种、立功受奖次数、第二课堂等因素有着强显著关联。这说明：其一，专业性强的警种，如刑警、刑科技人员，其专业能力要求比较高；而公安管理岗位，其专业性要求相对较低，这对于公安院校不同类别专业的人才培养提出了倾向性要求。需要指出的是，职级职务高低与专业能力有显著关联，但不呈强显著性，这也从侧面反映出专业能力是警察晋升的必要条件，但不一定就是充分条件。其二，专业能力在当前公安机关奖惩机制中占有重要权重，能够显著影响公安民警立功受奖情况。因此，培养“一专多能”的警务人才是公安院校人才培养工作取得短期实效的一个方向。其三，公安院校专业（基础）课程质量能够影响毕业生专业能力的提升。但是这种影响不是单独的、唯一的影响，而是要在诸如开展第二课堂活动的配合下，在学生综合素质发展的前提下渐进有序地发挥作用。

4.4.3 警察胜任力的其他影响因素分析

1. 胜任力提升与公安院校层次类型结构

公安院校层次类型定位属于公安高等教育顶层设计，主要包括公安院校布局、公安院校人才培养的层次类型等。科学合理的公安高等教育顶层设计是公安专门人才培养的制度保证。从前文胜任力调查的样本来看，承担公安专门人才培养的高校主要是部属公安院校、省属公安院校以及211或985高校、普通地方高校以及其他类型的高校，它们都是警务人才培养的主体。具体分析，高校培养的不同层次人才对相应的警察胜任力产生显著影响，即警察学历具有显著影响。就前文胜任力总评和各维度影响因素分析来看，这种影响不是学历越高，胜任力就越强，反而是以本科学历为顶点，向两侧递减。本科毕业参加公安工作，其胜任力最高，能够在岗位上取得卓越成绩，而取得博士学位的警察只是代表学术能力强，并不意味着在警务工作中一定出色。这一方面说明本科层次公安人才是满足当前公安工作的主体力量；另一方面也充分说明无论是高水平的、能够提高更高学历学位的一流高校，还是只提供本科学历教育的普通公安院校，在培养卓越警务人才方面，本科层次即可培养卓越的公安专门人才，满足和胜任不同公安工作岗位的需求。

第4.3.1节的数据分析进一步验证了这个观点，不同类型高校培养的公安人才在胜任力总评上并不具有显著差异，公安机关人民警察不因毕业院校差异而呈现显著差异。也就是说，部属公安院校、省属公安院校以及211或985高校、普通地方高校以及其他类型的高校都有可能培养出胜任公安工作不同需要的卓越警务人才，都有可能塑造毕业生特定的职业胜任力。但是在具体维度上，不同高校的差异还是比较明显的。211或985高校在拓展素质维度上具有显著优势；部属公安院校在成就动机维度上具有显著优势；省属公安院校在政治品质维度上具有显著优势；而在职业素养、专业能力维度上各类院校没有显著差异。这就是说虽然在胜任力总评上差距不大，但不同高校培养的毕业生，其胜任力亦具有倾向性的特征，并且这种倾向性特征基本能够胜任相应的公安工作岗位。

例如，2018年某部属公安院校的一个学院开展的70周年校庆校友信息登记活动，发现在 1992-2018 届毕业生中，75%以上第一任职在县级以上公安机关，其中有近 1/3 走向领导工作岗位。这种现象与学校层次固然有联系，但与毕业生本身具有稳定的成就动机、较好的拓展素质不无关联。再如，对某地级市公安局进行调查发现，全市有 4000 余名在职民警，其中约 1200 名毕业于普通地方高校，约有 180 名毕业于 211 或 985 高校。这部分民警多在综合部门任职，如行政机关、指挥中心、公安法制等部门，而名校毕业生更容易担任领导职务。该市一线民警、特警队员多数毕业于公安院校，特别是省属公安院校。这也表明名校毕业生由于其优良的拓展素质，更加胜任于公安机关综合管理部门。省属公安院校毕业生以其过硬的政治品质和较好的职业素养，成为公安工作现场执法任务的主要承担者。

2. 胜任力提升与公安高等教育政策

教育政策是“某一历史时期国家或政党的总任务、总方针、总政策在教育领域内的具体体现”①。公安高等教育政策就是党和国家在公安高等教育领域的谋篇布局和发展导向。前文关于警察胜任力理论与实证研究中，公安高等教育政策未有提及，但是国家政策导向能够深刻影响公安院校人才培养目标、过程和学生的知识能力结构。按照影响程度不同，首先公安院校招生就业政策对其人才培养有着直接的影响。公安院校招生政策，如生源条件、招生计划与招生结构等直接决定公安院校生源质量；公安机关人才招录、各类公安院校学生就业政策也在很大程度上决定了公安院校的办学方向和人才培养规格。其次，对公安院校的支持保障政策。如前所述，公安院校人才培养很多环节与其毕业生从警胜任力有显著关联，而做实做强人才培养的相关环节，必须有相应的政策保障，如经费投入、师生参加公安实习等。此外，卓越警务人才培养改革也需一定的政策支持和经费保障。再次，对公安院校人才培养过程进行指导。例如，根据警务实战发展需要，有关部门要求公安类专业均要设置“现场勘查类”的课程。这是行业办学的充分体现，也使得人才培养更加符合实际需求。另外，上级的指导也有可能对现有人才培养体系带来一定程度的影响。最后，公安院校在公安事业中的地位与作用问题。公安教育在公安事业中具有基础性、先导性作用，公安教育是公安工作的一部分，公安院校由相应的公安机关管辖，是行业高校。但是现实中公安院校办学过程受行政政策影响较大，某些领域办学自主性相对缺乏。这固然是公安院校特殊性和政治性的表

① 叶澜. 教育概论［M］. 北京：人民教育出版社，1991：148.

现，但也对其人才培养规律性、稳定性带来一定的挑战。如何兼顾特殊性和规律性的需求是公安高等教育政策的现实价值体现。

4.5 基于胜任力理论卓越警务人才培养的主要特征

综上所述，综合警察职业特征尤其是其受教育过程影响因素，基于胜任力理论的卓越警务人才培养在理论上是一个多元开放的体系，它既有按照模型维度设计人才培养的常规逻辑，又有多层次、多面向的专项逻辑；既有突出智力因素和鲜明职业特征的公安专门教育，又有敞开校门、融入普通高等教育要素的大学教育。从这个角度来看，其应然层面的主要特征如下：

一是人才培养的院校层次分明，不同层级院校培养胜任不同类别、不同岗位的卓越警务人才。警察胜任力能够区分绩优者与普通者，但这不等于某类某层次院校天然能够培养绩优者，而其他院校只能培养普通者。这就是说，无论是普通地方高校，还是公安院校，无论是部属公安院校，还是省属公安院校，在警察胜任力培养上无本质差别，都能够根据自身定位培养出不同类型、不同层次的卓越警务人才。但不同的院校又有着不同的特征与优势，如普通地方高校毕业的警察，其拓展素质有着明显优势。卓越警务人才培养要有清晰的顶层设计，尤其要在明确卓越警务人才层次类型结构的前提下统一架构院校布局及其人才培养结构布局。

二是重视公安专业教育，但又不限于统一的专业设置和课程架构，需要根据专业性质或对应的警务部门进行科学安排。不同警种、不同专业的警察，其胜任力构成大体相当，但在各维度上各有侧重，如一线警务工作岗位或技术类的公安专业更侧重于专业能力的作用，而综合型的专业或岗位更注重拓展素质的作用。因此，卓越警务人才培养本质上是专业教育性质的，有着基本遵循和职业特色，但又不是千篇一律的。各院校、各专业人才培养有着不同的侧重点和倾斜面，特别是在专业设置、课程结构上体现出自身需求与特色。

三是突出主要教学环节的思想价值和养成教育，特别是突出思想政治、职业意识、品格品行教育的内涵。因为基于胜任力的卓越警务人才不仅是专业技能卓越，更体现在有着坚定的理想信念、浓厚的职业感情、强烈的成就意愿以及良好的个性品质。这固然需要课堂教学从理论上予以阐释，但更多需要通过学校的各类活动，特别是要充分利用教师言传身教的作用、第二课堂活动、警务化管理等主要教学环节在胜任力维度上的显著影响，加强课堂教学以外的育人环节设计，实现全过程、全员育人机制。这种育人机制所产生的影响将是持久的且内化于心的。

四是充分重视实践教学在人才培养体系中的重要作用。实践教学是公安院校人才培养的主要特色，警务实习在拓展素质、成就动机塑造上有着明显的作用。卓越警务人才培养应突出公安院校人才培养的传统优势与特色，将实践教学作为重要一环，将其作为对学生产生职业认同、树立成就成功价值导向的鲜活教材；同时，在增强教学效果上，实践教学将作为专业教育的主要载体，承担从理论到实践的任务，要注重实训教学中知识理论的实践运用，搭建理论到实践的桥梁，重点培养学生运用理论在实践中发现问题、分析问题、解决问题的能力及其创新能力。

五是卓越警务人才培养需要优良的政策环境。卓越警务人才培养改革从招生、就业、物力财力等各个环节均需要一定的政策支持和保障，良好的政策环境也是其成功与否的关键因素。其中，做好公安高等教育的顶层设计，引领公安院校良性发展是其首要任务，同时要进一步保证公安院校人才培养的自主性，其专业设置、课程结构、师资队伍建设均由公安院校根据目标定位自主决定。这是从政策层面呼应新一轮高等教育改革和国家“卓越计划”的应然之义。

第 5 章　胜任力视角下公安院校人才培养实践研究

本章在前文厘清警察胜任力提升与公安院校人才培养内在影响机理的基础上，进一步探索各胜任力维度的实现路径，借此透视当前卓越警务人才培养实践和公安院校人才培养改革现状，对其中实践成效和存在问题进行综合分析和研判，为推动卓越警务人才培养改革提供实践论据和理论支撑。

5.1　公安院校人才培养的总体状况

为考察公安院校人才培养效果与目标达成度，本节结合警察胜任力模型与维度，对公安院校人才培养的现实举措及其实际效果进行综合论述和实证分析。

5.1.1　胜任力维度视角下的公安院校人才培养实践

关于卓越警务人才实践很多公安院校还在探索之中，甚至很多改革仍处于“方案”状态，无法呈现出较为完整的研究对象。因此，以下将从公安院校整体视角，对照警察胜任力模型五个维度，探讨当前公安院校人才培养实践与相关目标的契合度、达成度。

1. 公安院校人才培养目标设计

目标定位是公安院校人才培养工作的起点，与提升毕业生从警胜任力有着直接的因果承接关系。就目前资料来看，公安院校人才培养方案、学校章程等文件对其人才培养目标进行了相关阐述，并据此设计了人才培养框架和结构。梳理公安院校关于人才培养目标的表述，可以归纳出以下几个特征：

第一，具有强烈的政治性。例如，某院校 2020 版人才培养方案将学生素质目标界定为：“热爱公安事业，自觉践行社会主义核心价值观和人民警察核心价值观"，"忠诚可靠"是其基本的价值追求。湖北警官学院明确提出以培养"中国共产党政权的坚定捍卫者、中国特色社会主义事业的合格建设者、中国政法公安事业的可靠接班人"为目标任务。这是我国公安机关性质任务与人民警察职责职能等本质要求紧密联系在一起的，也是我国社会主义公安教育事业的基本政治方向。

第二，人才培养定位多数为应用型人才。例如，江苏警官学院等院校将人才培养定位于高素质应用型公安专门人才，广东警官学院将其定位于高素质应用型公安政法专门人才；也有院校将其定位为公安专业人才。从前文分析来看，定位于应用型人才是与公安院校在高等教育体系中的地位与作用相符的。当然，也存在一定的困惑与争论，如"高素质"的内涵如何界定，应用型与专门人才的关系如何定位等。在实践中这些问题往往被教学过程中的具体问题所掩盖，在理论上还没有形成统一的认识。

第三，突出警察职业素质方面的目标要求，而对大学生基本素质目标要求相对弱化。例如，中国人民公安大学提出要培养"具有令行禁止、英勇顽强、团结协作、无私奉献的警察职业精神"。中国刑警学院在卓越警务人才试点改革中提出，要培养具有团队精神、志存高远，具有崇高责任感等素质的治安执法中坚力量。浙江警察学院在其普通人才培养方案中亦有相关条文，如热爱公安事业，公安组织纪律观念强，良好的警察职业道德以及献身精神等。但对于大学生基本素质的要求，在文字表述上比较简练，如有的院校要求有"较强的人文素养"，有的院校提出要有创新精神、学习能力等。

以上是公安院校人才培养目标设计的总体特征，在其人才培养方案中，往往通过"培养要求"对培养目标进行分解。下一节将以案例形式对此进行具体呈现。

2. 公安院校专业与课程设置

在警察胜任力五个维度中，专业能力维度解释量最小。这说明卓越警务人才培养强调的是塑造学生综合素质，而非单纯公安专业能力的提升。但是，专业能力是公安工作专业性、规范性的外部特征，良好的专业能力是有效开展公安工作的保证，是公安专门人才行业性、职业性、专业性的集中体现。作为警察胜任力的一个维度，专业能力培养以及其所依托的专业、课程体系仍然是公安院校人才培养体系、教学体系乃至课程体系的核心组成部分。

在《普通高等学校本科专业目录（2023）》（如表 5-1 所示）中，公安专业有 35 个，其中公安学类 23 个，公安技术类 12 个，专业数量处于所有专业大类中的第二位。而在部分公安专业之下还设有众多专业方向，如 A 大学侦查学专业下设刑事侦查、经济犯罪侦查、禁毒学 3 个专业方向，原先国内安全保卫、反恐怖警务已经升格为本科专业。因此，公安院校专业（方向）较为全面，能够涵盖公安业务工作的大部分领域。但是过多的专业或方向也势必造成“专业口径过窄，不仅与目前公安机关大部制、大警种制改革的要求相背离，也不利于公安院校学生的就业和专业发展”。① 这就是说虽然不同专业对提升学生专业能力具有显著影响，但这并不是说专业数量越多，学生专业能力就越高。提升学生专业能力要根据专业性质、专业对应的警种需求，凝练专业内涵，架构最优的专业人才培养体系。例如，公安管理学专业与公安一线岗位关联性较弱，更需要关注学生综合能力的发展；而侦查学专业更要突出侦查专业能力。

表 5-1 公安学类、公安技术类本科专业目录（2023）

专业代码	专业类别	专业代码	专业类别
0306	公安学类	0831	公安技术类
030601K	治安学	083101K	刑事科学技术
030602K	侦查学	083102K	消防工程
030603K	边防管理	083103TK	交通管理工程
030604TK	禁毒学	083104TK	安全防范工程
030605TK	警犬技术	083105TK	公安视听技术
030606TK	经济犯罪侦查	083106TK	抢险救援指挥与技术
030607TK	边防指挥	083107TK	火灾勘查
030608TK	消防指挥	083108TK	网络安全与执法
030609TK	警卫学	083109TK	核生化消防
030610TK	公安情报学	083110TK	海警舰艇指挥与技术
030611TK	犯罪学	083111TK	数据警务技术
030612TK	公安管理学	083112TK	食品药品环境犯罪侦查技术

① 袁广林. 公安高校学科建设与专业建设论略［J］. 中国人民公安大学学报（社会科学版），2017（2）.

续表

专业代码	专业类别	专业代码	专业类别
030613TK	涉外警务		
030614TK	国内安全保卫		
030615TK	警务指挥与战术		
030616TK	技术侦查学		
030617TK	海警执法		
030618TK	公安政治工作		
030619TK	移民管理		
030620TK	出入境管理		
030621TK	反恐警务		
030622TK	消防政治工作		
030623TK	铁路警务		

（资料来源：在《普通高等学校本科专业目录（2012）》基础上，增补近年来批准增设、列入目录的新专业，截止时间为 2023 年 4 月）

从某种意义上看，专业是一组课程的集合。① 公安专业也是一系列课程特别是专业课程的组合。从以上胜任力影响因素分析来看，专业课程与警察专业能力具有显著相关关系。在实践中，专业课程在公安院校课程体系中占比较小。例如，在某公安院校 2020 年版培养方案中，专业课程包括专业必修课和专业选修课，共 41 学分，占课程总学分的 29%。其中，选修课 24 学分，占课程总学分的 17%。浙江警察学院刑事科学技术专业，专业方向课共设 40. 5 学分，最低需修满 35. 5 学分，占总学分的 18. 2%。可见，公安院校专业课程结构大体与普通高校一致，基本符合高等教育改革发展要求。但就课程核心内容而言，由于专业设置的问题，其专业核心能力的课程在内容与范围上存在一定程度的边界模糊的问题。例如，某院校的公安管理学专业，其专业能力主要是宏观指挥与管理能力，设置了公安指挥、公安管理学、公安秘书学等五门核心课程；而警务指挥与战术专业涵盖现场指挥与管理领域，设置了警务指挥、公

① 卢晓东. 本科专业划分的逻辑与跨学科专业类的建立［J］. 中国大学教学，2010（9）.

安参谋学、公安战术学等核心课程。其中，公安指挥、公安管理学与警务指挥，公安秘书学与公安参谋学课程的内容与边界仍存在争论。再如，涉外警务专业与出入境边防检查专业方向的核心课程更是存在内容交叉的问题，警务英语、涉外警务法律基础课程同为两个专业的核心课程；两个专业又分别设置了公安外国人管理和出入境证件制度与证件鉴别、国际警务执法合作与涉外案（事）件处置等课程，其课程内容与边界识别度较低。

在学生职业素养塑造方面，公安院校设置公安职业通修类课程是一个重要环节。课程是学生职业素养培养的知识基础，与职业素养所含的特征要素相对应，很多公安院校设置了相应的课程。例如，某公安院校某公安本科专业设置了 14 门“公安基础课”，计 23.5 学分，占课程总学分的 16.6%，涉及法学类课程、公安应用文写作、公安群众工作、警察公共关系、警体技能等。浙江警察学院在其人才培养方案中设置了学科大类平台课，涉及警体技能、公安基础知识、心理学、法学以及公安业务基础课程，共 23 门，计 47 学分，占总学分的 24.2%。值得一提的是，该校设置了“公安民警三懂四会群众工作能力”课程，占 8 学分，并通过理论讲授、校内实训、见习实习、案例分析等多个环节予以实施。

3. 公安院校思想政治教育

公安机关是政治上层建筑的重要组成部分，政治性是公安机关人民警察第一位的属性。在实践中，公安院校主要通过以下途径实施思想政治教育。

一是发挥思想政治课程主渠道作用，部分公安院校在专业课程教学中渗透思想政治教育。思想政治课程是公安院校人才培养课程体系中的重要组成部分，始终占据相对固定的课时量和学分。不仅如此，其思想政治课程颇具特色和优势。据不完全统计，在 26 所公安本科院校中，有一半以上的院校建设了省部级以上的思想政治教育领域内的“精品课程”“教学团队”“教学名师”等本科“教学工程”项目。除此之外，中国人民公安大学等院校将专业课程引入思想政治教育过程之中，强调将价值倾向性、职业引领性融入公安专业课的教学过程中。但就目前掌握的情况来看，专业课程的思想政治教育作用的实施与评价、过程与方法还未见相关制度体系，还未形成成熟的工作模式。

二是实施警察职业价值认同教育。一般来说，公安院校警察职业教育分布在各个教育教学环节，主要有新生军训和入学教育、警察职业类文体活动、相关课程教学、实习见习等。新生军训和入学教育是从纪律部队性质角度认识警察职业与要求，初步感受职业荣誉，锤炼警容警姿和健康体魄。目前，各个公安院校新生开学均设有4周左右的军事训练。各院校开展的警察职业类文体活动形式多样，如中国人民公安大学开展的“警界明日之星”活动，湖北警官学院开展的“我的警察梦”主题演讲活动，四川警察学院每年举行的公安民警职业荣誉颁奖仪式等。相关课程主要包含在基础课程或思想政治课之中，如公安院校普遍开设的“公安学基础理论”对警察职业进行了系统的介绍；再如湖南警察学院开设的“人民警察职业道德”，尤其是“创业基础”课程均有警察职业价值认同方面的内容。

三是实施警务化管理。目前，公安院校的学生管理模式被称为警务化管理，作为公安院校一项办学特色，警务化管理以“严格、规范”为特征，突出政治性、思想性。在实施过程中，绝大部分公安院校都制定了相应的警务化管理规定，对课堂纪律、内务制度、队列与警容仪表以及日常管理等都作了明确规定，并由学生管理部门统一管理。正是公安院校重视警务化管理工作，其思想政治教育功能在其毕业生胜任力培养中具有显见作用。

除以上三种基本形式之外，各个公安院校也在不断创新思想政治教育方式方法，如加强党性教育、廉洁教育、爱国主义教育以及实施现场教学、体验教学，开展学生党员活动、主题第二课堂活动等。特别是利用地方资源创新思想政治教育手段，如江西警察学院利用本土红色资源优势，强化学生理想信念教育。从总体来看，公安院校人才培养突出了“政治建校”导向，思想政治教育地位突出，但就其过程来看，实施路径与方式相对固定，而部分院校思想政治教育改革与创新也未形成制度体系与长效机制，其实施效果有待进一步观测与考证。

4. 公安院校实践教学现状

从宏观层面来看，国家相关政策突出了公安院校学生实践能力培养的要求。公安部等六部委颁布的《关于公安院校公安专业人才招录培养制度改革的意见》亦强调要“坚持突出专业、贴近实战……健全校局合作、协同育人机制，构建实验、实训、实习和实战有机结合的实践教学体”。[①] 2018年，某警务实务类课程被要求在所有公安专业中开设，并占一定的课时量。这一规定是公安机关根据公安工作形势发展需要，对公安院校人才培养提出的硬性要求，体现了为实战服务的办学理念。

---

① 关于加强公安机关人民警察招录工作的意见（人社部发〔2015〕97号），中国政府网，https：//www. gov. cn/xinwen/2016-01/25/content_ 5035936. htm，2020-09-15.

公安院校十分重视实践教学，特别是将参加公安实践、创新实践形式作为其人才培养的一个重要特色。很多院校将实践教学特别是学警深度参与警务工作作为人才培养改革的一个创新点予以重点支持与实施。公安院校实践教学分为校内校外实践环节，很多院校通过设置实践学时、实践学分，将之纳入人才培养方案之中，使得实践教学呈现了一定程度的体系化、规范化。

校内实践教学主要是校内实训、实验教学。校内实训目前主要是警务技能课程、综合演练、模拟实训等科目；实验教学主要是为工科专业学生开展的验证性实验、科研探索性实验。从量上看，实验实训教学占据了校内相当一部分课时。以某公安院校为例，2016-2017 学年，该校实验课开课率为 97.6%，开设实验（实训）课程 221 门、14235 学时，实验（实训）项目 1269 个，其中综合性、设计性实验项目 614 个，共有 241079 人次学生参与实验（实训）教学。[①] 从硬件保障来说，很多公安院校有着优良的实训条件，如警务训练馆、体能馆、模拟实景（如街区、法庭等）、射击场、专业实验室等，学生不出校门就能够体验警务工作实况。

参加公安实习见习是公安院校校外实践的主要形式与载体。在制度安排上，公安院校充分利用行业办学优势，与地方公安机关开展广泛的合作，共同培育行业人才。例如，很多院校与公安机关签订了战略合作协议，将其作为实践教学基地。按照人才培养方案，公安院校向实践教学基地派驻实习学警，学警作为备用警力与正式民警一同上岗执勤，使学生在实践实战中获得能力提升。在具体操作层面，公安院校充分保证了专业实习安排。例如，中国人民公安大学在大一暑假设置社会见习，由学生自行组织；大三时，由学校统一组织学生到公安机关顶岗实习。中国人民公安大学高度重视学生专业实习，并不断调整实习时长，从 2005 方案 30 周“三学期”制，到 2013 方案的 20 周集中实习，再到 2016 方案的 12 周实习制度。从 2019 年开始，专业实习时间由 12 周又调整为 6 个月。浙江警察学院实践教学情况基本一致，但其专业实习时间更长，即第三学年开展实习。

近年来，公安院校校外实践出现了一种新的形式，即按照上级部门统一部署，参加大型活动安保任务。例如，2016 年杭州 G20 峰会、2017 年北京“一带一路”高峰论坛峰会及厦门金砖会议、党的十九大、中非论坛等大型活动，中国人民公安大学、中国刑警学院、浙江警察学院、广东警官学院等公安院校

---

① 某高校审核评估自评报告（2018 年）.

均派驻学警。学警参加大型活动安保工作是公安实战化教学的一种方式，通过体验工作环境、执行具体任务，增强学生对警察职业的理解与认同，在实践中锻炼意志、磨砺品质，体现职业价值，能够为学生纯洁入警动机、促发职业成就打下基础。

5. 公安院校其他教学环节状况

除以上几个主要教学环节以外，公安院校还有校园文化建设、第二课堂、学生管理、教师教学等多个育人环节，对学生产生着潜移默化的影响。

公安院校的文化氛围与普通高校有着显著区别，这是公安队伍纪律性、严肃性的体现，很多院校也在有目的地塑造与众不同的人文气质和文化氛围。从人文景观来看，公安院校校园普遍存在“警察”的标识，时刻提醒着学生的身份意识；从学生面貌来看，制服、口号、队列、内务是其最外显的特征；从教学设施来看，警务训练场馆、警用器械具等是普通高校所没有的。因此，公安院校校园文化是独特的，有院校将其总结为“忠诚·荣誉·使命”的校园核心文化价值、“忠诚、法治、英雄、廉政”文化基因等。

第二课堂主要包括学生活动，如志愿者、各类比赛、学生科研创新、学生社团等。例如，很多公安院校鼓励学生阅读。“对大学生理论思维能力的培养，应该从科学的阅读与总结开始。”① 这些院校重视学生阅读能力的培养，积极扩充图书资料，并通过读书会、原著选读、读书笔记等一定的手段鼓励阅读。再者，推动本科生参与科研工作，培养学生初步的问题发现、分析和解决能力。利用国家、地方大学生科研支持计划，建立本科生科研训练机制，有条件的公安院校，如中国人民公安大学设立校级、院级学生科研项目，由学生自主申报。另外，学生社团也是第二课堂的重要内容，涌现出特警队、跆拳道队、网络攻防队等具有特色的学生团体。总体来看，公安院校重视第二课堂，但由于其行业特性，在形式与内容上仍然无法与高水平大学相比。下一节将对此进行实证调研。

加强师资队伍建设也是人才培养的重要一环。公安院校应注重发挥师资队伍尤其是辅导员的言传身教和榜样示范作用。“专任教师和辅导员对在思想政治工作过程中注重激发和提升大学生的成就动机水平具有重要的现实意义。”②

---

① 周全胜，王小山. 大学生理论思维能力培养的意义与路径探微［J］. 学理论，2014（9）.

② 侯勇，戴媛媛. 大学生成就动机的培育［J］. 高校辅导员学刊，2010（12）.

很多公安院校强调教师正确的育人导向作用。中国人民公安大学在教师队伍中推行“人民警察+人民教师”双重身份教育，实行教师警务化管理，强化教师师德风尚、警容仪表和纪律作风建设，为学生树立“身正为范”的榜样。江苏警官学院 2017 年启动全员育人工作，颁布《全员育人工作实施方案（试行）》，努力形成全员、全方位、全过程的育人氛围。在具体措施上，该校实施本科生导师制，统筹本科生思想政治教育工作和学业指导；实行职能部门深入育人一线机制，结合部门职责，从品格塑造、入警动机、成长成才等方面服务育人工作。

除此以外，良好的教学组织形式亦是激发学生主动学习热情，促进学生创新精神的重要环节。近年来，公安院校均在大力推进教学方案改革，推出了诸如“教学练战”一体化的教学模式。但总体而言，相对于国外警察院校和国内高水平大学，其教学组织形式改革滞后，主要表现为：“采用传递—接受教学方法，课堂教学法单一，难以调动学生的学习热情；以教师为中心，以教材为中心，学生缺乏实践活动的机会”等。① 这一方面难以保证课堂教学最佳效果；另一方面对学生学习能力、创新精神的培养和养成助力亦不足。

6. 公安院校人才培养状况述评

总体来看，当前公安院校人才培养实践具有以下特征和优势：一是公安院校人才培养具有强烈的政治性和职业性，无论人才培养理念、课程设置还是校园人文景观都深刻印烙着政治性和警察职业性。二是公安院校人才培养具有实践性，从教学环节设计到校外实习见习，实践教学是公安院校办学特色的体现，其行业办学优势在很大程度上保证了实习见习效果。三是重视课程构建，特别是在理论课程与技能课程、素质课程与职业课程间不断调整，力求兼顾学生基本素质培养和职业素质的塑造。

但是，从以上分析来看，公安院校人才培养也存在着明显的短板与不足。一是在人才培养目标定位上仍然存在着“重理论”还是“重技能”的争论与困境。公安实战部门一如既往地强调学生动手与操作能力的培养；而公安院校尤其是部属公安院校强调的是学科导向下学生专业能力、职业能力以及综合素质的提升。这种矛盾反映在人才培养目标上就是表述分散，目标需求多，最终导致脉络不清晰。二是人才培养总体结构存在交叉重叠问题，其根本原因就是

---

① 詹伟，李云龙．英国警察培训模式与方法及对我国公安院校教学方法改革的启示［J］．公安教育，2015（5）．

当前公安专业过细过多，导致专业方向不明了，专业核心能力散碎，表现在课程设置上往往是课程层次不清、内容重复。三是在具体人才培养环节仍然有一些体制机制的问题，如实践教学的考核问题，前文罗列了有院校开设了 600 余门实训项目，如何保证其实施并开展质量评价；校外实习如何避免学警单纯被当作警力使用，做到专业对口；教师如何发挥其影响力，改进教学组织形式，发挥育人作用；第二课堂活动在突出特色的基础上，如何增强其丰富性和感染力等；在这些方面还未形成有机的制度体系。下文将对此做进一步分析。

5.1.2 公安院校人才培养状况实证调查与结果分析

为从学生角度探讨公安院校人才培养现状，掌握人才培养实际效果，本书结合相关实证材料做进一步分析。因学习与工作需要，笔者于 2017 年参与某项课题研究，其中参与实施了“部分公安院校本科毕业生教学满意度问卷调查”。该项问卷调查结合目前大多数公安院校人才培养主要环节，就毕业生对所受四年教育的满意度进行调查。该问卷设计维度主要分为专业理想、课程设置与质量、实践教学、教师教学、教学资源、学生活动、警务化管理七大维度，共 40 个题项，就学生对学校教学过程和主要环节的满意度进行实证调查。为贴近学生生活，增强问卷吸引力，问卷题项及其选项设计语言生动活泼、观点鲜明，能够反映当今学生真实内心并获得真实数据。

该问卷在五所公安院校大三、大四学生中随机发放 1500 余份，有效回收 1227 份。本书以该项调查结果为基础，筛选并汇总与本研究主题相关的 22 个题项进行分析（未包括开放问答题项），形成附表 3 的“部分公安院校本科毕业生教学满意度调查问卷”。表 5-2 是该表的简化版。

表 5-2 部分公安院校本科毕业生教学满意度调查问卷（简化表）

序号	题项	选项			
		A	B	C	D
1	我认为入学所选专业是我的理想专业	59.2%	20.4%	8.9%	11.6%
2	我对所学专业的态度	58.7%	37.1%	4.2%	
3	我认为我所学的专业的培养目标明确、特色鲜明	23.5%	33.1%	37.4%	6.0%
4	我认为本专业课程设置	13.7%	26.7%	40.28%	19.4%
5	我认为本专业课程学期分布	32.3%	13.2%	40.3%	14.2%

续表

序号	题项	选项			
		A	B	C	D
6	我认为课程体系中最好的、对我影响最大的课程模块	17.1%	24.4%	41.2%	17.3%
7	我认为课程结构中最有问题的课程模块	15.1%	28.9%	35.5%	20.6%
8	我认为网上选课时	21.8%	38.9%	29.0%	10.4%
9	我对学校公选课课程满意度	23.0%	31.4%	40.9%	4.7%
10	我对思想政治教育的认识	17.5%	8.6%	34.4%	39.5%
11	我对专业实习效果的满意度	31.1%	35.0%	22.4%	11.5%
12	我认为学校对本专业的实验实训课课时安排	37.2%	20.5%	34.0%	8.2%
13	我对本专业实验实训类课程质量的评价	23.6%	34.6%	31.5%	10.4%
14	我对自己的毕业论文（设计）的满意度	25.0%	66.9%	6.6%	1.5%
15	我对专业课程教材的满意度	37.9%	46.9%	9.9%	5.2%
16	我认为大部分教师课堂教学中注重启发式、案例式教学	26.2%	29.5%	34.1%	10.2%
17	老师在教学中经常引入学科研究前沿或时事动态	55.9%	18.3%	23.4%	2.4%
18	我认为本专业理论教学内容陈旧，与公安实践脱节	20.1%	31.8%	31.3%	16.8%
19	我与教师的学业交流关系	17.5%	38.5%	30.8%	13.1%
20	我对图书馆图书种类、信息资源满意度	38.1%	49.7%	8.3%	3.8%
21	我对大学各类团学活动、第二课堂开设情况的认识	15.2%	23.5%	46.5%	14.9%
22	我对学校警务化管理的认识	69.4%	20.1%	8.6%	1.9%

对于以上问卷结果，分析如下：

1. 公安院校专业选择和专业目标的调查反馈

题项 1-3 是关于学生对专业选择与专业建设态度方面的问题。从结果上看，公安院校本科生对所学的专业主观认同度是较强的，无论是高考志愿的专业选择，还是经过四年的学习后的专业态度，其认同度都接近60%（A项）。从价值层面看，公安院校专业的吸引力以及人才培养过程中的价值理念教育得到了大部分学生的认可，并产生了一定的实际效果。

但是，在专业目标设定的清晰度、专业特色鲜明度方面，选择“真心觉得一般般”的人数占到了37.4%（C项），而选择充分肯定的只有23.5%（A项）。专业目标是学生对专业整体态度的一个重要组成部分。从学生开放问卷回答情况来看，很多学生对专业的核心知识、将来从事警务工作的知识能力要求并不明确，对未来自身专业发展方向也无较好的规划。

由前文可知，培养学生警察职业认同感，树立学生成长成才的成就动机，公安院校人才培养将其作为一个重要环节。根据表4-11的分析以及以上关于专业认同度的调查可知，公安院校学生对警察职业认同度、成就动机要高于普通高校，其人才培养的成效是显著的。职业认同度在一定程度上与其专业认同度存在关联性。但随着经济社会的快速发展，公安院校大学生职业认知水平仍然有待提高。有学者通过实证研究认为，某公安院校在校生在职业意志、职业价值维度上得分较低，这说明“大多数警校生终身从警的意志并不强烈，对于终身从警的问题还存在着一定的疑惑和顾虑，健康的职业价值观尚未完全确定”①。这充分说明学生对专业目标、专业发展前景的模糊认识影响到了专业认同度，并最终影响了长远的职业认同度。结合以上论述，本书认为，当前公安院校专业人才培养目标构建方面仍然显得不足，除前文分析的人才培养目标、专业目标表述模糊分散以外，还主要表现为：一是专业目标与职业目标契合度不高，还不能清晰描绘由专业发展向职业发展转变的路径；二是在人才培养过程中，还不能有效凝练专业内涵和专业特色，缺乏有效的专业发展评价，导致学生对本专业目标与发展前景认识不清。

2. 公安院校课程设置的调查反馈

从前文得知，课程对毕业生从警胜任力有着显著的影响，一定数量的、高质量的专业（基础）课程对胜任力总评及大部分维度作用明显，而公安院校选修课在提升学生的拓展素质方面亦有着显著作用。在此基础上，本调查进一步研究课程建设效果的相关问题。

题项4-9是关于课程设置方面的题项。在对课程设置总体态度方面（题

---

① 李欧．警校生警察职业认同现状调查与对策建议［J］．湖北警官学院学报，2014（3）．

项4)，选择“不尽合理，但可以接受”（C项）和“重复交叉课程太多（D项）”两项加起来接近60%，这说明课程总体上满意度不高，特别是有19.4%的学生反映课程重复交叉问题。从根源上看，课程重复交叉的问题与前文论述的专业数量多、公安学科发展不成熟等有着密切的关联性，是公安院校一个由来已久的问题。在当前改革中，这一问题仍然没有完全解决。

题项5是关于专业课程分布与安排的问题，有约1/3学生认为紧凑合理（A项)，但是其他同学认为课程存在安排松散、分布不均衡的问题。近年来，公安院校大学生在第四学年有公务员考试、公安院校招警联考等应试任务，还需参加国家大型活动安保任务，无疑对学校的教学安排带来一定影响。为了保证教学量，课时安排有一定的调整，这是其客观因素。当然，人才培养方案本身设计也可能存在问题，如课时量的分布、课程衔接问题等，也会导致学生对课程安排提出质疑。

题项6、7是关于课程模块评价的问题。从问卷结果看，对学生影响最大的课程模块是专业基础课，其后依次是公安通修课、专业课（主干课）以及普通通识课；而反映问题最多的课程亦是此顺序。这充分说明学生充分关注专业基础课、公安通修课，对这两个课程模块进行了充分的思考和分析。从知识结构看，这两个课程模块既关注专业、职业性的内容，又与学生拓展视野、夯实能力有着显著关联，学生寄希望于这两类课程，以丰富自身知识能力水平。这与警察胜任力更关注成就动机、拓展素质的要求在逻辑上存在一致性。但是，结合学生的意见反馈，专业基础课方面存在的问题主要归纳如下：一是专业基础课质量问题仍有待提升，从前文胜任力调查结果来看，对学生影响较大的专业基础课程数量主要集中在1-3门，数量较少。二是课程交叉重复问题，这是题项4的具体化。例如，公安学概论作为公安通修课，其内容涉及公安史、公安机关设置等，而另一些专业的专业基础课，如治安管理学、公安管理学，其内容亦有涉及。三是部分专业基础课与行业实践或实际问题结合不紧密，缺乏生动性、拓展性、实效性。例如，公安技术类专业的专业基础课往往侧重于理论知识，对于结合实际案例分析问题、判断问题以及解决问题往往有所欠缺。

公安通修课亦有同样的问题。从教育教学过程来看，警察职业素养类的课程设置分散，尤其是警察职业核心能力、核心素养目标游离，导致课程有碎片化趋势。例如，前文提到的某省属公安院校设置了涵盖“公安学基础”、公安群众工作、警务技能等领域多达23门公安通修课程。学生需用3学年时间修满学分（因有1学年在外实习），困难较大，难以保证效果。所以，公安通修课中仍然不同程度地存在课程散碎等问题。再者，公安通修课设置的必要性、课程之间的逻辑性需要进一步考察论证①，否则也难以避免出现因人设课等不合逻辑的现象。

题项8、9是关于选修课的问题。从问卷结果来看，能选到理想课程的学生占到60.7%（A、B项），但仍有超过1/3的学生认为选修课开设不足，很难选择理想的选修课。就公选课的质量而言，有40.9%的学生认为只对部分课程感到满意（C项），不过认为完全不能满足其兴趣需要的比例较小（D项），只有4.7%。可见，公安院校在选修课设置方面进行了努力，学生受益面增加，但是选修课程的丰富性、广泛性仍然不足，不能满足所有学生的不同需求。在前文胜任力调查阶段，学生选修课选定数量集中在1-5门，鲜有5门以上。这进一步说明了能够契合毕业生胜任力培养、能够在相关维度提升胜任力水平的课程较少，特别是高水平专业课程、选修课程数量较少。选修课对学生专业能力提升并不显著，但对学生拓展素质有着显著影响，公安院校人才培养有行业性要求，又有大学普适性要求；既有专业性要求，又有通识性要求。在有限的学制期内，公安院校课程设置刚性特征明显。因此，公安院校“选修课程资源尤其是高水平的选修课程资源不足，学生能选择的余地太小”②。以某部属公安院校为例，2020版本科人才培养方案中，开设了近200门选修课程（含公选和专选）。但据统计，就课时学分总量来看，其选修课学分比例只有15%左右，而每学期能够开出的只约占选修课总量的30%。这一方面可能是因为开课质量问题，另一方面可能是因为开课条件问题，即根据该校《本科生选修课管理办法》规定，选修课必须达到30人方可开课。因此，每年开课率不高，也使得学生在选课时存在一定困难。

3. 公安院校思想政治教育的调查反馈

从题项10的结果来看，学生认为主要依靠思想政治类课程接受政治教育的所占比重较大（C项），达到34.4%；认为其他课程蕴含思想政治教育的只有8.6%（B项）。而在教育方法上，认为是被动说教的也占到了39.5%（D项）。可见，从课程角度来看，当前公安院校思想政治教育途径仍然较为单

---

① 章春明. 构建治安学人才培养动态课程体系［J］. 云南警官学院学报，2017（5）.

② 欧科良. 当前公安院校教学管理制度下的主要问题分析及对策［J］. 湖南警察学院学报，2018（5）.

一，教育形式也相对滞后。

题项22是关于警务化管理的调查，从结果来看，近70%的学生认可警务化管理（A项），认为公安院校警务化管理是严格的，能够对学生思想和行为产生深远影响，是公安院校办学特色与优势的体现。但是，警务化管理全员覆盖仍然有死角，部分学生对此仍不以为然，情感上未能接纳这种管理模式，育人效果有待提高。

总体来看，公安院校思想政治教育工作是重中之重，亦有各种途径与方法，但也存在“对思想政治教育重要性、一贯性认识不足；多渠道的合力意识不强；教育的针对性、实效和感染力不足；思想政治教育队伍建设薄弱”①等问题。同时，信息时代各类思潮交织、社会发展中的消极因素甚至国内外敌对势力的推波助澜，使当代大学生思想政治教育工作也面临着一系列新课题、新挑战。深入开展思想政治教育，特别是创新教育方式方法，塑造学生政治品质，提升学生政治胜任力是卓越警务人才培养改革与实践的一个重点环节。

4. 公安院校实践教学的调查反馈

题项11-14属于实践教学范畴。在题项11中，大多数同学认为专业实习能够产生积极作用（A、B、C项），占比近90%。进一步分析，有同学虽然认为实习能够产生积极效果，但对掌握专业知识的作用不大，此类情况也达到了35%（B项）。题项12是关于校内实验实训课时安排的问题。从量上看，有一半多的学生认为过多或过少（B、C项）。题项13是对实验实训类课程质量的调查。虽然有58.2%的学生认为该类课程内容充实，能够培养实战能力（A、B项），但是认为内容不尽如人意，不能满足专业学习需要的仍有四成多的学生。题项14是关于毕业论文（设计）的，总体上学生自我感觉满意，但是有近67%的学生仍然认为需要教师进一步指导，润色修改毕业论文（B项）。

虽然公安院校重视实习见习环节，取得了积极效果，但从实证调查结果分析也存在一些问题：

首先，就公安院校人才培养过程来看，缺乏有效的、能够贯彻公安执法各个环节的一体化校内实训科目。学生认为，实验实训课课时过多或过少，其根本原因就是缺乏对实训科目的系统设计，应打造一个完整的“综合实训”的主线，统领和贯穿四年实训过程。

① 陈凯. 公安院校大学生思想政治教育面临的问题及其解决途径［J］. 今日南国（理论创新版），2018（4）.

其次，校内实训与校外实践、理论与实践衔接问题需要进一步凝练突出。就公安实习见习环节来看，很多公安院校都是为了“学以致用、理论联系实际、重在提高综合素质，强化职业核心能力训练”①。但是，据前文所述，公安实习见习与学生职业素养、胜任力总评等并未呈显著关系，特别是很多学生认为专业实习中未能体现出专业知识的应用与训练。这需要反思校内人才培养理念是否与校外实践进行了有效衔接，架构了从理论到实践的过程。例如，专业实习中“专业对口”问题仍然不尽如人意，很多实习学警在实习过程中单纯充当了警力，未能充分受到专业性的训练。

最后，实训实习的制度设计需要进一步优化。例如，实习环节设计、实习岗位与任务设计、实习考核标准、实习质量保证、发挥教师指导作用问题等均缺乏系统制度性的构建。此外，很多公安院校在专业实习机制上存在政策徘徊、实习时长调整频繁等问题，往往缺乏明确的理念指导专业实习的实施过程，专业实习内涵建设仍不足。

5. 公安院校教师影响力及其教材教法的调查反馈

题项 15 主要考察教材满意度问题，其中认为教材经典实用的只有 37.9%（A 项），而其他人都认为只在上课时有用，或根本无用。与题项 18 进行综合分析，认为“理论教学内容陈旧，与公安实践脱节”的学生（A、B 项）达到了 51.9%，而不认同这种观点的只有 16.8%（D 项）。这充分说明公安类教材以及其教学内容实用性、专业性仍然不能适应当前快速发展的公安业务实践以及人才培养需要。题项 17 中关于“老师在教学中经常引入学科研究前沿或时事动态”的选项，有 55.9%的学生认为“经常且感兴趣”（A 项）。由此可见，教师更多地关注学科领域、理论领域的新进展和发展前沿，而对于公安实践的发展反应不灵敏，这既有教师学科视角单一的原因，亦有教师不能有效参与公安实践的体制机制等多方面原因。

题项 17 是关于教师引入学科研究前沿问题，其中有 18.3%的学生认为“经常但不感兴趣”（B 项）。题项 16 是关于教师运用“启发式、案例式教学”的调查，有 44.3%的学生认为不理想或者就是照本宣科（C、D 项）。结合两个题项，说明有相当一部分教师在教学方式方法上存在问题，不能有效组织课堂并达到课堂教学效果，教师教学组织能力有待进一步加强。

教师影响力对学生胜任力有着显著作用。从调查中可知，教师发挥影响力

---

① 某公安院校 2016 版本科人才培养方案.

仍然不足，师生关系存在一定程度的缺位。从题项19中可以看出，很多教师下课后就离开学校或者只在课后留有少许时间与学生交流，这种情况占43.9%（C、D项）。师生交流不仅是学业交流，更是人格塑造、价值观引领的过程。虽然很多公安院校强调“三全”育人体系，但落实还不到位，激励保障等配套措施也跟进不足。

6. 公安院校在其他办学资源方面的调查反馈

题项20是对图书馆馆藏资源的调查，其中认为馆藏资源丰富并能常去图书馆阅读的学生比例较大，占到近90%（A、B项）。但这一数据并不代表学生能充分利用图书馆资源，保证阅读效果，提升学业水平。从另一项对某两所公安院校的调查来看，公安院校学生阅读方面还存在图书馆馆藏资源利用率不高、阅读功利性强、“快餐式”阅读和移动式阅读占比大、缺乏良好阅读习惯等一系列问题。①

题项21是对第二课堂活动的调查。首先从活动丰富性看，第二课堂资源较为紧缺，认为“抓紧时间抢，不然没有名额”（C项）的学生达到46.5%。其次，从活动的内涵性来看，仍然有14.9%的学生认为第二课堂活动单调乏味，没有兴趣（D项）。这说明公安院校第二课堂活动由于其行业性、政治性的特点，与普通高校相比活动丰富性不足。所以说公安院校第二课堂还存在“活动形式单一、缺少吸引力；活动较能体现校园文化价值，但提升专业知识实践能力的作用有待提高；活动宣传力度不够，未能达到开展活动的目的”②等问题与不足。怎样充分调动学生兴趣，开展更加多元丰富的第二课堂活动仍然是人才培养改革中的重要环节。

5.2 公安院校人才培养实践案例研究

因公安院校人才培养模式总体较为类似，本书选取某公安院校（A大学）治安学专业人才培养方案为对象进行案例研究，同时就两所省属公安院校启动的卓越警务人才培养改革进行专门剖析，进一步分析和探讨当前公安院校人才培养实践特征与实施现状。

---

① 郭军. 网络环境下公安院校大学生阅读现状调查——以铁道警察学院为例［J］，铁道警察学院学报，2014（10）.

② 黎宜春，杨媚，潘枫. 公安院校法律专业第二课堂的调查与分析［J］. 高教论坛，2017（5）.

5.2.1　A 大学警务人才培养实践

A 大学是一所部属公安院校。该校本科人才培养方案从 2005 版（以下简称“05 方案”）到 2013 版（以下简称“13 方案”），到 2016 版（以下简称“16 方案”），再到 2020 版（以下简称“20 方案”），十余年来一直处于不断优化调整过程中。本节从比较研究的视角出发，以该校治安学专业 20 方案为对象开展案例研究。

1. 人才培养目标与规格

治安学专业 20 方案将培养目标与规格分为知识、能力与素质三个层次予以界定。在知识层次，主要是强调政治理论知识、政策法规、公安专业知识以及管理学等相关专业知识；能力层次强调的是“胜任”治安工作的 12 项具体能力（或技能，如应急处突）以及计算机、写作、英语等其他能力；素质层次主要是包括政治素养、人文素养、身体素质以及专业精神等。与 13 方案比较，20 方案所设定的人才培养目标主要有以下几个特征：（1）强调了学生基本素质培养，并将大学生素质培养作为人才培养目标的一个组成部分；（2）更加突出实用的专业能力，强调“能够运用治安学理论知识分析和处理相关公安实务”，聚焦治安工作的 12 项能力，强化专业教育的内涵；（3）提出职业特征的素质要求，如热爱公安事业，献身精神等。

从总体上看，20 方案人才培养目标体现了公安院校行业办学的本质，强调了专业性的教育内涵。因此，与普通高校相比有其鲜明特色，也有明显不同之处。以某师范大学 2019 级法学专业（卓越实验班）培养方案为例，由于该校为实行法学专业大类培养，对人才培养目标的界定较为概括，但特别强调两点：一是从价值层面突出“崇高的法律信仰”培养；二是从学术层面强调掌握理论前沿知识，有学习创新能力，把握我国“法治建设的趋势”。这两者旨在树立学生从事法律实践工作的职业理想，树立学生在法律界成就成才的信仰，同时增强学生理论研究水平，丰富视野。从国际视野来看，很多国家警察学历教育的人才培养目标也是多样性的。例如，美国密歇根大学刑事司法专业的目标是通过刑事司法专业使学生获得更多社会科学方面的知识和创新能力。[①] 土耳其国家警察学院本科教育在专业能力培养之外也强调学生健康的人格和个性的养成，树立职业价值责任感和服务精神，塑造学生爱国主义、民族

① 美国密西根大学网站．http：//www. jjay. cuny. edu/undergraduate，2021-12-10.

主义精神。①

从以上比较研究中可以看出，其一，A 大学 2020 方案的人才培养定位较为全面，但总体上仍然是突出专业能力和专业技能的培养，特别是 12 项治安工作岗位能力构成了其人才培养目标的主要组成部分；其二，强调了“胜任”治安工作岗位，但是仅仅从岗位需求角度进行描述，对“胜任”的内涵界定过于狭窄，对知识、能力、素质三个层次的阐述缺乏逻辑性和关联性。这可能导致描述越详尽，目标越模糊。

2. 主要教学环节

教学环节是贯穿本科人才培养四年的实施要素。20 方案设置了课程教学、入学教育、军事训练与军事理论学习、公益劳动、实践教学、科学研究训练、第二课堂活动、就业指导与毕业教育八个教学环节，如表 5-3 所示。

表 5-3　A 大学治安学专业 20 方案主要教学环节周数分配表

项目 / 周数 / 学期	课程教学	考试	入学教育与军事训练	公益劳动	专业综合实训	社会见习与专业实习	毕业实习与毕业论文（设计）	驾驶	就业指导与毕业教育	机动	寒暑假期	合计
一	15	1	4	1*							5	25
二	18	1		1*		3				1	4	27
三	18	1		1*						1	5	25
四	18	1		1*				1			7	27
五	18	1		1*	1						5	25
六						20					7	27
七	9	1		1*			9		1		5	25
八	9	1		1*			8		1	1		20
总计	105	7	4	7*	1	23	17	1	2	3	38	201

注：* 表示公益劳动采取分散形式进行，不占用课内学时，不计入总周数。

① 谭胜，李冬梅．土耳其警察教育与培训体系［J］．公安教育，2009（2）．

与13方案、16方案相比，20方案中治安学专业的主要教学环节无大的变化，但是对实施过程进行了调整。一是调整实践教学，设计了集中性、专业性的实践教学。增加专业综合实训周，编制相应的教材或科目，试图将专业知识与理论串接，在校内开展综合实训，增强专业知识与能力的巩固、运用。13方案实行“三学期”制，即前三学年暑假中的1个月和9月组成10周的“小学期”，学生在校外进行实习和见习。20方案改变了这一模式，校外实践教学由13方案的30周调整到23周。其中，专业实习实践由10周延长到了20周，进一步强化专业实习，并由学校统一组织、统一管理、统一考核，力图保证效果；社会见习由10周减少到3周。按照学年学分制，实践教学环节包括军事训练、实习见习、毕业论文三部分，总计25学分。二是学生科研训练具体化，形式多样化。从简单开设科研方法课、讲座到系统地设计大学四年科研训练目标、任务，即将了解科研过程、开展选题训练、撰写见习小论文，到申报学生科研课题，再到成果总结汇报、撰写毕业论文串联起来，设计了连续一贯的科研训练机制。其他环节调整幅度不大，如第二课堂，仍然是以讲座、学生社团、警体代表队、社会公益活动等为主。

与其他高校比较，20方案主要教学环节设置差别也不大，但是很多高水平大学重视各环节的相互衔接和举措创新。仍以某师范大学法学专业为例，该校在课堂教学之外开展了多种教学与实践环节。例如，创办法学经典文献导读暨翰苑读书会活动、暑期社会实践团队立项制度，设立院级大学生创新创业项目、专业实习管理与考核制度等。从国际视野来看，美国密歇根大学刑事司法专业将教学活动进行拓展，强调的是创新能力、多元化的社区活动能力。该学院认为，完整的大学生活（The full college experience）不只是一系列的课程，而是包括家庭、运动队、兼职、青年团体以及校园中其他人员的影响等组成的校园生活，要求学生在大学里寻找新的机会，不断成长，不断变化。主要环节设置比较丰富，基本职业素质训练比较全面，包括学生参与校园管理、社区拓展与提供服务训练、领导力发展、团队合作、批判思维训练、职业服务训练、健康生活等。[①] 每个环节该校都设置了专门的网页，提供活动信息，供学生选择参与，也设立了相应的管理机构，具体负责组织落实。

与国内高水平大学和国外同类院校相比，A大学治安学专业人才培养主要环节在内容与形式上应该是较为完备的，但实施过程仍有欠缺。其一，主要环

① 美国密歇根大学网站. http：//www. jjay. cuny. edu/essential-career-skills.

节开展的目标不明确，如第二课堂活动，仅在方案中罗列几种活动，但每种活动与学生素质发展目标没有明确对应关系。其二，主要环节配套制度和举措不完备、不连续。例如，强调学生人文素质发展，但缺乏相应的方案和举措，学生科研也无统一的制度要求和细化措施。其三，未将学生管理，特别是警务化管理作为一个环节纳入人才培养方案中。从前文可知，学生警务化管理对学生胜任力提升有着显著影响，而 20 方案并未将其纳入。警务化管理的育人作用在人才培养方案中未得到充分体现。

3. 课程体系设置

治安学专业 20 方案课程结构包括通识课、基础课和专业课。通识课分为必修课和选修课，必修课主要是政治理论课、外语、文化科技及心理课程，选修课主要按照模块选修 10 个学分，包括人文社会科学、自然科学与技术、艺术与体育、职业素养四个模块。基础课包括公安基础课和专业基础课，公安基础课主要是所有公安专业应知应会的课程，包括公安学基础、公安群众工作、警体技能等；专业基础课包括管理类、法律类、政治学类、犯罪学类等课程。专业课包括必修课和选修课，必修课主要是与培养目标中罗列的 12 项能力相对应，共设置 8 门课程；选修课应选够 24 学分，约 450 学时课程。课程结构如表 5-4 所示。

表 5-4　A 大学治安学专业 20 方案本科课程学时学分分配表

课程性质		学　分	学分比例	学　时	学时比例
通识课	必修课	40	24%	687	27.7%
	选修课	10	6%	180	7.3%
基础课	公安基础课	23.5	14%	411	16.6%
	专业基础课	27	16%	474	19.1%
专业课	必修课	17	10%	305	12.3%
	选修课	24	15%	420	17.0%
实习见习		25	15%		
合　计		166.5	100%	2477	100%

与 13 方案相比，20 方案课程结构主要有以下变化，一是选修课课程比重大幅增加，首先在通识课中增设选修课，并要求最低选修学分学时；其次是专业课中的选修课学时占比 17%，增加 7 个百分点。二是专业课中的必修课学时

占比由18%降至12.3%，希望进一步淡化专业分野。三是均重视基础课程，但是侧重点仍有区别。13方案强调公安通用能力，公安通识课程学时占比达到22%，而在20方案中，这一比重下降至16.6%，专业基础课由12%上升到19.1%。四是05方案由于实行“三学期”制，将实践教学折合为1560学时，计入总课时；而20方案未将此部分纳入总课时，但是设置了25学分，并在部分理论课程内设置了实践学分，如“毛泽东思想和中国特色社会主义理论体系概论”课程，课内教学4学分，另有2学分通过社会见习取得，有部分专业课程亦要求有课内实践。

与国际同类专业相比，20方案与之有很多共同点，也有很多不同点。以美国密歇根大学刑事司法本科专业为例，其课程体系包括大学要求的课程、社会科学学院课程、刑事司法专业课程以及普通选修课程四个部分。大学要求的课程包括写作、人文、数学等课程；社会科学学院课程包括人类学、经济学、地理学、政治学以及要求选修人文学院、自然科学学院的课程，同时强调独立研究、田野工作等；刑事司法专业课程主要是核心课程、必修选修课程等。该专业与A大学治安学专业课程体系对比如表5-5所示。

表5-5 中美两所大学相关专业课程设置对比分析表

中国（A大学治安学专业）			美国（密歇根大学刑事司法专业）		
课程（分类）	课内学分	所占比例	课程（分类）	学分	所占比例
通识必修课	40	24%	大学要求的课程	31	26%
通识选修课	10	6%	社会科学学院课程	30	25%
公安通识课	23.5	14%	刑事司法专业课程	40	33%
专业基础课	27	16%	普通选修课程	19	16%
专业必修课	17	10%			
专业选修课	24	15%			
实习见习	25	15%			
共计	166.5	100%	共计	120	100%

通过对比分析可知，首先，两者都强调通识或宽领域的课程，但是密歇根大学课程设置更为广泛，大学要求的课程、社会科学学院课程都是宽领域的课程，同时还要求选修其他学院的课程，总学分占比达到51%，进一步拓展了学

生视野。相反，我国通识课程范围比较狭窄，仅限本专业或为本专业开设的相关课程，其中政治理论课程、外语课程占有相当大的比重。其次，密歇根大学选修课非常丰富，能够做到全校通选，每个层次的课程也设置了相应的选修课程；而我国选修课开设的范围、质量均有待提高。最后，美国强调学生研究和创新能力，要求运用一些新的社会学研究方法，如田野调查法，开展相关课题的独立研究工作。

继续与国内高水平大学相关专业进行对比分析，仍以某师范大学法学专业为例。该专业课程分为通识教育课和专业教育课两大类，如表5-6所示。通识课应修满63学分，其中社会发展与公民责任模块为必修课，其他模块包括家国情怀与价值理想、国际视野与文明对话、数理与艺术等课程，均为选修课，超出的学分作为自由选修课的选修学分。专业教育课程由学科基础课、专业方向课、自由选修课、实践与创新四部分构成，共应修满82学分。学科基础课主要是法学总论与分论类课程，分为必修与选修课程，共45学分，超出部分作为专业方向课的学分；专业方向课主要是各部门法的8个模块，全部为选修课。自由选修课可以在全校各专业中自由选择，共计10学分。实践与创新部分包括专业实习、毕业论文、学生科研等，共计9学分。

表5-6 A大学治安学专业与某师范大学法学专业课程设置对比分析表

A大学治安学专业			某师范大学法学专业			
课程（分类）	学分	所占比例	课程（分类）		学分	所占比例
通识必修课	40	24%	通识教育课程	社会发展与公民责任（必修）	8	6%
通识选修课	10	6%		其他模块（选修）	55	38%
公安通识课	23.5	14%	专业教育课程	学科基础课	45	31%
专业基础课	27	16%		专业方向课	18	12%
专业必修课	17	10%		自由选修课	10	7%
专业选修课	24	15%		实践与创新	9	6%
实习见习	25	15%				
共计	166.5	100%		共计	145	100%

与某师范大学法学专业相比，A大学治安学专业课程设置更为突出实践教学环节，其比重达到15%，这是行业办学优势和特色的体现。但是，某师范大

学法学专业也有自身特点。一是通识课程范围更广，强调社会发展视野以及责任感、成就感的培养，并设置了不同的模块，素质发展目标清晰明确，也能够使学生在学习过程中明确学习目的。二是选修课程比重大，甚至专业方向课不设必修课，全部是模块化选修设计，学生在教师指导下按照修业方向自由选择。三是注重学生复合素质培养，设有10个学分的自由选修课，为学生学习其他专业知识搭建平台。四是学分设置较为灵活，不同类别课程的学分有一定转移幅度，既保证了学生的学习兴趣和学习自主性，又保证了总体学分的要求。

从课程总量来看，公安院校的课程设置总量同比较大。A大学治安学专业学分总量将近170分，开设的课程总量达到68种，高于很多国内大学，且大大高于大部分欧美大学120学分、40门左右课程的标准①。借鉴胡娟教授等对中外大学课程设置的学分与课时量比较研究成果，我国大学学时总量和课程总量普遍大大高于欧美大学，这将会导致“知识呈现碎片化、课堂教学效果不理想以及学生自主学习能力不强”② 等多种弊病。在众多课程中，能够对学生胜任力产生深刻影响的课程较少，这些弊病在当前公安院校教育教学中都有具体体现。这其中既有课程开设的质量问题，更有课程体系结构的设计问题。

5.2.2 公安院校卓越警务人才培养改革与实践

1. 公安院校卓越警务人才培养改革现状

卓越警务人才培养改革与实践是公安院校教育教学工作的一个前沿领域，旨在提升人才培养质量，为公安机关输送更优秀的人才。公安院校近年来加大人才培养改革力度，卓越警务人才培养计划也在部分院校实施，并提出了“追求卓越”的目标。透视卓越警务人才培养，首先要置于国家“卓越计划”中，把握卓越人才培养改革的环境与趋势。卓越警务人才培养虽然在国家层面还未启动相应的计划和项目，但有学者认为，“卓越警务人才培养就是在公安教育领域内卓越法律人才教育培养框架下的一种具体教育模式，卓越警务人才

① 胡娟，祝贺，秦冠英．本科教育到底需要多长学习时间——本科生学分学习量的国际比较分析［J］．复旦教育论坛，2016（1）．

② 胡娟，祝贺，秦冠英．本科教育到底需要多长学习时间——本科生学分学习量的国际比较分析［J］．复旦教育论坛，2016（1）．

培养模式是创新法治人才培养体制的主要内容”。[①] 所以，作为人才培养的一种理念，卓越警务人才培养已经被相关公安教育行政部门和公安院校所接受、引进和实践。

目前，很多公安院校开始关注卓越警务人才的内涵与培养实践，但是明确提出并付诸实施（主要集中于部属公安院校和发达地区的公安院校），且形成系统化培养体系的为数不多。从总体来看，卓越警务人才培养改革有两种形式，一种形式是将卓越警务人才培养理念与学校整体人才培养结合起来，在普通人才培养方案中植入卓越警务人才培养理念。例如，A 大学 20 方案“原则意见”中明确提出要构建卓越警务人才培养体系，为公安机关培养和输送“忠诚可靠、专业精通、文武兼备、作风顽强”的卓越公安人才。

另一种形式是将卓越警务人才培养改革以一种“试验田”或“高精尖”的形式小规模地开展。例如，某北方公安院校从 2018 年 9 月开始，从治安学专业 2017 级本科生中择优遴选 18 人，组建卓越警务人才培养计划的试点班。试点班人才培养定位是适应多样化公安职业和国家法政机构人才要求，培养精英型专业人才；人才培养规格是基础扎实、应用能力强，具有国际视野和国际竞争力，能够运用公安学与其他学科知识方法参与执法活动、处理法政问题、制定公共政策的高端应用型、复合型、创新型警务人才。目前，该计划仍然属于探索阶段，其人才培养环节、课程设置还在完善之中，相关资料尚不足以分析与研究。以下以启动较早的两所省属公安院校卓越警务人才培养改革为案例做进一步研究。

2. B 学院卓越警务人才培养改革

B 学院是南方某经济发达省份的公安院校，其实施的“应用型公安人才培养模式改革与创新”曾于 2011 年获得省级教育改革和开放试点项目立项。这一模式主要是改变以往以学科为标准的人才培养模式，以“校局合作”为主要载体，以延迟专业分流、派出留学、参加公安实战实习为实现途径，对接公安实际需求和人才培养规格的变化，坚持与深化公安改革深度融合、与高等教育发展趋势深度融合、与警务国际化深度融合，着力“培养造就一批政治立场坚定、职业品质优良、专业基础扎实、警务技能过硬，具有创新精神和国际

① 黎宜春，陈雨薇. 广西公安院校卓越警务人才培养模式的探析［J］. 高教论坛，2016（5）.

视野的高素质警务人才"①。该校将这一改革界定为卓越警务人才培养计划，被称为"B 省模式"。与该校普通警务人才培养相比，这一计划主要包括五个改革举措。

一是依托公安行业，以合作培养、警师制（即引进实战部门警察作为学校教师）等加强校局合作，建立行业联动，达到"上班就上手、到岗就管用"。该校各系部各专业与该省各业务总队建立一对一的业务联系，在人才培养、实践教学、人员互派、业务培训、科研合作、实验室共用共享等方面通力合作。实行"3+1"人才培养机制，即 3 年在校内学习，1 年在公安机关定岗实习，其中半年在公安派出所岗位实习，半年根据专业在对口警种或业务部门实习。

二是以开办"国际警务合作班"、科研合作等方式加强国际合作、开放办学，"着力培养一批具有国际视野，通晓国际规则，能够参与国际警务合作和维护国家利益的涉外警务人才"。② 该校依托国家级"创新人才培养模式实验区"，与美国高校山姆·休斯敦州立大学犯罪学专业建立合作，"国际警务合作班"的创办开启了该校与国外高校合作交流的新篇章。在第三学年，将选派优秀学生赴美，按照该学校课程开展专业学习，并在当地的警察机构进行实习，如若成绩合格即可获得相应学分。该校也与韩国等其他国家和地区高校进行相关合作。

三是以与国内知名高校、其他公安院校的校校合作方式开辟"第二校园"。与中国刑警学院开展校际合作，联合进行人才培养，瞄准该校侦查学、刑事科学技术等优势专业，选派同类专业的学生赴该校进行对口学习，强化专业理论和专业技能，提升专业人才培养水平。瞄准云南警官学院禁毒学专业优势，通过互派教师访学、学生互换、联合科研攻关等方式开展专业人才培养合作。为拓展学校平台资源，提升教师水平，该校与中国政法大学、北京大学、中国人民大学等国内顶尖大学展开合作，进一步拓宽访学平台，实现了师资队伍联合培养。

四是加强校内实践环节设计与优化，贯通实验、实训和实践，提升学生岗位职业能力。建立并完善实验、实训、实习和实战"四实"实践教学体系，提高实践教学课程的比例，开发更加贴近实战的实训课程和项目，改造一批专

① 傅国良．卓越警务人才教育培养的探索与实践［J］．公安教育，2012（12）．

② 傅国良．卓越警务人才教育培养的探索与实践［J］．公安教育，2012（12）．

业实验室，提升实验实训硬件水平。开设校内实践岗位，对于教学、科研、管理岗位，聘请学生助理进行校内实习，并纳入学分体系；设立校内“实践周”，校园门岗、安全保卫、夜间巡逻、卫生劳动等工作均由学生负责，以此进一步提升学生责任意识和动手能力。

五是以主题鲜明的学生活动打造文化育警的氛围，筑牢学生忠诚品性，提升学生综合素质，促进健康成长。改革学生管理体制，将以往按照年级设立学生大队的体制改为按照专业设置学生大队，使学生更加贴近专业，贴近专业教师，提升学生专业水平。设立“学长制”，以老生带新生的方式，提升学生自我管理能力。严格警务化管理、严明警容风纪，通过开展学生社团活动、文化艺术活动，塑造以忠诚为主题的校园文化，全力做好思想政治工作。

3. C 学院卓越警务人才培养实践

C 学院亦是南方某经济发达省份的公安院校。C 学院依托该省现代警务研究中心建立“卓越警务人才培训班”，实施小班精英教育，在大二、大三年级中选派有潜质的学生，重点学习警务理论研究和警务写作方面的内容，着力培养高素质创新型、符合警务现代化需要的卓越警务人才。自 2013 年实施以来，现已培养 5 期，每期 10-20 人，共计 70 余名学生。该项改革的培养目标是“培养具有创新思维和研究能力的警务专门人才。”① 此项改革由设在该校的该省现代警务研究中心具体组织实施。

第一，专设警务研究人员担任训练班学员的导师。利用该校现代警务研究中心的资源优势，选派中心科研能力优良的研究人员担任训练班学员指导教师，一师一生，实行本科生导师制，指导的内容是学业研究类的课程，如警务研究方法、科研课题研究以及调查研究等。

第二，专设警务研究类的选修课程。专门为训练班开设“现代警务理论研究”“警务研究方法与写作”两门课程，并细化教学大纲、分段分专题教学。由现代警务研究中心在全校选派经验丰富的教师按照各专题进行教学和授课，教学形式多以讨论、案例的形式进行。

第三，设立专项科研项目。以学院大学生实践创新项目平台，设立“警务研究专项”，专门面向训练班学员申报立项，学院对每个项目资助 2000 元的经费，对申报省级大学生实践创新项目及相关的项目优先推荐其成果评奖。训

① 吴跃章. 警务现代化背景下培养卓越警务人才的实践与思考［J］. 公安学刊，2014（2）.

练班学员在培训期间至少主持完成1个研究项目。现代警务研究中心选择优秀论文在相关学术刊物、丛书上发表。首期训练班共立项10个院级项目，9人获得省级项目立项。

第四，将警务研究纳入学院实战化教学之中。将警务研究作为服务警务实战的重要手段，同时又将警务研究作为促进实战化教学的重要举措。利用寒暑假统一安排训练班学员到江苏省各个公安机关指挥中心、研究室、资料室等综合部门开展调研，特色是结合研究中心正在开展的课题研究，开展与警务实战相关的专题调研，培养学员调查研究的素养。

第五，积极扩展学员的学术视野。通过组织学院参加现代警务研究中心举办的警务发展论坛、专题研讨会等相关学术活动，使学员熟悉相关领域的前沿发展、扩展学术视野、积累学术资源。

5.3 当前公安院校人才培养与改革中问题不足的归纳述评

虽然公安院校人才培养具备行业优势，在职业特色、专业设置、课程开发、实践教学等各个方面形成了特色鲜明的人才培养体系。但综上分析，从提升警察胜任力视角出发，无论公安院校当前人才培养实践还是卓越警务人才培养改革，与高水平大学和国外同类高校相比仍然存在一定的问题与不足。通过前两节实践研究与比较分析，对照第4章“基于胜任力理论卓越警务人才培养的主要特征”，公安院校人才培养实践中的问题与不足可以归纳如下：

5.3.1 在人才培养顶层设计方面的问题

问题表述：在人才培养体制上的问题主要表现为各层次公安院校办学定位有待进一步明确，人才培养任务与范围需要进一步界定。

以卓越工程师、卓越法律人才培养为例，国家启动该计划有着明确的办学条件、办学水平的要求，并给予经费资助。国家会同行业部门制定相应的考核指标，明确培养的层次、范围和标准要求，这就使得该类人才培养计划有着较为清晰的层次结构。而卓越警务人才培养仍然处于借鉴模仿阶段，外部又缺乏有利的政策环境，导致其人才培养的层次范围较为混乱。也就是说，“卓越警务人才”在内涵标准方面缺乏统一“质”的规定，培养层次方面也缺乏“量”的尺度。首先，“卓越警务人才”培养是何种学历层次的教育，专科、本科、研究生各类层次如何与之对接，对接之后如何体现“量”的差别。其次，“卓越警务人才”培养是何种实践范围，是作为一种理念针对全体学生，还是实施精英化教育，以小班试点的形式存在。在实践中，这两类情况均存在。最后，同属于本科层次的卓越警务人才试点，其着力点和培养重心却大相径庭。例如，同样是本科层次的试点改革，C学院强调本科生的警务研究能力，而B学院强调与实践对接，强调学生警务实战能力，两校人才培养实践同样存在层次和范围的混乱。

如前所述，院校结构能够对毕业生从警胜任力产生不同影响。从公安高等教育体系来看，公安院校结构和人才培养任务与范围需要更加鲜明的顶层设计。一方面，本科毕业生是当前入警来源的主体，但公安院校本科毕业生与专科生、研究生能力素质要求的区分仍不清晰，培养过程、课程设置区分度亦显不足，未能贯通本硕博各层次的知识体系和能力结构。另一方面，与学历层次关联的是院校结构，部属公安院校和省属公安院校人才培养过程区分度不高。主要表现为：一是很多院校按照龙头院校的办学模式竞相模仿和移植，如自2009年国家批准设立“网络安全与执法”专业以来，截至目前，几乎所有的公安本科院校均申请开办了该专业。该专业市场需求量较大，但其为工科专业，开办需要一定的技术力量和实验设备，很多院校为此紧缩原有优势或发展中的专业，导致失去原有特色。二是竞相“升本”。公安队伍是一个层次结构分明的组织，需要各层次、各类型的人才。每个层次、每类院校人才培养均有相应的“胜任”和“卓越”标准。从长远来看，竞相“升本”在一定程度上也会影响公安队伍层次结构的完整性。三是各类型院校人才培养特色与优势不明显，如部属公安院校与其他院校的学生知识能力素质构成的定位不明确、主要培养环节和课程设置区分度不大、毕业生胜任的目标岗位易混同等，在一定程度上体现了公安高等教育结构性设计、体系化构建水平需要进一步提高。

5.3.2 在人才培养总体架构方面的问题

问题表述：公安院校人才培养总体架构规律性与特色性、统一性与多样性相结合的思路有待进一步明确。

按照前文论述，公安院校人才培养本质上是公安领域的专业教育。但是，部分公安院校对此认识不清晰，在理论上是适应警务工作岗位需要，还是面向整个行业领域，抑或是服务人的发展需求，还未能充分厘清其定位；而在实践中，对公安职业技能教育、通识教育、专业教育三者的关系还未能做有效区分或进行有机架构。公安高等教育有其规律性和统一性，而不同地域、不同层次的公安院校又有其特色性、多样性。不能科学把握这种辩证统一关系，也就难以针对不同领域、不同层次的人才需求，科学、灵活和有针对性地设计人才培养方案及其各个环节。

首先，公安院校人才培养目标缺乏评价标准和相关理论支撑。从前文论述来看，公安院校人才培养及其改革实践的目标很多指向“卓越警务人才”或者是高素质公安应用型人才，并在人才培养方案中从知识、能力和素质三个方面进行内涵界定。从理论上看，当前公安院校人才培养目标定位基本按照学科逻辑和警务工作需求逻辑来构建，并在两种逻辑间调整或徘徊。因此，可能会出现一段时间偏重某一逻辑，而另一段时间因内外部原因又强调另一逻辑。例如，前文某部属院校案例研究中，其卓越警务人才培养目标要按照“厚基础、宽口径”要求，增强学生的适应能力，提高学生综合素质；同时也要突出职业特色，强调实战能力的培养。按照这一路径设计，该校人才培养方案始终在这两种逻辑中进行调整。所以，虽然提出了卓越警务人才的概念，实质上目前只停留在“概念”层面，还没有形成诸如“卓越工程师通用标准”的评价体系。要落实卓越警务人才培养计划并主导改革实践，仍然需要一个可操作的理论体系或标准评价体系，并使之具体化、实践化。

其次，公安学科专业设置与建设存在专业设置的宽与窄、学科导向和工作导向、基础与特色等诸多争论。就专业设置而言，很多公安院校追求大而全，开办新专业、新方向，而客观上学科专业建设的条件和逻辑尚不足。因此，部分被调查者给出“专业建设水平一般般”的评价。另外，现有专业大部分为公安专业，一些基础类的专业因为学生就业政策原因而被取消，客观上也削弱了公安院校人才培养的学科理论基础。

最后，课程设置的规定过于刚性，各课程模块缺乏柔性的衔接点。《公安学（公安技术）专业类本科教学质量国家标准》的颁布虽然规范了公安院校人才培养过程。但是，这种指导性意见对于不同层次的院校、不同专业的课程结构考虑甚少，甚至要求所有专业按照统一的课程模块与比例设置。特别是不同的专业对应不同的警务工作岗位，针对其胜任力各维度不同诉求，课程设置仍千篇一律。因而在实践中呈现出课程总量高、课程比例不合理、课程设置相对散碎、缺乏课程间的内在逻辑关联等多种难题。

5.3.3 在教学过程中价值引领方面的问题

问题表述：人才培养各个环节主要呈现于外显价值，而教学过程中的价值引领、思想内涵教育呈现度、达成度有待进一步开发。

人才培养主要环节包括前文所述的课程及其课堂教学、教师、第二课堂活动、警务化管理等，不同的教学环节有着不同的作用。目前，公安院校在思想政治教育、学生管理乃至第二课堂活动方面都有着自身的品牌与特色，尤其是突出了职业性、行业性的要求。但从更高层次的胜任力提升角度看，目前的这些环节主要呈现于知识传授的外显价值，其思想价值、育人内涵挖掘仍有不足。

首先，人才培养主要环节是思想价值挖掘与开发的标准问题。每个环节其实施的思想内涵包含层次、内容、标准等，是实施思想教育的前提。但是，在课程环节往往强调的是知识价值，如学生在"考试考查"中的得分、学生论文的发表等，但是对于其内在价值没有规范与标准，更没有相应的考核机制；在第二课堂活动层面缺乏整体性的设计，对其学生能力的发展、拓展素质迁移、思想意识养成缺乏深层考量，这也是导致学生反映其单调乏味的一个原因。而警务化管理强调纪律性、统一性和令行禁止，对于思想政治教育、职业意识养成的育人功能仍不在显见层面。

其次，人才培养过程的部分环节虽然罗列在培养方案之中，但具体实施过程无配套或落实的制度和体系，也缺乏检验标准和激励机制。因为单向的知识传授、技能的实务训练、教师的教学活动、纪律的刚性约束往往是被动的、阶段性的，提升胜任力中的内隐素质需要更加持久、潜移默化的影响和养成过程。很多公安院校注重第二课堂、思想政治教育隐性课程等环节的重要作用，但是没有从体制机制上系统设计学生基本素质的养成过程。例如，教师发挥其影响力，如何从制度上进行保障，如何激励教师积极参与师生互动，保证教师影响力持续发挥；第二课堂活动，学生参与及其参与效果如何考评，教师组织或参与如何激励，其体制机制仍未见完整体系。

最后，各个人才培养环节的教学组织与创新能力的问题。无论是第二课堂活动、思想政治教育还是课堂教学组织、教法创新等，与其他高水平高校相比，公安院校的理念相对陈旧，视野相对狭窄，通常拘泥于行业办学领域，在办学活力、创新能力方面还明显不够。

5.3.4　在实践教学作用发挥方面的问题

问题表述：实践教学在公安专业教育体系中作用与影响力发挥仍显不足。

如前所述，因为行业办学特征，有着相对丰富的实战单位资源，公安院校实践教学有着独特的优势与特色，公安院校为此也投入了大量的物力和人力，普通高校在这方面是无法比拟的。从前文实证调查来看，公安实习在拓展素质、成就动机塑造上有着明显的作用，但是对专业能力提升作用不大。就学生关于警务实习相关安排的反馈来看，正向评价的有 90%，但认为对专业能力发展有促进作用的只占 35%。这就促使在卓越警务人才培养过程中对实验、实训、实习等实践教学环节的制度安排、内容设计等方面进行重构与反思。

首先，对实践教学在公安专业教育体系中地位与作用的反思。按照专业教育相关理论，专业教育中的实践教学非知识传授，也非操作技能的训练，而是构建理论到实践的过程，是运用专业知识，发挥专业能力解决实际问题的过程，这个过程是集知识的检验、能力的发展、技能的训练和思想层面提升为一体的。偏重于某一方面，这种实践教学均未达到理想的效果。可见，对专业能力提升缺乏影响力就是归因于实践教学缺乏深层次的、系统的设计。

其次，对实践教学整体架构的反思。从前文问卷调查看，学生对校内实训、校外实践普遍存在不连贯、不衔接的情况，即有的学生认为校内实训环节内容不充实、不完整，也有的对校外实习制度安排提出意见。从大的环节来看，这种现象本质上反映的是学生对实践教学体系与整体架构不了解、未掌握，或者是实践教学体系本身就呈现一定的层次衔接的缺位，从而导致基本技能训练、验证性训练、理论运用训练和实战综合训练在逻辑上未形成完整体系。

最后，对实践教学的制度安排等进行反思。充分发挥实践教学的作用，制度安排是重要环节。结合前文分析，当前的实践教学在校内外实践实训、理论与实践的有效衔接、实验实训的顺序安排、实习单位和专业岗位选择、实习中专业内容要点与考核等实践教学制度方面还存在一定欠缺。例如，前文提到的某部属公安院校专业实习的政策一直处于变动调整之中的问题，就是因为其实践教学的制度安排缺乏一定的理论支撑，缺乏科学设计，变动幅度较大导致其人才培养实践中实践教学环节及其效果呈现出了波动性、不稳定性。

5.3.5 在公安教育政策保障方面的问题

问题表述：政策层面对于公安院校卓越警务人才培养支持保障力度还不够。

在前文的实践研究中，公安教育政策未集中论述，但在对公安院校人才培养招录体制改革、卓越警务人才培养计划的政策支持以及上级部门对公安院校人才培养过程的指导指令等方面的论述直接或间接阐述了政策对人才培养工作的深远影响。其一，从实践分析来看，现有公安教育政策贯彻党的教育方针，将公安教育置于公安事业发展的基础性、先导性、战略性的地位，这为公安教育的长远发展奠定了良好的政策环境。但就政策实施过程来看，国家对于公安教育的支持保障力度仍需加强，特别是在普通高校启动“卓越计划”的大背景下，公安院校仍然存在财政经费单一、特殊人才（师资）选拔路径不宽、校局合作交流政策扶持力度不够等问题。其二，公安院校作为行业性高校，其办学过程易受行政指令影响。行政指令往往从警务实战需求出发，对公安院校人才培养提出要求，能够使得学校教学贴近实战，融入实战，但也与公安院校人才培养的逻辑性、计划性存在一定程度上的不协调。因此，如何融合两者需求，真正发挥公安政策的导向作用，需要从体制机制上进一步完善和发展。

第6章 公安院校卓越警务人才培养应对策略与改革建议研究

美国著名高等教育学家赫钦斯曾断言："在一项明白易懂的普通教育计划之下，学生……将能够辨别和思考学习内容，能运用语言和推理，对人以及人与人之间的关系有一些理解，拥有一定程度的智慧。"① 卓越警务人才培养是一项系统工程，需要从理论到实践的系统设计。根据警察胜任力模型特征和影响因素比较分析结果，针对当前公安院校人才培养过程中的问题与不足，本章从顶层设计、课程与专业架构、教学过程、实践教学以及政策保障五个视角就公安院校本科层次卓越警务人才培养策略展开讨论。

6.1 完善卓越警务人才培养的目标定位和宏观层次结构

卓越警务人才培养具有多样性、层次性，各级各类高等学校都可以培养出胜任相应警务工作岗位的卓越人才。当前，35所公安院校的发展历史不同、层次不同、地域不同、办学定位不同，其人才培养定位亦有区别。结合胜任力培养的需求，明确公安院校人才培养目标基本构成，明确其人才培养任务与范围是卓越警务人才培养的前提条件。

6.1.1 基于胜任力提升架构人才培养目标

人才培养目标是"对人才培养结果的质的规定性，它受到办学理念、社会人才观以及学生基础条件等因素的共同影响，在人才培养实践中具有决定性

① ［美］罗伯特·M. 赫钦斯. 美国高等教育［M］. 王利兵译. 杭州：浙江教育出版社，2005：53.

作用”①。无论大学职能如何演变、分化，人才培养始终是第一位的、首要的职能。即使在19世纪洪堡创建柏林大学、科学研究职能风行之时，纽曼仍然警告说：“如果大学的目的是科学和哲学发现，我不明白为什么大学应该拥有学生。”② 公安院校是国民教育体系的一部分，属于大学大家族中的一员，也是学警、预备警官的集散之地。概言之，为公安机关培养和输送合格警务人才是公安院校人才培养的最终目的，但是合格警务人才并没有衡量标准和价值判断依据，在实践中被冠以应用型、复合型人才等多种称谓。卓越警务人才培养移植于国家“卓越计划”，在国家层面并没有相关的支撑计划，其内涵、标准以及实施路径等亦无明确阐释，其在相关公安院校产生并实施，是“对提升人才培养质量、增强办学实力的良好愿景”③。

卓越警务人才培养必须对卓越警务人才进行科学界定和定位，并构建可操作、可实现的层次结构。从前文理论分析可知，胜任力意味着产生杰出或高绩效的工作；而卓越警务人才是一种“超越”自我的人才，在行业背景、人格个性、实践能力以及培养过程等多面向指向产生高绩效工作的素质能力，即其核心的胜任力。在实证研究阶段，产生卓越绩效的，不断在晋升、立功受奖方面取得成就的在职民警，在胜任力总评及其各维度上与其他不同层次的民警有着显著差异，高绩效的、成就卓越的民警显然更具有胜任工作岗位的核心能力。这就是说从理论与实证两个角度来看，纵使卓越警务人才内涵丰富、外延广泛，其最基本、最核心的能力素质构成就是警察的胜任力。

按照警察胜任力模型各维度及其解释量的大小，成就动机、拓展素质、政治品质、职业素养以及专业能力是卓越警务人才培养的基本组成部分。因此，结合人才培养实践过程，卓越警务人才培养目标定位可以概括为以下几个方面：

1. 政治性和专业性的统一

政治性和专业性的统一是卓越警务人才培养的总体要求，也就是所谓的“又红又专”。作为公安行业的专门人才，“又红又专”是胜任工作岗位、体现职业特质的最本质的体现。首先，卓越警务人才的“红色”底蕴有着符合当

---

① 林玲．高等院校“人才培养模式”研究述论［J］．四川师范大学学报（社会科学版），2008（7）．

② ［美］纽曼．大学的理想［M］．徐辉译．杭州：浙江教育出版社，2001：152．

③ 蔡炎斌，蔡拔平．基于卓越警务人才培养的公安院校师资队伍建设的思考［J］．江西警察学院学报，2014（3）．

前中国特色社会主义的主流价值观。大学生大都介于 18-22 岁，是世界观、人生观和价值观形成的黄金时期，塑造过硬的政治品质是公安院校卓越警务人才培养的重要任务。这种政治品质主要是具有坚定的理想信念，有保卫人民民主专政政权的意志与决心，即所谓的忠诚性。习近平总书记对人民警察提出“十六字、四句话”总要求，其中首要的就是“对党忠诚”。这就要求学生对新时代中国特色社会主义理论有着较深刻的把握和理解，能够自觉信仰理论、运用理论和坚定理念。只有符合这一前提，卓越警务人才培养才会有正确的政治方向。这是世界各国通行的警务人才培养法则。比如，美国很多警察院校或培训机构标榜“价值中立”，但是在实践中，这种“中立”将被另一种所谓的“政治正确”所代替，要求警察在执勤执法过程中信守“美国利益至上”的原则。

政治性的第二个方面就是警察意识的培养，即职业身份的认同，包括从警意愿、职责担当、奉献精神等，这种认同感不是与生俱来的，而是通过一系列社会实践将警察职业的相关信息内化到个体之中。从警察职业的初步接触，到警察职责使命、权力与义务教育，再到身体力行，是一个接触、学习、内化与自觉的过程。公安院校从学生入校开始，就要牢固树立学生预备警官的身份意识，从理论上讲授警察在党和国家政治生活中的重要地位，到参与警察实务的实习见习工作；从打击和预防犯罪活动使命担当，到日常专业知识和技能训练，都需要营造一个身份认同的警营文化氛围。

专业性是与政治性相对的概念。从范围上看，卓越警务人才专业性包括行业性、职业性和专业性；从层次上看，包括专业知识、专业能力和警务技能。首先，卓越警务人才要立足于公安行业，从事警察职业，胜任专业性岗位，所应具备的知识能力素质是专业知识、专业能力和警务技能的综合运用。与传统人才培养目标相比，首先，卓越警务人才适应面更广，掌握公安行业领域通用知识，具备从事公安机关一般岗位的基本素质。其次，卓越警务人才要具有专业实践性，要具有在专业领域运用理论知识解决实际问题的能力。最后，卓越警务人才是动态的、不断超越的，具有自我超越、自我发展的能力储备。

2. 健全人格与大学生基本素质的统一

健全人格是现代人的教育，大学生基本素质是大学生的身份教育。公安院校大学生在本质上首先是现代人的教育、大学生的教育。胜任力理论将健全人格纳入其中，人格塑造是卓越警务人才培养应然之义。健全的人格是个体的性格要素，如行为习惯、道德情操、意志力、荣誉感、责任感和勇敢品质等的稳定和谐发展。健全人格是人全面发展的基本要求，也是卓越警务人才的职业要求，是公安院校毕业生从警成就成才的精神动力，它“不仅符合公安民警在职业生涯前期、中期、后期的认知规律，也符合职业生涯中职业发展和岗位晋升的规律。”① 健全的人格是先天由来，更是后天的长期塑造和养成。警务技能、专业能力通过一定程度培训和训练，短时间内可能有较大程度的提升，但是行为习惯、品格品质，特别是能够适应警务工作的个性特征，其获得需要经过较长一段时间的教育过程。布鲁尔等人认为，优良的人格特征是现代警察培训的一个核心组成部分，树立警察良好的职业品质要比单纯的使用武器警械技能有用有效，但需要更为漫长的训练时间。② 因此，“人格个性是公安院校培养目标之一，而个性养成是其实现的主要途径之一，它在公安院校的教育管理活动中占有重要的位置”③。

大学生基本素养是作为现代大学生参与社会生活、从事相关职业所应知应会的知识和能力。公安院校大学生作为高素质人才，要有宽广的视野、丰富的文史哲知识储备、不断追求卓越的学习能力，而作为预备警官和卓越警务人才，要更加突出缜密思维、灵活应变和临机决断，能够在面临现实问题时作出正确价值选择并予以解决。这种知识能力既是专业性的，更是普适性的，是高素质、优秀大学生的本质特征。也就是说，从知识运用来看，大学生基本素质是外显的，如外在气质、言语谈吐和文字写作等。而从知识内涵来看，理论思维、决断能力等是内在的，通常在解决现实问题中得以展现，而这种能力的形成亦不是一蹴而就的，需要对各个教学环节的综合运用和在学习生活中养成，这也是大学教育的应有之义。健全的人格可以浓缩为“德”，大学生基本素质亦可界定为“才”，德才兼备仍然是卓越警务人才培养目标的核心内容。

3. 理论知识运用于警务实践过程的统一

卓越警务人才是公安专门人才，更是掌握公安专门理论知识并将之运用于警务工作实践、解决实践问题的专业人才，是从理论到实践的统一，本质上是“专业教育”。从前述关于“专业教育”的理论基础的阐释来看，专业教育有profession 和 specialty、major 的分野，前者是社会分工、社会需求分化的结果，后者专注知识和理论的构建；“前者是指培养律师、法官、医生、药剂师、中

---

① 李政庭. 警察的职业荣誉感培育研究［D］. 北京：中国人民公安大学，2014：17.

② N. Brewer，C. Wilson. Psychology and Policing［M］. Hillsdale NJ：Lawrence Erlbaum Associates，1995. 9.

③ 赵逢灿. 论公安院校的养成教育［J］. 中国人民公安大学学报，1991（1）.

学教师等从事具体工作的专业工作者，后者则是指培养法学家、生理学家、生化学家、文学家等从事纯科学的研究者”[①]。为了区别这两类不同的教育，“必须把科学从专业中区分开，科学的特点在于解决疑难问题，而专业是为了应用解决问题的方法”。[②] 这就是说公安院校中虽然以专业或学科分成了不同教育单元，但从总体类型上看，它们是专业的教育，即 Profession Education，架设了理论到实践的桥梁，培养警务工作中的各类专业人才应用科学的理论和方法解决实际问题的能力。

需要说明的是，这个意义上的专业教育不像职业教育那样“只是注重某个职业所需的特殊技能。与此相反，大学的科学课程则抱着只是一体化的想法，希望深入知识的根源，以使每一个个别的职业在整体的科学之中找到它的根”。[③] 以公安院校警务射击课为例，从职业技能角度看，该课程需要解决的是“打得准”的问题，而从专业教育角度来看，重点解决的是“打得正确”的问题。也就是说，需要综合运用警察职业相关理论和法律理论，解决合法、合理、适度运用警械的实践难题。所以说以警察胜任力为核心的卓越警务人才培养是塑造胜任力从内隐到外显五个维度的过程，也是塑造运用理论知识解决实际问题能力的过程，在实然与应然层面回归和契合了其专业教育的本质。卓越警务人才培养据此需要把握专业教育的本质规律，特别是要从理论课程与实践教学、通识素养与专业素质、知识传授与能力发展、学习创新与实际运用等多个环节，整合胜任力各个维度，促进理论到实践的过程，构建其人才培养体系。

6.1.2 进一步优化公安院校人才培养任务与范围的顶层设计

如前所述，有学者将世界警务人才培养模式划分为英美模式、原东欧模式、东方综合模式、原殖民地模式以及中国模式。[④] 总体来看，主要有学历教

---

① ［美］奥尔特加·加塞特. 大学的使命［M］. 徐小洲，陈军等译. 杭州：浙江教育出版社，2001：51.

② ［美］奥尔特加·加塞特. 大学的使命［M］. 徐小洲，陈军等译. 杭州：浙江教育出版社，2001：51.

③ ［美］雅斯贝尔斯. 什么是教育［M］. 邹进译. 上海：生活·读书·新知三联书店，1991：50.

④ 王大伟. 中国公安教育的特色与定位——从中西比较的角度考察［J］. 中国人民公安大学学报，2003（2）.

育模式和培训模式。西方国家大部分采取职业培训模式。警察职业培训模式是指警察院校只承担已录入的新警和在职警察培训任务，学历教育是在普通大学取得的。例如，英国的警察教育培训系统不承担学历教育，主要开展上岗培训、岗位培训、晋升培训三类。① 我国设置专门的公安院校，采用学历教育和在职民警培训相结合的方式培养警务专门人才。本科阶段四年一贯制的学历教育，既有理论知识学习，又有能力培养；既有价值塑造，又有专业引领。公安院校又承担民警在职培训，是民警提升理论水平和各类专业技能的有效途径。从警察胜任力模型实践的角度看，公安院校是我国现阶段卓越警务人才培养的主体，公安院校的发展定位在很大程度上影响着卓越警务人才的层次结构。

根据前述的实证研究结果，本书可以认为大学毕业生从警胜任力相对于通过其他渠道从警的（主要是军转干部入警渠道）有显见的优势。大学毕业生是警察招录的主要渠道，高等院校尤其是公安院校是卓越警务人才培养的主体。从宏观层面来看，要将卓越警务人才培养作为一个有机体系，不同层次类型的高校应该进一步明确定位，厘清承担的使命与责任，发挥优势特色，综合处理好通识、专业、行业、职业教育彼此之间的关系，明确自身卓越警务人才培养的特定内涵，培养胜任特定层次和相应岗位的公安专门人才。

就本书的分析视角来看，作为国家层次的部属公安院校，有着公安院校中一流的生源（招生录取分数线为高考成绩一本线），其毕业生有着强烈的警察职业动机、优良的拓展素质和政治品质，理应是公安工作的战略储备人才。因此，部属公安院校卓越警务人才培养是面向全国公安机关，为国家公安工作战略服务。根据部属公安院校服务面向和人才培养优势，其卓越警务人才培养方向，一是公安行业领域的专业理论人才，即依托国家“双一流”建设，充分利用优势学科资源，夯实学生理论基础，激发学生探索创新精神，能够在公安工作中始终做到了解前沿、追寻前沿和探索前沿，成为“拔尖创新型人才”②。二是复合型、高素质公安应用型人才。树立学生强烈的警察意识和职业认同感，培养其掌握某一警种的专业核心能力和相关专业能力，能够将专业理论运用于实践，胜任在公安机关和其他政法机关从事相关工作以及在相关领域从事教学、科研工作的应用型高级专门人才。三是特殊警务人才。作为战略储备人

---

① 崔海龙，刘敏．英国警察教育对我国应用型公安院校建设的启示［J］．公安教育，2018（1）．

② 李冬梅．高等教育综合改革下公安大学本科人才培养定位研究［J］．中国人民公安大学学报（自然科学版），2016（2）．

才培养基地，着眼唯一性、战略性的需求，培养边疆维稳、国内安全（政治）保卫、反恐处突等特殊人才；结合新技术、新领域的发展，培养低空防御、警务外交、网络空间执法与保卫等新兴领域特殊人才。

省属公安本科院校培养的本科生，就警察胜任力维度分析，其忠诚度、政治品质优势明显，其成就动机、拓展素质、专业能力均居于适中水平，能够满足当前公安工作主体警力的需求，是公安机关人民警察招录的中坚力量。在长期的办学过程中，省属公安本科院校为党和国家培养了大批忠诚可靠的人民卫士，在当前 200 万民警队伍中，有一半以上民警由省属公安院校培养。就公安院校层次结构来看，省属公安本科院校要“结合当地经济社会发展和人才培养需求优化及调整学科专业结构，突出适应公安工作需要，逐步形成结构合理、特色鲜明、优势突出的学科专业体系”，① 培养胜任地方公安工作需要和优势领域的卓越警务人才。省属公安本科院校卓越警务人才培养的方向，一是面向区域经济社会发展需要的公安应用型人才。经济发达省份与欠发达地区、边疆地区与内地、旅游热点地区与非热点地区，其警务人才需求均有所区别。二是突出传统优势专业人才培养，如有院校设置的禁毒学专业，也有院校设置的刑事科学技术专业，均具有相对的领先水平，这些都是培养卓越警务人才的重点平台。需要指出的是，省属公安本科院校在推进卓越警务人才培养改革过程中应避免两个误区，一是避免竞相追逐高学历、高科研能力。高学历并不是其毕业生从警胜任力的必要条件，不同层次的学历教育均能培养出相应的卓越警务人才。二是避免以“实验班”形式代替卓越警务人才培养改革，卓越警务人才培养是一种理念、一种追求，是公安院校人才培养的总体要求，而不能仅仅限定在某个小范围的实验班之中。

公安高职院校的人才培养在警察胜任力维度分析中未呈现明显优势。但是在职业素养、专业能力维度上，与其他类型的高校亦未呈现明显差异。也就是说，公安高职院校专科层次的人才培养，在学生职业素养、专业能力方面并不明显逊于其他高校学生，甚至因为其独特的教学体系，在某些方面，如一线执法能力、特种执法能力（如弱光环境执法）、警务技战术、特种驾驶等方面具有某些独特优势。因此，公安高职院校卓越警务人才培养方向主要是培养执法一线实战和实操人才，有着优良的职业精神、身体素质和警务技能，能够在公安实战岗位发挥优势与特长。在公安高职院校人才培养过程中，应该更加注重

① 孙学华. 省属本科警察院校内涵建设思考［J］. 云南警官学院学报，2014（6）.

实验实训环节，积极构建优良的软硬件教学训练设施和平台，注重少而精，简而明，切勿追求大而全，盲目升本升格而失去本身特色与优势。

6.2 以专业和课程为核心，构建具有广泛适应性的人才培养框架

针对不同公安专业、不同警务工作岗位，其人才培养的总体架构亦有区别，但规律性与特色性、统一性与多样性相互结合是必然选择。专业和课程是人才培养的核心要素。应打破现有部分院校学科专业设置单一且数量多、课程结构约束性强等困境，重构专业和课程体系，构建具有较强适应性、发展韧性的人才培养架构。

6.2.1 兼顾“基础与特色”专业结构，实施“大类招生”机制

从前述实证分析来看，不同专业对专业能力的影响呈现显著差异，但是公安院校的公安文科专业、公安工科专业培养的毕业生的专业能力与普通高校的普通专业相比并不具备显著优势，尤其是公安文科专业（主要是指侦查学等公安学类专业），其毕业生专业能力并不突出。公安类专业是很多公安院校主要的或者唯一的专业，且为适应公安工作需要设置了“多而专”的公安专业，但公安院校毕业生并不因此而具有绝对优势的专业能力。这有多方面原因，但也与公安院校学科专业单一、学生基础能力不足有一定关系。因为根据前述分析，公安院校毕业生与普通高校特别是“双一流”高校（或先前的985或211院校）相比，在拓展素质尤其是自身综合素质上有所欠缺。这就反映出当前公安院校学科专业存在一定问题。

“知识是大学中人们赖以开展工作的基本材料，教学与研究是操作这种材料的基本活动，而这些任务分成许多相互紧密联系但却独立自主的专业”①，这是关于高校中“专业”的一种经典定义。从定义可知，高校中各专业虽然有着明确的内涵与外延，但彼此又是相互联系、相互支撑的。具备单一优势学科专业是公安院校的一大特色，但也是其先天不足的问题。按照学科专业相互支撑理论，就公安院校来说，首先必须深入研究学科体系结构，找准专业理论

---

① ［美］伯顿·R. 克拉克. 高等教育组织系统——学术组织的跨国研究［M］. 王承绪等译. 杭州：杭州大学出版社，1994：25.

基础或相关拓展专业领域，适度发展基础学科。虽然因特定的性质与任务，公安院校不可能如综合院校大规模地设立基础学科专业，但所依托的学科专业基础不能荒废，在各专业内部要有相关基础课程或支撑学科的人才储备。因为“基础学科是大学开展人才培养和科学研究的基石，是应用学科开发的前提和后盾，也是催生高科技成果和创造‘传世之作’的本源”①。因此，公安院校一定要有基础学科专业的积累。当然，受公安院校毕业生入警就业政策限制，基础学科专业不一定招生。必须依托相关机构，有一定的基础学科专业人才储备，如成立基础部、人文社科部，承担公共课程的教学任务；也可以成立相关的研究机构，如法学研究、信息安全研究领域等机构，为厚植人才培养的学科专业基础提供智力支持。

其次，“公安专业建设发展重在质量，而非数量”②。从胡娟教授等学者比较分析的结果来看，哥伦比亚大学、宾州大学等传统大学优势学科明显，基本覆盖美国学科所有领域，但在全球顶尖学科方面数量为 0；而麻省理工学院规模较小，学科专业覆盖面也小，但世界顶尖学科却达到了 11 个。③ 因此，当前我国高等院校专业建设总体原则就是动态调整专业结构，“做好存量升级、增量优化、余量消减”。④ 在我国高等学校专业目录中（2023 年版），公安学、公安技术一级学科下的专业数量、专业覆盖面是位居前列的。然而，“大而全”的公安学科专业结构势必分散学科专业建设重心，导致公安院校在学科专业建设上平均用力，客观上削弱了优化“特色”与“基础”学科专业结构的能力。因此，每一所公安院校均需要对现有的专业结构进行充分优化和整合，按照基础专业、优势特色专业、新兴重点发展专业等层次结构，分批次、有重点地建设和发展。基础专业除了不招生的通用型学科专业以外，主要是目前大多数公安院校都设立的传统专业，如侦查学、治安学专业等；优势特色专业是某一公安院校适应区域社会经济的发展而逐渐形成优势的专业，如某些院

---

① 沈健，胡娟．高水平大学优势学科布局与选择的量化分析——基于中美两国 29 所世界一流高校的数据［J］．中国高教研究，2013（9）．

② 谭胜．公安一级学科体系下公安专业内涵建设的思考［J］．公安教育，2012（6）．

③ 沈健，胡娟．高水平大学优势学科布局与选择的量化分析——基于中美两国 29 所世界一流高校的数据［J］．中国高教研究，2013（9）．

④ 教育部关于加快建设高水平本科教育全面提高人才培养能力的意见，教育部网站：http://www.moe.gov.cn/srcsite/A08/s7056/201810/t20181017_351887.html? eqid = d82d990e0006f75d00000006642c674d,2018-10-18.

校的禁毒学专业（方向）、刑侦专业等。新兴重点发展专业是适应警务工作新需求，在一段时间内予以重点发展的，但此类专业数量应该严格控制，切勿简单移植模仿，以免影响资源支出的收益率。当然，在机制上更应该设有专业预警与淘汰机制，明显落后现实需求的专业，应及时调整、转型，以保证优势专业的领先地位。

最后，探索实施“大类招生”体制。当前招录培养体制改革中，学生就业面向基层派出所，专业要求界限并不明确，这一方面验证了前述“卓越警务人才是专业能力界限模糊的公安通用人才”的理念定位；另一方面也迫切需要公安院校人才培养从源头上做好顶层设计，探索和尝试“大类招生”的人才培养机制。“大类招生”就是在公安学、公安技术一级学科的框架下，实行按照学科分类招生的方式；在具体举措上，选拔高考成绩优秀的生源，在公安院校前两年学习不分专业，主修公安学、公安技术的平台课程，后两年根据学生兴趣和专长，选择相应的专业方向。这种招生和人才培养方式可以打通各专业的知识壁垒和能力界限，夯实学生专业基础，拓展学生专业能力。在具体的专业设置上，更加灵活多样，既保证了专业及其方向一定的量，也更能从学生胜任力提升、拓展学生基本素质等方面为卓越警务人才培养奠定基础。

6.2.2 建设以能力提升为重点的课程体系

课程是为实现人才培养目标而选择的教学内容及其组织形式，包括教学计划、教学大纲、教材以及所规定的全部教学要求的总和①，它是学生知识能力拓展的重要载体，是卓越警务人才培养的重要环节。课程对于毕业生从警胜任力提升在很多维度上都具有显著相关作用。由此，课程不是单纯的知识传授，而是胜任力提升的载体和途径，能力提升是课程建设的核心指征。

1. 完善底层厚重、层次分明、结构多样的课程结构

如前所述，当前公安院校课程体系的理念虽然兼顾了理论与实践两方面的内容，但总体层次结构仍不明确，重心游离，且缺乏一定的柔韧性。卓越警务人才培养首先要把握胜任力的层次维度，搭建层次分明的课程体系。就警察胜任力五维结构来看，既要有以拓展素质为重心的大学通识课程，又要有以职业素养为核心的公安行业基础课程；既要有以政治品质塑造为重心的政治理论课程，又要有品行锻炼的实践课程；既要有专业支撑的基础课程，又要有专业核

---

① 胡璋剑. 应用型人才培养新论［M］. 北京：中国社会科学出版社，2009：90.

心课程；既要有必修课程，又要有选修课程，从内隐到外显，从基础到核心，构建卓越警务人才培养的“金字塔形”课程体系（见图 6–1）。

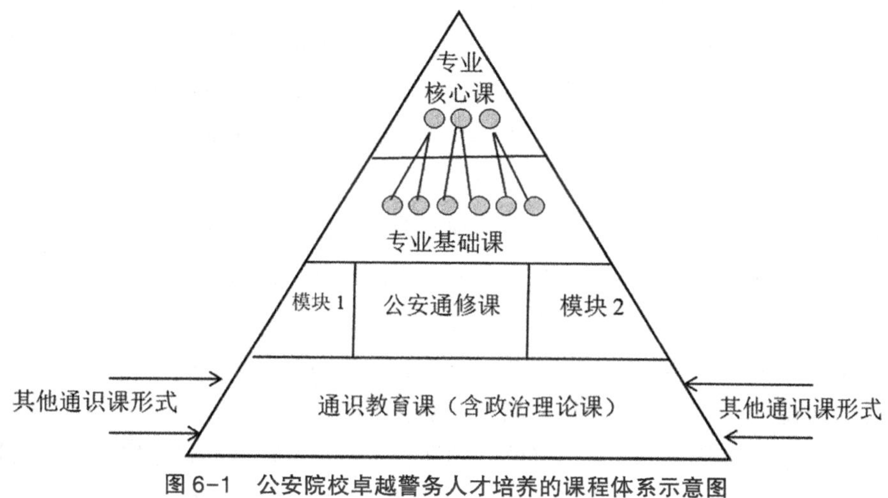

图 6–1　公安院校卓越警务人才培养的课程体系示意图

图 6–1 的课程体系底部夯实，顶端突出，自下而上逐次递进，就目前而言，大多数公安院校采取这一个课程结构体系。但这不是说这种课程结构是千篇一律、放之四海而皆准的，而是要根据不同专业、不同警务岗位需求，在课程安排、课程比例等方面有着多样化的设计和调整。也就是说，这一金字塔形的结构不仅需要在量上体现，更需要在“质”上体现。例如，综合性的专业要更加注重基础课程、通识课程，适当扩大此类课程比例。在课程设置上，通识课程旨在大学生基本素质的培养，既要涵盖文史哲及科学素养等若干课程，又需要纳入政治理论课程，有限的课时必须对必修通识课程进行精心选摘，同时要创新通识课形式，如经典人文著作选读、网络通识课、微课甚至普通大学高水平的开放课程均可以引入课程体系之中，赋予相应学分。

公安通修课程是面向警察职业开设的，是职业养成的基础课程，包括基础法律课程、案件查处类课程、警务技能类课程等，需要根据公安院校的服务面向和地区特征，构建相对统一、稳定、适应本校大部分专业课程的模块。专业基础课程是为专业核心课程服务的，是相关学科专业的支撑课程，应该根据各专业的学科基础进行设置。专业核心课虽然能够对胜任力的“专业能力”维度产生显著影响，但这一影响相对于其他因素是有限的，甚至有学者认为：“我们从现有证据中发现，专业课学习只能对学生的学术水平和认知能力产生微不足道的影响。"① 因此，专业核心课程宜精不宜多，开设高水平的专业核心课程是卓越人才培养的升华与点睛，处于课程体系的顶端。这一层次递进的课程体系是按照学生能力发展规律、胜任力发展主线的逻辑进行架构的。

其中尤为重要的是专业基础课程，它是连接理论与实践、能力与业务的纽带，也是被前述实证研究证明了的关键课程、问题课程。专业基础课程与专业核心课程是对应关系，少数的专业核心课程必须由若干数量的专业基础课程作为支撑，这就是所谓的"专业支撑点"。就其设置来说，专业基础课程重点是将课程纳入学科视野范畴，将本学科领域最基本、最基础的课程作为专业基础课程，为专业发展提供"专业支撑点"。例如，现场执法类的专业，需要法学、犯罪心理学等作为其专业支撑；管理类专业，需要管理学、管理工程、决策学等为其提供支撑；公安技术类专业，从学科属性上来说属于工科门类，其专业基础课程应该是某一工科领域的基础理论性课程，如数学类、计算机原理等课程。通过这种课程设置，专业基础课程必然是遵循着学科逻辑，并将普通学科中的关键课程纳入课程体系，成为支撑专业核心课程的学科专业基础。

2. 构建"大师资、大课程"，避免知识"碎片化"

从前述可知，公安院校学生知识"碎片化"的一个重要原因就是课程总量多，课程小而碎，呈现逻辑上的断层。对现有课程进行融合再造，对问题课程进行取精去粗，构建"大师资、大课程"的课程架构是公安院校人才培养改革的必然路径，也是培养卓越警务人才、提升人才培养质量的有效路径。所谓"大师资、大课程"，主要内涵有以下几点：

第一，逻辑线条的小课程融合生长成"大课程"。小课程的特征是关注公安工作或知识逻辑线条上的节点，对宏观知识面关注不够。例如，很多公安院校设置的"派出所工作""群众工作概论"课程，虽然侧重点不同，但从业务上来说基本是基层民警应知应会，且经常综合运用的知识与技能，因此内容上往往出现重复。从更大范围看，这两门课程与"公安学基础"的某些内容又有雷同。对这些小课程进行充分整合，特别是对于知识点、能力点逻辑线条的梳理尤为重要。按照学科逻辑、业务逻辑甚至警务技能承接转换关系，构建涵盖"小课程"主要内容的大课程，能够串联知识逻辑、能力逻辑，更能从根本上避免课程内容交叉重复和部分院校"因人设课"现象。

---

① Ernest T. Pascarella, Patrick T. Terenzini. How College Affects Students : A Third Decade of Research [J] . Jossey-Bass, 1991: 65-66.

第二，多位教师同上一门课，构建“大师资”。构建“大课程”需要“大师资”，需要整合学科关联、业务交融的师资力量，共同授一门“大课程”。首先，建立真正的集体备课制度。以课程组的形式对“大课程”的教学内容、逻辑结构、教学方法等进行集体研讨、集体备课，在统一教学理念、统一教案、统一教学进度的前提下，按照任务分工，多位教师分时段、有重点地共同讲授一门“大课程”。其次，在部分业务性强的“大师资”中，从公安机关引入实战教官作为课内实验实训的指导老师，增加师资队伍的多样化背景，突出课程教学的理论性与实践性相互衔接。最后，课程组的“传帮带”机制。课程组的教师相对固定，但又具有一定的流动性，特别是年轻教师作为梯队力量不断补充课程组师资队伍。“大师资”间是协作关系，亦是“传帮带”关系，共同推动课程理念、课程革新、教学方法传递与发展。

3. 建设“模块化”选修课，提升选修课教学效果

针对前文论述的公安院校选修课设置与教学相对薄弱的短板，加强选修课是卓越警务人才培养改革的一个重要方面，是增强课程体系整体活力的关键环节。

其一，增加选修课课时与学分总量。因受到行业办学限制或相关统一要求，公安院校选修课课时量、学分总体不高，一般占总学分的15%-20%，①而高水平大学部分专业的选修课达到了30%左右。目前，很多公安院校选修课多集中在通识课和专业课中，其他模块未设置选修课。鉴于选修课在胜任力塑造方面的重要作用，从技术上看，要将选修课程植入各课程模块，扩展学生视野，强化能力发展引领，推动公安院校课程建设从形式价值向实质价值转换。②

其二，构建“模块化”选修课，增强教师对学生的选修指导。所谓“模块化”选修课，就是将某一领域或研究方向的相关课程捆绑选择。在内容上，强调知识的内在关联价值，防止知识断裂；在形式上，增强学生选择的目的性、可选择性。例如，社区警务、犯罪预防与矫正两门课程就可以作为一个选修模块；民族宗教学、恐怖主义概论、国际执法合作等课程亦可捆绑选择。“模块化”课程设定后，为克服学生选修的盲目性，教师需从专业发展、学生

---

① 某公安院校2016本科人才培养方案解读.

② “形式价值与实质价值”两个概念同教育理论中“形式教育、实质教育”概念相对应。形式教育注重教育知识传授功能，而实质教育注重学生能力的培养。

兴趣爱好等角度，为学生选择“模块”进行指导，提出意见和建议，帮助其选择适合、适度、适应的选修课，助力其成长成才。

其三，创新选修制度。选修课的开设不是为了增加人才培养方案内容而做形式上的设置，而是为了上课而开设。要开设高质量的选修课，必须创新选课制度。一是打通各模块选修课，实行学分互认制度，如专业基础课超出的选修课学分可以认定为专业课学分，鼓励学生学习自主性。二是试行选修课竞争机制。同一课程可由多人授课，以学生选课人数、课后评价等多种方式掌握授课质量，保留水平较高的选修课。三是降低选修课开课条件，特别是要增加经费投入，根据不同专业规模保证一定的小班授课制度。

综上分析，结合当前部分公安院校卓越警务人才培养实践，构建以能力提升为重点的“金字塔形”课程体系，一是要注重知识层次性的递进，保持知识的传承转接，打破“碎片化”课程。二是要提升课程开设质量。从前文实证研究来看，能够对学生产生深远影响的课程数量与其毕业生胜任力在一定范围内成正比。要通过建立健全课堂教学质量监控体系、教学教法研讨、师资培训、优质课堂示范等多种方式，提升课堂教学质量。三是重视选修课建设并将其统筹纳入总体课程体系之中，在不同知识层级、不同知识类别中科学设置相应的选修课程，进一步充实课程体系，保证其整体性、完整性和丰富性，真正推动新型课程体系实现学生能力提升的总目标。

6.3 充实教学过程中的价值内涵，构建全过程育人体系

警察胜任力外显价值在于其专业能力，而内隐层面在于其价值观塑造、职业意识的养成。公安教育不仅在于以专业课程为核心的专业教育，更在于在教学各环节突出价值引领和职业养成教育，构建全员、全过程育人体系。

6.3.1 拓展教学过程中的思想与价值内涵

教学过程不仅是知识的载体，更是一种信念、一种价值观的传导过程。教学活动目标定位、内容设计以及教学过程是知识互动与传递过程，也是专业文化构建、职业意识养成和价值塑造的过程。公安院校的各个课程模块、绝大部分教学活动与公安行业、警务工作紧密相联。基于胜任力的卓越警务人才培养必须透过知识传递、能力训练的显性层面，充分挖掘各类课程的思想内涵、价

值导向和职业意识等内隐要素，实现课程育人、隐性育人的效果。

第一，构建专业文化认同。伯顿·R. 克拉克认为“每一个专业都有一种知识传统——即思想范畴——和相应的行为准则，只有坚定并分享本领域有关理论、方法论、技术和问题的信念，才能成为专业人员”①。实施专业教育的卓越警务人才必须构建学生对本专业领域达成共识的行为规范、价值理念的推崇和追随。例如，公安执法类专业要求遵循程序法中的公平公正精神、证据意识；刑事科学技术专业要求同一认定原理等基本理论；现场指挥与控制类专业所崇尚的修德令行、攻守有度的专业理念等。这些价值内涵需要通过课程尤其是专业课程的教学过程施以渗透和影响，打造学生专业素养。

第二，推动职业意识养成。公安院校大部分课程行业色彩浓厚、职业意向明显，是公安院校大学生职业意识养成的一个重要载体。公安通修课程是公安行业各个岗位应知应会的课程集合，也是公安行业价值规则、警察职业行为规范的集中体现。例如，公安群众工作课程的价值导向就是“人民公安为人民”；警务技能课程讲求的是“安全正确有效、适时适度适当”；专业课程的目的是树立专业自信，进而上升到行业自信和职业认同。而大量通识课程从国家、社会等更宏大的视野透视公安行业，从社会价值观中萃取人民警察核心价值观。

第三，引领拓展素质提升。爱因斯坦曾说过，“用专业知识教育人是不够的。要使学生对价值有所理解，他必须获得对美和道德上的善恶鲜明的辨别力”②。对美、道德、事物发展方向等隐性层面的分析力、思维力、辨别力、应变力和创新力是卓越警务人才胜任复杂警务工作的能力基础。课程教学就是这种能力基础或者说是拓展素质的一个系统训练。特别是专业基础课程连接理论知识与公安实践问题的模块，要通过系统设计课程内容，并在教学过程中以专业问题的分析、构建和解决，充分调动学生能力潜能，突出学生的主体价值，最终提升学生综合素质。

第四，融入理想信念教育。教学活动特别是公安专业课程的思想政治教育内涵是深刻的、持久的，这就是所谓的“课程思政”的价值与作用。学生的理想信念、意识形态方向、政治态度不仅仅体现于“两课”之中，而是广泛

---

① ［美］伯顿·R. 克拉克. 高等教育组织系统——学术组织的跨国研究［M］. 王承绪等译. 杭州：杭州大学出版社，1994：87.

② ［美］爱因斯坦. 培养独立思考的教育［A］. 许良英，刘明. 爱因斯坦文录［C］. 杭州：浙江文艺出版社，2004.

蕴藏在各类课程之中，特别是一些专业课程，将政治信念、党的意志和主张融入其中，通过对专业知识的理解、思想的碰撞，勾画学生的政治视野，明确学生的政治方向。全课程、全过程的思想政治教育就是要将教学目的与教学规律融合统一，将教学内容与思想观点融合统一，通过教师有意识、有方向的引导和点评，达到润物无声的效果和境界，培养和造就人民的忠诚卫士。

6.3.2　以激励机制为核心提升教师对学生的影响力

从前文实证分析中，可以看出毕业生从警的胜任力总评及其大多数维度与大学期间教师的影响力有着显著差异，影响力强的教师数量越多，其胜任力越强，并随着这一数字的减少而规则递减。就学生的成长成才角度来看，师资队伍是关键，而教师对学生的影响力又是关键的关键。哈佛大学前校长德里克·博克认为，“一个真正有天赋的讲授者可以深深地影响学子，杰出学者的讲授将伴随听众一生的记忆”[①]。这是对教师影响力及其深远意义最显见的诠释。但就目前本书实践现状研究来看，公安院校教师影响力作用的发挥仍不充分。

作为社会组织中的一分子，个人或组织的影响力来源于以“强制、奖赏、法定、专家、参照五个基础和源泉赋予自身影响他人的能力[②]”。这是影响力来源，而这种来源与基础往往在实践中被划分为权力影响力和非权力影响力，前者为来自管理权、决策权、奖惩权的影响力，后者为来自知识、才能、情感、品格的影响力[③]。但无论何种影响力，都必须应用于实践才能产生实际的影响。美国学者托马斯·奈格尔认为，发挥影响力作用就是要形成“行动者之间的这样一种关系：一个或更多行动者的需要、愿望、倾向或意图影响另一个或其他更多行动者的行动，或行动倾向。”[④] 这就是说影响力作用首先要有发挥影响的能力和基础，然后是要在影响者与被影响者互动关系中实施影响。

就教师职业来说，其对学生的影响力来自专业知识、人格魅力、价值观念、职业品质、管理职权等。教师影响力就是在教学过程中，通过营建师生间的一种关系，以教师教学活动、师生交往等多种方式，将教师价值观念、思想

---

① ［美］德里克·博克. 回归大学之道——对美国大学本科教育的反思与展望［M］. 侯定凯，梁爽，陈琼琼译. 上海：华东师范大学出版社，2008：122.

② ［美］斯蒂芬·P. 罗宾斯. 组织行为学［M］. 孙建敏，李原等译，北京：中国人民大学出版社，2002：355-357.

③ 张佩瑶. 民办高校教师影响力研究［D］. 西北大学，2010：6-7.

④ 姜涛. 高等教育大众化背景下的辅导员影响力研究［D］. 辽宁大学，2015：36.

意识以及专业知识等养分源源不断地向学生输入。当前，公安院校都非常注重师资队伍建设，通过各种路径提升师资队伍水平，如中国人民公安大学提出了“卓越领军人才培养计划”“中青年骨干教师培养计划”“教师国际化能力提升计划”等，其他公安院校亦以教学能力提升、双师型教师队伍建设等为重点开展师资队伍建设。但从卓越警务人才培养过程来看，师资队伍建设水平与成就只是学校办学实力的标志，并不必然转化为人才培养质量。这就是说不仅要加强教师个体知识、能力以及价值引领能力水平，更需要将这些能力水平映射到学生个体，充实学生的获得感。

从上述分析可以得知，增强公安院校教师影响力，一方面要增强教师自身实力，提升教师为人师表、教书育人的能力与水平，这是公安院校师资队伍建设的应然之义。习近平总书记指出，好老师“要有理想信念，要有道德情操，要有扎实学识，要有仁爱之心”①。按此要求，必须从根本上设计教师职业发展路径，在师德师风、学术水平、教学能力、人格魅力、政治品质等各方面拓展和提升发挥教师影响力的基础条件。另一方面要拓宽教师影响学生的时空范围和实现路径，特别是要对教师主动服务学生、影响学生行为给予更多的政策保证和制度激励。例如，师生接触时间问题，很多公安院校学生由学生管理部门统一管理，且可能存在多（两）校区办学情况，教师课后很难接触到学生，教师影响力也无从谈起。很多国内外高校在此领域也进行过诸多探索，如北京大学从 2016 年起实施专任教师全员参与的“师生交流时间”制度②；英国兰开斯特大学也要求师生接触时间每周不少于 10 小时。③ 也有高校实施本科生导师制度，固定指导与被指导关系，并在课时量认定、评优评奖方面对本科生导师予以政策倾斜。卓越警务人才培养，教师是根本，教师的教学投入是保障，而发挥教师影响力是其基本路径和目标桥梁。因此，公安院校要始终将人才培养置于各项工作的中心地位，要借鉴其他高校的创新举措，采取或创新各种激励和保障措施将教师的主要精力投入教学工作之中，切实有效增强教师影响力。

---

① 习近平. 做党和人民满意的好老师——同北京师范大学师生代表座谈时的讲话（2014 年 9 月 9 日）[EB/OL]. http://cpc.people.com.cn/n/2014/0910/c64094-25629946.html,2014-09-10.

② 柴葳. 北京大学推行“师生交流时间”制度 [N]. 中国教育报，2016-02-27.

③ 栾明香. 英国关于师生教学接触时间问题的争论 [J]. 世界教育信息，2008(12).

6.3.3 构建具有特色的校园文化，增强文化育人效果

“文明大学的校园应是以物和心取得调和的自然共生型社会系统，并以此为目标。”① 校园文化是物质形态的，更多的是精神层面的，是大学教育和教书育人的无形资源。公安院校因其独特的行业规则、专业规范，本身有着较强的行业性、特色性。卓越警务人才培养就是要将这种行业性、特色性的校园文化转换为学生素质养成、能力提升的教育资源，发挥文化育人的作用与效果。

1. 突出第二课堂活动的目的性和指向性

第二课堂以其参与主体的广泛性、组织的自主性、形式的多样性、途径的实践性等多重优势，被国内外高校和教育学者所推崇。“除了课堂学习外，大学里还有丰富多彩的课外活动，为学生提供了一个绚丽多姿的舞台，让学生的兴趣爱好得到充分发展。”② 通过前文分析可知，第二课堂对毕业生从警胜任力总评和各维度具有显著的影响，也就是说，第二课堂在卓越警务人才培养中具有重要作用。公安院校第二课堂活动特色鲜明，但也存在类型单一等问题与不足。因此，卓越警务人才培养，第二课堂活动是不可或缺的环节。公安院校应将第二课堂提升至重要位置，正视其中存在的问题，特别是运用警察胜任力维度的框架，明确第二课堂的层次和主题，有针对性地丰富与发展第二课堂活动。

开展第二课堂活动首先要应对卓越警务人才和警察胜任力的政治品质维度，因为“构建第二课堂是提高学生政治觉悟的有效方式”③。通过不拘一格的校园与警营活动，塑造以“忠诚、法治、英雄、廉政”为核心内涵的校园文化，发挥文化育人、环境育人的功能，让学生体验感悟马克思主义理论的真谛，坚守崇高的理想信念，牢固树立警察职业信仰和警察职业操守，捍卫党的集中统一领导，自觉做党和人民的忠诚卫士。

其次是丰富学生课余生活，通过举办讲座、演讲、竞赛、文体演出等活动以及学生社团的自我管理与自我组织，提升学生组织能力、动手能力、言语表达能力以及决策判断力、批判与审美等拓展素质，增强职业荣誉感、人际协调

---

① ［日］岸根卓郎．我的教育论——真、善、美德三位一体化教育［M］．南京：南京出版社，1999：291．

② ［美］德里克·博克．回归大学之道——对美国大学本科教育的反思与展望［M］．侯定凯，梁爽，陈琼琼译．上海：华东师范大学出版社，2008：173．

③ 戴继诚．试论公安院校构建第二课堂的必要性［J］．公安教育，2007（6）．

技能、责任担当精神，历练做人做事和为警为民的成就动机。

最后，第二课堂活动作为人才培养方案中的一个重要环节，要辅助学生专业能力发展。通过学生科研、兴趣小组、警体技能训练等途径，为学生某方面专业特长与兴趣爱好提供长久发展的平台，如近年来部分公安院校兴起的特警队、攀降队、网络攻防队、警察法学研究会、数学建模小组等学生团体都能较好地激发学生学习热情，促进相关专业能力的发展。

作为第二课堂建设的推动机制，学生参加第二课堂活动成绩考核以及教师工作量考核是其关键因素。一方面要将学生第二课堂纳入人才培养方案之中，以学分或参加课时量、成绩作为考评依据，如设置综合素质拓展学分，学生参加校内外各类比赛获奖、组织大型活动、志愿活动等，达到一定标准即可获得相应学分，作为学生毕业获得学位的必修学分。通过学分设置，调动学生参加第二课堂活动的积极性，也可以激发学校有关部门、学生团体组织第二课堂的主动性、创新性，保证活动效果。另一方面，对于教师组织、指导第二课堂活动工作量认定机制也是第二课堂活动建立长效机制的重要保障。倡导教师无私奉献，但也不能因鼓励“奉献”而忽视激励效用和制度约束功能。在教师管理机制中，需要对教师课堂教学之外的学业辅导、科研指导、参与第二课堂等给予科学的认定并以适当形式体现，如给予专项津贴、减免课时量、教师考评考核加分等。这既是一种教师管理的激励，也是第二课堂活动机制的保证。

2. 增强“警务化管理”的教育寓意和育人内涵

卓越警务人才过硬的政治品质、严明的警容风纪以及优良的纪律作风离不开学生日常养成及教育管理。警务化管理是众多高校学生事务管理（Students affairs administration）方式的一种，也是我国当前大多数公安院校所坚持的颇具特色的一种学生管理方式。它是在借鉴军事化管理的基础上，在学警中强调严格规范、令行禁止、统一高效的管理制度。良好的警务化管理对毕业生从警胜任力具有显著影响，尤其是对政治品质和专业能力的提升具有显著作用。因此，在卓越警务人才培养设计中，公安院校要继承和发扬传统优势，借鉴现代学生事务管理相关理论，夯实警务化管理科学内涵，创新学生管理举措，以制度约束、养成教育、辅助辅导等多种方式向“卓越”目标递进。

一般来说，公安院校警务化管理包括一日生活制度、作训与会操、内务管理、队列集合与行进、警容风纪、仪式与荣誉等。这是警务化管理中统一刚性的内涵，对于塑造学生忠诚履职、作风养成、廉洁自律等政治品质具有显而易见的作用。但是，警务化管理也要从“软”的方面拓展其内涵，其中首要的就是要通过警务化教育管理，使学生养成良好的学习习惯，从“学会学习”中促进专业能力发展，增强发展后劲。“如果学习是衡量大学生产率的主要标准，那么学生学什么、学多少也必定成为判断学生事务价值的准则……我们作为学生事务工作者，必须把培养学生学习作为我们的任务和根本目标。”① 因此，要在统一规范的前提下，遵从学习规律，优化警务化管理中的时间管理与要求，兼顾硬性规定和自主安排，充分调动学生学习主动性，培养学生学习意志、学习习惯和学习方法。

警务化管理在强调学生过硬的技能体能的同时也需注重学生个性发展尤其是心理健康教育。高强度、严要求乃至未来职业生涯中的压力会导致“相对于普通高校大学生，公安院校大学生在学业问题、环境适应以及性格培养上将遭遇更强的压力危机和焦虑倾向”②。因此，警务化管理要将整齐划一与关心关爱结合起来，将全面引导与重点干预结合起来，将严格要求与成长成才结合起来，研究与把握现代大学生心理与思维特征，贴近和融入学生内心世界，建立健全心理监测和心理辅导机制，将心理健康引导与日常教育纳入警务化管理体系之中，为打造卓越警务人才优良的身心条件打好基础。

另外，要探索警务化管理与专业教育相结合的学生管理体制。目前，很多公安院校借鉴军队院校，学员由学生管理部门统一管理，学生以年级、专业分为大队、中队或区队。学生管理部门负责“管”，以严格的制度约束对学生言行、一日生活制度进行标准化、格式化的管理；而教学部门负责“教”，只对学生课堂教学、实验实训负责。在这种体制下，学生纪律意识得到了强化，形象气质得到了锤炼，但也存在“教”与“管”相互脱节、师生交流脱节的情况，从而客观上影响了学校教书育人的总体效果。因此，要探索“教”“管”融合，且又带有公安院校特色的管理体制。例如，学生回归教学部门管理，学生管理部门选派优秀的学管干部辅助教学部门进行警务化管理。在管理体制上，学生管理部门代表学校制定学生管理规范、标准和流程，教学部门由专人按照学校标准管理学生。这种体制能最大限度地增加教师与学生的学业交流机会，发挥教学部门能动性，强化育人功能，同时又能保证学生管理体制的特色性、严格性和统一标准性，确保学生管理水平不失水准。

---

① American College Personnel Association. The student learning imperative: Implications for student affairs [R]. Journal of College Student Development, 1996, 37 (2).

② 杨铠华，陆亚. 公安院校大学生心理危机特点及干预研究 [J]. 云南警官学院学报，2016 (1).

6.4　突出职业特征，构建层次化的实践教学体系

实践教学是高等学校人才培养架构的重要组成部分，特别是公安院校，实践教学在人才培养过程中占据了极其重要的地位与作用，也是公安院校必经的教学环节。因此，本书将实践教学体系单列出来加以探讨。公安院校实践教学包括校内与校外实践。在卓越警务人才培养中，实践教学是学生意志磨炼、品行塑造、能力发展的一个重要环节，是提升专业能力不可或缺的组成部分，应针对当前实践教学中存在的问题，从课内课外、综合与专项、校内校外多层次、多维度构建和实施，实现学生体能、技能、战能一体化发展。

6.4.1　构建多层次、承接有序的校内实战化教学

公安实战化教学是公安院校实践教学的一种拓展形式。如前所述，公安院校毕业生胜任力中的拓展素质、成就动机与学生实习见习时间显著关联，但是职业素养、专业能力与之关联不明显。可见，作为人才培养特色，在公安院校本科教育阶段，其实战化教学在于内在的“神”，而不仅仅在于外在的“形”。也就是说，要用实战化教学贯通专业、职业和素质教育与公安实战对接，一方面要练就学生一定的警务技能和专业能力，增强对公安工作的认识和初步“上手”能力；另一方面也要通过实训演练、参加实务工作，锤炼学生品质，坚定信念，健全人格，“培养德智体美劳全面发展的公安事业的优秀建设者和可靠接班人”①。因此，公安院校实战化教学重点在于“化”。“化”是一种稳定且连续的状态，要将实战教学、实战训练中的关键要素“化”为学生警务技能和意识品质，“化”为课内实践、综合实训和校外实习见习连续一体的教育教学方法与路径。

首先，课内实践教学包括思想政治课程、通识课程、专业课程等各个课程模块，均要设置一定的实践教学内容。例如，思想政治课程，很多高校将 4 学分设置为课堂理论教学，2 学分由参加相关实践活动获得，以体验感悟增强政治理论水平。而与公安相关的课程则需要将专业理论与公安实践中的问题结合起来，融通理论与实践的通道。具体来说，要以实战问题为导向，创设“学、

① 赵克志. 在庆祝中国人民公安大学建校 70 周年大会上的讲话，2018-10-12.

思、研、用相结合”的公安基础课程、专业课程实战化教学模式，强化理论研讨、问题探讨、创新指导等教学活动；要以工作任务为导向，改进公安院校专业课程实战化教学模式，聚焦知识点，优化实训科目设计，提升学生问题解决能力。

其次，精心打造专项实训课程，成就实训课程的品牌。专项实训课程是指公安院校设置的专门实训课程，包括警察体能类、警务战术类、警察防卫控制类、警务现场指挥类、应急处突类、警用射击类等课程，也包括公安院校举行的各类专项技能比武、比赛。专项实训课程，一是引领学生对公安实战中相关环节规律性的认知，突出实战应用、专项技能训练。其要旨首先在于对实验实训规律性、理论性的提炼，所有科目设计与实施均需蕴含充足的理论支撑。在教学过程中，教师应有目的地讲授、点题或引导学生思考，达成新认知。二是对专业技能的训练，掌握公安执法过程中某一项专业技能，如现场勘查、审问询问、证据收集、防卫控制等。三是通过实训环节，增强警察职业认同，强化警察意识，在实践中锤炼品质、锻造品格。在教学过程中，通过任务分工、讲评考评、角色设定等多重方式渗透思想教育内涵。

最后，打造综合性的实训科目，实施“贯穿式”实训教学，即要以警察任职为导向，构建“全过程、模块化、一站式”职业课程实战化教学模式，以公安刑事执法和行政执法为主线，设立公安执法实训通修科目，强化法治素养、实战意识和职业能力，促进理论教学与实践教学“无缝衔接”；要以适应性教育为导向，将警务化教育、训练和管理列入培养计划，构建大学精神与警营特色相融合的实战化素质养成教育模式，强化职业身份认同感和适应性，推动实现普通大学生向预备警官成才成长的转化。

课内实训、专项实训课程以及综合实训，知识面由小及大，层次分明，在知识点上是贯通的，在实践应用逻辑上是相互承接的，其主旨是发展学生基本的警务技能。这种基本技能不等于警务实战能力，而是集法律运用、现场处置要领、执法动作规范、防卫控制技能等于一体的基本能力，其目的不是直接应用于警务实践，而是为应用于实战做准备。这与警察胜任力“重基础”“重理论运用于实践能力”理念是一致的。因此，三个层次的校内实训环节是贴近“实战”，但绝不等于“实战”，其设计与实施应该按照学生能力发展的规律与逻辑进行构建，注重基本能力的体系化、系统化培养与训练，切勿在“等同实战”“缺什么、练什么”等相关理念的指引下过多注重某个环节、某专项技能的训练，从而导致警务技能训练的“碎片化”。

6.4.2 深化校局合作，增强公安机关的育人作用

公安机关是卓越警务人才的使用单位，也是卓越警务人才培养不可或缺的主体，尤其是在卓越警务人才的职业素养、专业能力发展方面具有重要作用，是学生从练就“警察体能”到掌握“基本警务技能”，再到形成“警务实战能力”的最后一个环节。从前述胜任力影响因素分析中可知，无论民警入警前学历如何、毕业院校类型层次如何甚或大学期间接受警务实习程度如何，其职业素养、专业能力并没有显见的差别。这就说明包括普通高校在内的各类大学毕业生入警后，经过公安机关的实践锻炼，在一段时间之后，其职业素养、专业能力均能达到差异显著的水平。这是岗位学习和锻炼的结果，也是公安机关在卓越人才培养过程中重要作用的体现。从警察胜任力分析角度出发，如果说学校教育的作用在于培养具有成就动机、拓展素质、政治品质、职业素养以及专业能力五个维度的卓越警务人才，且在前三个维度具有显著差异性，那么公安机关在其中的作用就显见于后两个维度，重点在职业素养与专业能力方面补缺与优化卓越警务人才能力素质结构。公安机关发挥其育人作用，主要分属两个阶段：

第一个阶段是公安机关作为校局合作单位或实践教学基地，为公安院校学校教育提供实践教学，是校外实习的场所，是学生形成初步“战能”的必备环节。校外实习作为卓越警务人才培养的重要组成部分，在人才培养方案中需要精心设计、整体谋划。但是从前述可知，学生在学校期间参加公安机关的警务实践锻炼，其成效并不显著。这固然有公安院校“实践教学定位、资源投入、实践教学管理、师资队伍”等多方面问题，① 也有部分公安机关存在将学警等同于一般警力使用，育人效果不明显等问题。因此，公安机关在校局合作的框架中要树立以育人为根本的理念，衔接好校内理论教学，采取实习实践专业对口、指派实战教官等具体举措，高质量地完成实践教学任务。

校局合作关键在于打通校内实训与校外实习见习，提升公安实习见习的实效性。实践能力“只在实践中存在，获取实践能力的唯一途径就是学徒制，这不是说师傅能够直接传授技能，而是需要与长期运用这种能力的人保持稳定

---

① 张宁. 论公安高等院校实践教学面临的问题和对策［J］. 鄂州大学学报，2017（7）.

不间断的接触，才能获得”[①]。与公安机关人民警察保持接触，参与警务工作是公安实习见习的主旨内容。这一方面要加强实习见习的计划性、标准性，在人才培养方案设计中做好校内理论教学与校外实践教学的知识点、能力线和素质流的有序衔接；另一方面要做好教师教官衔接工作，公安机关要选派经验丰富、责任心强的民警作为实习指导教师，校内教师要加强与教官沟通协调，明确人才培养环节的实习重点和要求，确保公安实习见习在人才培养过程中可控、可调和可用。因此，校局合作、共建实践教学基地关键在于体制机制建设，既要保证实践教学基地相对稳定，其规模、设施、人员等硬件符合教学需求，同时要形成稳定的教学制度，特别是在实习见习内容、实习岗位设置（专业对口）、实习教官配备等方面形成制度化的体系。

第二个阶段是为大学毕业生入警后提供在职教育。这一阶段的教育主体是公安机关。从学校教育来看，在职教育是非系统、非连贯的教育培训形式；但是从人才培养的逻辑主线来看，入警后的再培训、再教育是卓越警务人才培养的延续、巩固和发展，是其不可或缺的组成部分。入职后的教育培训主旨目标就在于真正形成新警员的“战能”，将通过学校教育形成的警察体能、基本警务技能应用于所供职的组织环境，特别是融入当地的组织制度、执法环境、文化氛围；融入各类任务分工、角色担当、执法情景。当新警入职后，公安机关要以个体长远发展为着眼点，以岗位技能和专业能力发展为重点，以岗位导师制、入警培训、参与执法等为路径，以学习型组织建设为目标，系统规划新警员的学习培训机制，在源头上推动公安队伍整体能力和水平的提升。同时，与学校教育不同，在职教育主要按照“缺什么、补什么”的原则，针对现有公安队伍及民警个体中的能力缺位、新形势新任务的能力需求开展有针对性、经常性的教育训练，持续性地为队伍建设和警察个体发展搭建平台，不断提升公安民警的“战能”。

6.4.3 以学生为中心创新发展“体验式”教学组织形式

教学组织形式，是指“为完成特定的教学任务，教学过程中师生按一定要求组合起来进行活动的结构”[②]。换句话说，教学组织形式就是将知识与技能传导于学生形式方法的总和。从卓越警务人才内涵及其胜任力五个维度来

---

① S. R. J. Brownhill. Education and Nature of Knowledge. Biddles Ltd，1983：53.

② 顾明远．教育大辞典［M］．上海：上海教育出版社，1998：256.

看，其教学组织形式势必有特定的规律与要求，特别是成就动机、拓展素质、职业素养等维度，讲授法、实战训练法等传统的教学形式与方法是无法达到理想效果的。当前，讨论式、案例式、情景式、小组合作式等新型教学方法层出不穷，为公安院校教学改革和卓越警务人才培养提供了多样的选择。结合毕业生从警胜任力的特征，卓越警务人才培养的教学组织形式就是要充分利用多样式的教学方法推动一种不断超越自我、追求卓越的学习环境和学习过程。

从这个意义上来说，无论采取何种教学方式，首先，组织教学过程要营造一种师生互动的学习氛围，而不是传统的教师单向传导。这就是博克所认为的“教师需要为学生创造一个主动学习的环境，其方式包括向学生提问、对他们的答案提出质疑、鼓励学生用所学知识去解决各种新问题”。① 创造主动学习环境，需要一个理念的转变，即教师从“教”的角色转变为学习合作者，形成“双主体”“双角色”。② 其次，在一个良好的学习环境中，搭建各类学习平台，如学习小组、引用案例、情景模拟等，在技术手段上引入 VR 仿真教学、“互联网+”智慧教学，突出“做中学”“做中练”，其主旨是探寻真理的信念、解决问题的欲望以及各种思辨和拓展能力。“研究者发现，让学生尝试用不同方法解决同一问题可以提高其思维能力。”③ 最后，作为一个完整闭环的教学组织形式，教学评价与反馈是必不可少的环节。“教师还需要经常考察学生的认知技能，并及时将结果反馈给学生。”④ 通过课堂总结、随堂测验、定期测评以及平时作业等方式，考核学生认知程度，进行形成性评价，为学生改进学习方法、调整学习目标提供参考。需要明确的是，结合警察胜任力培养过程特征，以上阐述的教学组织过程只是一种策略、一种原则，在实践中教学组织形式多种多样，需要根据现实条件甄选与再组合。

---

① ［美］德里克·博克. 回归大学之道——对美国大学本科教育的反思与展望［M］. 侯定凯，梁爽，陈琼琼译. 上海：华东师范大学出版社，2008：79.

② 范瑛. 警察胜任力模型建构与培养策略研究［M］. 北京：中国人民公安大学出版社，2016：159.

③ Mary E. Huba，Jann E.. Freed Learner-Centered Assessment on College Campuses：Sifting the Focus from Teaching to Learning［M］. Allyn & Bacon，2000：219.

④ ［美］德里克·博克. 回归大学之道——对美国大学本科教育的反思与展望［M］. 侯定凯，梁爽，陈琼琼译. 上海：华东师范大学出版社，2008：80.

6.5 提升卓越警务人才培养的政策保障水平

政策是国家和政党组织为了特定的目标而制定并实施的具有权威性的措施或行动方案。“行业特色类大学对国家或地方政府的教育政策依赖最大。”① 作为公安行业教育，首先是国家层面进行统筹规划，行政主管部门综合考量公安行业人才需求的质量与数量、区域分布等因素，确立卓越警务人才培养的核心要素特别是胜任标准与体系制定相关制度规范，作为全国公安院校基本的人才培养遵循。也就是说，卓越警务人才培养是一种理念，也是一种实践，需要公安教育行政主管部门从理念上认可，制度上引领，实践上支持，资源上保障，为人才培养改革、向公安机关输送卓越人才提供良好的制度环境。

6.5.1 进一步拓展公安院校自主发展空间

美国学者布鲁贝克曾指出，大学存在的合法性有两个，一是认识论需求，二是政治性需求。② 公安院校存在的合法性即其政治性需求更加突出。在隶属关系上，世界上大多警察院校隶属于国家安全部门，如俄罗斯莫斯科警察大学就隶属于国家内务部。当前我国大多数行业院校实施管理体制转轨，但公安院校仍然由公安行政部门管理，可见其在国家高等教育体系中独特的政治地位和重要作用。但是，作为一所高校，公安院校亦有其固有的办学特征，尤其是在卓越警务人才培养的改革与探索过程中，需要更好地把握认识论和政治性的两个需求，在坚持“政治建校、从严治校”的政治标准，服务公安工作和公安队伍建设宗旨的前提下，从教育规律与学习规律出发，为公安院校人才培养提供一个更为宽松的外部环境，这是公安院校长远发展的需求。公安行政部门是公安院校的举办者，也是其办学方向的引领者、办学目标的制定者、办学质量的评估者。在此政策框架中，具体办学过程、人才培养改革等应由公安院校根据自身实际，在上级部门指导下自主自为，创新发展。就当前管理体制而言，公安行政部门在教育领域要进一步推进“放管服”改革，积极扩大公安院校办学自主权。例如，改革部分公安院校人事统管模式，特别是放宽以公务员标

① 胡娟，刘昊，陈英霞. 中国高校战略规划现状分析——基于 2013 年“中国高校战略规划现状”的调查数据［J］. 中国人民大学教育学刊，2014（12）.

② ［美］约翰·S. 布鲁贝克. 高等教育哲学［M］. 王承绪等译. 杭州：浙江教育出版社，2001：25.

准招录教师的进人用人机制，按照教学科研实际需求，重点考察选录教师学术水平、教学能力以及师德师风等业务素质，增强公安院校选人用人自主权。再如，公安行政部门从业务角度以“普通高等学校本科专业类教学质量国家标准”（即“国标”）等形式对公安院校人才培养过程提出最低标准，其内部各业务单位对公安院校办学过程进行业务指导时，注重增强其一致性、协调性，不以单一部门、单一警种的需求而影响公安院校人才培养整体性、规律性的要求。

6.5.2　进一步增加公安院校教学资源的投入

在国家政策层面，相关“卓越计划”是以项目形式予以资助实施的。目前，卓越警务人才培养计划并未纳入国家“卓越计划”之内，一些以“卓越警务人才培养”为主题的教育教学改革所需经费和资源均由公安院校自筹。然而，相对于普通高校，公安院校教学经费与教学资源投入不足，主要原因是公安院校财政收入渠道单一，创收能力不足。公安院校的经费来源主要是生均经费、上级部门少量专项拨款以及学生学杂费。公安院校隶属于公安部或各省市公安厅局，而这些部门并无教育经费，对公安院校投入能力相对薄弱（东部发达省市除外）。此外，由于行业办学特殊性且办学规模相对偏小，公安院校在教育系统中的资源获取能力也有限，而学生毕业后大多从事公检法等体制内的公务员工作，也在一定程度上限制了利用校友资源回馈学校的途径。因此，相对来说，公安院校经费投入总量仍然较低。另外，公安院校人才培养的成本较高，尤其是卓越警务人才培养改革，不仅需要奠定学生深厚的理论功底，还需要创设将理论应用于实践、解决实践问题的平台、情景或场所，更需要有学生射击、警务战术、擒拿格斗等基本警务技能训练的教学条件、专用教具，相对于大多数普通高校其教育成本较高。因此，增加公安院校的经费投入势在必行，一是要在上级公安行政部门单独划列教育培训经费，有计划、有重点地加大对公安院校的支持力度；二是在政策上放宽相关限制，充分利用公安院校优质教育培训资源和智力资源，引入市场竞争机制，通过举办培训班、科研成果转化等举措，切实增强院校筹资能力；三是拓宽校局合作、校企合作渠道，吸引社会力量和社会资源资助和支持公安院校教学科研、人才培养改革等；四是进一步明确卓越警务人才层次内涵，在国家层面启动“卓越警务人才培养支持计划”，有重点、有层次地推进和保障公安院校人才培养改革。

6.5.3 稳步推进公安院校公安专业人才招录培养体制改革

2015 年启动的公安院校公安专业人才招录培养体制改革涉及公安院校招生、培养过程以及就业三个环节①，尤其是公安院校招警联考（简称公安联考）制度的实施，使得公安院校毕业生入警就业有了保障，解决了公安院校人才培养的“出口”问题。然而，公安联考也为公安院校的人才培养带来了一定的影响。一方面，“一考定终身”的藩篱重现。公安联考为公平起见，学生以考试分数高低顺序选择就业岗位，考试分数成为就业质量的决定性因素。因此，公安联考的指挥棒客观上冲击着公安院校人才培养过程，即使公安联考大纲在学生拓展素质等方面与胜任力维度有一定程度的吻合，但是这种吻合是随机的、被动的，而不是系统的、主动的。另一方面，现有“回原籍就业”的机制不利于优秀或卓越毕业生流动流通，也就是说优秀毕业生在就业过程中并没有相应的政策保障，其优势不能充分展示，卓越警务人才培养的“出口”仍然缺乏弹性机制。因此，公安院校公安专业人才招录培养体制改革需要在实践中坚持、完善和发展。一是要改革公安联考的内容，将公安联考的内容最大限度地与公安院校人才培养过程结合起来，特别是要改革以当前普通公务员行政能力测试、申论科目为主的考试内容，适度增加卓越素质、岗位胜任能力的考核比重，切实做到“所考即所学”“学以致用”，也为卓越警务人才培养提供一个科学有效的评估和检验平台。二是要建立健全优秀毕业生入警就业协调机制。通过特殊人才定向招录、扩大调剂生比例等方式，为品学兼优的毕业生制定在全国公安机关自主流动的政策，为实施卓越警务人才培养改革提供就业政策保障。

---

① 关于公安院校公安专业人才招录培养制度改革的意见（人社部发〔2015〕106 号）.

第 7 章　结论与展望

7.1　研究结论

本书尝试以实证的方法研究卓越警务人才培养过程，通过构建警察胜任力模型，分析警察胜任力提升的影响因素，确定卓越警务人才培养的关键节点，提出卓越警务人才培养改革与实践的意见和建议。回顾本研究，主要结论有以下几点：

结论一：警察胜任力模型为推动卓越警务人才培养改革提供了一个可操作的视角和衡量工具

美国管理学家泰勒（Ralph W. Tyler）认为，教育评价是评定实际结果达到预期目标的程度，这就是所谓的“教育目标评价”。① 警察胜任力模型为卓越警务人才培养提供了一个可观察、可测量和可操作的研究视角和评价工具。从“卓越计划”通用意义出发，卓越警务人才培养通过“根植于公安行业领域、关注技能之上的人格品质素养、注重实践能力、不断超越自我”等特征过程，凝聚卓越品质。胜任力模型作为一种评价标准和测量工具，其一，“胜任力特征与生俱来与专业化人才，如医生、律师、教师等有着天然联系”②，在实践中，胜任力测量是专业人员评价的一种有效形式。其二，胜任力研究注重个人特质和行为方式，从自身由内而外展开，注重挖掘潜在、隐性的因素。

---

① George F. Madaus，Daniel L. Stuffle-beam，Michael S. Scriven. Program Evaluation：A Historical Overview［A］. Evaluation Models -Evaluation in Education and Human Services［C］. Netherlands：Springer Netherlands，1983，(6)：3-22.

② 温亚震. 基于胜任力模型的专业技术人员管理指南［M］. 北京：中央编译出版社，2011：87.

其三，胜任力评价更加反映用人单位和人才培养单位的双向意愿和意志。因此，从“胜任”走向“卓越”，其逻辑内涵具有一致性，是“过程—目标”的转换，并通过提升警察胜任力，推动公安院校人才培养改革，培养卓越警务人才。

从理论维度假设到实证维度验证，从特征要素提取再到模型构建，本书按照胜任力研究的一般方法，通过大样本实证研究，得出了一个相对完整的警察胜任力模型。按照模型解释量大小，警察胜任力模型包括成就动机、拓展素质、政治品质、职业素养和专业能力五个维度。成就动机维度包括责任担当、意志力、人际关系、荣誉感和勇敢精神五个特征要素；拓展素质维度包括理论思维、决断能力、学习创新、灵活应变四个特征要素；政治品质维度包括廉洁自律、忠诚品性和爱国精神三个特征要素；职业素养维度包括法律基础、社会知识、警察心理、语言文字能力、群众工作能力五个特征要素；专业能力维度包括公安专业知识、相关专业知识、警务技战术三个特征要素。5个维度、20个特征要素共同组成了警察胜任力模型。其中，成就动机、拓展素质维度在警察胜任力模型中占有较大权重，是区分绩优者与普通者、打造卓越警务人才的关键要素。

公安院校毕业生从警胜任力的提升与其人才培养实践有着紧密的联系，存在内在的影响机理。从公安教育政策到公安院校宏观结构，从专业设置到课程体系结构，再到第二课堂活动、学生管理、校外实习等具体人才培养环节，都在不同维度、不同范围、差异性地影响着学生从警胜任力的提升。但是，当前公安院校人才培养实践，包括卓越警务人才培养改革，以其胜任力提升为参照点，还有一定程度的问题与不足。以胜任力影响因素差异性和实践现实性为基础，构建卓越警务人才培养的结构体系，理应成为公安院校教育教学改革一个可供选择的方向。

结论二：卓越警务人才培养重点是提升以成就动机、拓展素质等为主的胜任力，而普通警务人才培养往往关注的是适应公安工作的专业技能

如上所述，本书的一个核心观点就是将胜任力作为警务人才“卓越性”的一个衡量标准。按照胜任力理论，卓越警务人才不仅是一种专业人才，一种精通警务工作和掌握警务技能的专业人才，而且更多地体现于政治信仰、成就成才意愿、警察意识、个性特征等非智力因素以及宽视野的综合素质。具体表

现有以下几点，其一，卓越警务人才素质结构具有层次性，这种层次性是以个体精神气质为核心，以专业技能为表征的知识素质体系。其二，卓越警务人才具有动态性。创新精神、学习能力等特征要素使得“卓越性”不断向前推移，卓越警务人才能够不断适应和胜任不同的岗位需求，与时俱进地胜任警务工作的快速变革。其三，卓越警务人才具有超越性。这种超越性表现于超越警务“实操”层面的警务技能，是对警务技能、警务执法、治安管理等业务工作的价值追求，并由此形成的职业意识、精神气质等。当然，这里不是讨论卓越警务人才与普通警务人才的相关价值判断问题（这一问题以下将专门论述），主旨在于明辨两者的区别。

回顾我国公安工作与公安教育的发展历程，卓越警务人才是对以往公安人才概念的“超越”。从发展历程来看，公安人才大体经历了从“人力”型转向“经验”型，再发展到“专业”型的几个阶段。新中国成立前后，一部分人民军队划归地方，从事公安工作。这一时期，公安人员基本是人力型“士兵”角色。随着公安工作的深入，公安人员不仅要有数量上的保证，也需要一定的相关经验和技能。因此，公安机关开办了短期或中长期培训班，以满足人才需求。20世纪70年代末，随着公安工作步入正轨和科技的日新月异，公安机关更需要专业型人才。因此，公安学历教育发端和发展。培养掌握一定公安专业知识和警务技能的专业人才是公安院校学历教育“政治合法性”的基本依据，是公安院校满足和适应业务需求的基本职能，在现实中表现为个体适应岗位需求。美国智力落后协会（AAMR）2002年将“个体的适应行为”定义为“是其在日常生活中所习得的社会和实践技能。”① 在这种理念主导下，公安院校培养的警务人才就是掌握一定技能的适应性人才。但从公安教育与公安事业的关系视角来看，这一理念只是将公安教育视为“被动适应”公安工作需求，无法体现公安教育在公安事业中的“先导性、基础性、战略性”地位与作用。

当前，随着社会革新加快，职业不确定性增加，单纯的公安专业型人才已满足不了公安工作的需求。卓越警务人才正是在此背景下，挖掘专业性人才的内在品质，不断“胜任”现代警务需求的高素质专门人才。因此，作为一个结论，本书突出公安人才对公安工作的主动性、引领性，始终强调卓越警务人

① Mathoney J. L., Bergman L. R. . Conceptual and Methodological Considerations in a Developmental Approach to the Study of Positive daptation［J］. Applied Developmental Psychology, 2002（23）.

才培养要突出“胜任力”，而非专业技能层面的“适应力”；强调卓越警务人才培养的综合性、内隐性、长效性，而非普通警务人才培养的单一性、外显性和短暂性。这既是卓越警务人才与普通警务人才的本质区别，也是公安院校本科人才培养目标定位必须把握的先决理念。

结论三：“追求卓越”是公安院校本科人才培养的一种理念，具有普适性、特定性和相对性

在实践领域，很多公安院校提出卓越警务人才培养计划，并以开设实验班、特训班的形式予以实施，走精英化之路，例如，A 大学某学院开设“国际班”，选拔外语较好的学生专门学习涉外警务知识；C 学院开办“公安大学生警务研究人才训练班”，培养理论研究人才。① 但从胜任力的视角来看，卓越警务人才培养是一种实践理念，有着相对性与绝对性、普遍性与特定性相统一的内涵，卓越警务人才培养不是精英主义教育，单纯以实验班的形式实施卓越警务计划只是一种实践探索，并不能穷尽其全部的内涵。

在高等教育发展史上，精英主义教育有着深刻的理论基础。美国学者亚伯拉罕·弗莱克斯纳认为：“美国对文明的贡献并不取决于整个民众，而是取决于少数有天赋、真诚、具有凝聚作用的人。”② 与此教育哲学思想一脉相承，很多公安院校也认为卓越警务人才是一批特殊人才、尖端人才，并以专门教学组织形式予以培养。但是，从公安工作角度看，公安队伍需要有一批领军人物、精英人才，但更需要无数普普通通的人民警察，需要他们胜任工作岗位，发挥聪明才智，完成绝大多数警务工作。培养胜任工作岗位的不断超越自我的普通民警既是公安高等教育工作的一项基本任务，也是一项卓越工程，是卓越警务人才培养的本质内涵。因此，可以说“追求卓越”是一种普遍适用的人才培养理念和价值追求，从这个意义上说，“卓越”在于超越，但不在于超越他人，而在于不断超越自我，不断朝着“卓越”的方向前进。

从实证研究角度来看，警察总体胜任力和卓越性并不随着年龄、岗位、职务高低的不同而不同。民警胜任力和卓越性有着稳定的内核，在不同层级、不同范围有着特定的、稳定的内涵和层级结构。这是卓越警务人才的绝对含义。

---

① C 学院实施“卓越警务人才培养计划”[EB/OL]. 中共江苏省委新闻网，http://www.zgjssw. Gov. cn/gongzuodongtai/zhengfa/201304/t1187905. shtml，2013-4-22.

② [美] 亚伯拉罕·弗莱克斯纳. 现代大学论——美英德大学研究 [M]. 徐辉，陈晓菲等译. 杭州：浙江教育出版社，2001：144-145.

同时，在胜任力不同维度上，不同层次、不同类型的警察又呈现不同的特征，如一线警察、更高级别职务的警察在职业素养方面要高于非一线警察、普通警察，而不同警种在专业能力方面有着不同要求，这是卓越警务人才的相对含义和相对价值。从人才培养角度来看，公安院校人才培养的“产品”只要满足警察胜任力模型的基本维度，并满足可能入警岗位及其发展需要的胜任力，这个“产品”就是本书定义的“卓越警务人才”。

绝对与相对是一个事物的两个方面，“主要是用来描述事物在运动过程中所表现出来的常住性和变动性的哲学范畴”。① 从绝对性出发，卓越警务人才培养是普遍的，是公安院校追求卓越理念的主要体现，是其人才培养的标杆标尺。公安院校人才培养过程就是从胜任力模型的五个维度出发，不断凝练毕业生胜任警察职业、公安工作岗位的过程。所以说卓越警务人才培养是普通教育，不是精英教育，它“寻找不是单独适合精英教育的高等教育而是要适合大众化和普及的高等教育要求的结构”。② 从相对意义出发，卓越警务人才培养也具有功能目标指向性，在一定范围和层次具有特定性和相对性。例如，培养一线公安执法人员，根据警种分类，在职业素养、专业能力方面体现出其差异，而目标指向警务管理人员，更为关注思辨能力、理论水平、决策能力等拓展素质的培养。

结论四：卓越警务人才培养要贯通通识教育、专业教育和职业教育

关于通识教育、专业教育和职业教育的争论由来已久，有些争论还比较尖锐，如纽曼就认为：“大学的人才培养应该是人类心智的培育和开发……至于实用技能和职业技巧，可以通过在具体的生活情景中获得实际经验。”③ 但是，现代社会，“人首先是人，其次是商人、企业主或专家”④ 的理念越来越被广泛地接受。高校不仅是培养各种专业人才的场所，也是培养人、塑造人的场

① 高海清. 马克思主义哲学基础［M］. 北京：人民出版社，1985：301.

② ［美］克拉克·克尔. 高等教育不能回避历史——21世纪的问题［M］. 王承绪译. 杭州：浙江教育出版社，2001：270.

③ ［美］约翰·亨利·纽曼. 大学的理想［M］. 徐辉等译. 杭州：浙江教育出版社，2001：2.

④ ［美］约翰·S. 布鲁贝克. 高等教育哲学［M］. 徐辉等译. 杭州：浙江教育出版社，2001：81.

所。围绕警察胜任力五个维度，卓越警务人才培养涵盖了通识教育、专业教育和职业教育的要求。公安院校人才培养改革就是要根据院校定位、专业警种以及服务面向，架构通识教育、专业教育和职业教育三者的层次结构。

通识教育、专业教育和职业教育虽然有着本质区别与界限，但是三者共同存在于卓越警务人才培养过程之中。首先，公安院校本科教育要构建通识教育平台，培养学生健全的人格。“无论在什么领域，通识教育旨在培养学生成为一个有责任的人和公民，或者说成为一个整全的人，也意在培养公民积极、有责任、明智的习惯和品质的教育。”① 在这一过程中，要超越单纯实战技能训练的思维，通过通识课程、第二课堂活动等多种形式，重点发展学生成就动机、拓展素质等个性特质。其次，专业教育是公安本科教育的核心过程，是连接专业理论知识与公安实战的桥梁，培养学生运用理论解决实际问题的能力。公安院校要通过专业课平台、专业训练以及公安执法综合实训等人才培养中心环节，促进学生专业能力的发展。最后，职业教育即职业准备教育，有着明确的职业面向、警察职业要素，如群众意识、法律素养以及相应的警务技能，必须通过相应课程、实操演练、实习见习等环节使得学生具备初步的警察职业素养。

当然，通识教育、专业教育和职业教育三种教育形态是学术分野，在人才培养实践中，三者不能截然分开。专业课程中孕育着思想政治教育因素，也有学生素质的拓展；实习见习既有职业素养提升的功能，也是增长社会知识、强化警察职业意识的过程。三种教育将在公安院校本科人才培养实践中并行不悖，并统一于大学教育的素质养成过程。

7.2 未来展望

本研究构建了警察胜任力模型，并通过模型影响因素的分析，透视了公安院校人才培养实践，获得了推动人才培养改革的启迪。但就整体研究进展来看，本研究是运用胜任力理论进行公安专门人才培养和公安人才人力资源管理的初步尝试。就研究过程来看，本研究也存在明显的问题与不足。例如，对警察胜任力模型影响因素分析的范围还不广泛，不能囊括人才培养的整体过程；

---

① 哈佛委员会. 哈佛通识教育红皮书［M］. 李曼丽译. 北京：北京大学出版社，2001：1.

对现状分析深度、广度有待提升；对人才培养实践与改革的支持力度还不够；以警察胜任力模型作为观测工具，并未考量“毕业生素质评价模型、毕业生就业力、毕业生就业适应性”等相关测量工具与公安院校人才培养实践的关联性，各类工具比较研究不够深入。此外，按照关于警察胜任力具有相对性的结论，本书关注了本科层次卓越警务人才培养问题与对策分析，而对于部属公安院校与省属公安院校在人才培养中的区别与联系，还未形成明确结论。

这些问题是客观存在的。究其原因是卓越警务人才培养的理念刚刚提出，并未深入付诸实践，其现实资料来源只能参考公安院校本科人才培养的一般过程。在主观上，研究者的研究能力有待进一步提升，特别是对大样本数据的分析和综合能力不足，这是今后研究工作中的重点攻克方向。但是，从公安高等教育改革发展趋势来看，公安专门人才的培养不仅仅面向公安机关，还要面向社会和国家，培养符合新时代需求的人民警察。追求“卓越”是公安专门人才培养永恒的价值追求；而对于人才培养效果的评价将趋于定性与定量相结合的方法。胜任力理论是一种人才培养理念，也是一种人才测评方法，将其运用到卓越警务人才培养改革实践之中，以胜任力理论融入公安院校培养过程，以胜任力的评判标准指引人才培养改革，是公安高等教育理论研究广有前途的方向，也是公安院校人才培养实践发展的一个重要趋势。

参考文献

（一）著作

[1] 王彦吉. 中外警察教育与培训 [M]. 北京：中国人民公安大学出版社，2010.

[2] 唐守廉，王亚杰. 行业特色型大学和区域经济社会发展互动机制的研究 [M]. 北京：北京邮电大学出版社，2011.

[3] 陶小马. 教育研究及教学改革论文选 [M]. 上海：同济大学出版社，2011.

[4] 高建设. 胜任特征——高层管理者胜任特征模型建构与应用 [M]. 北京：航空工业出版社，2009.

[5] 王重鸣. 心理学研究方法 [M]. 北京：人民教育出版社，2003.

[6] 彭剑锋. 人力资源管理概论 [M]. 上海：复旦大学出版社，2003.

[7] 薛琴. 胜任力模型构建与应用研究——以教学型高校教师为例 [M]. 南京：南京大学出版社，2016.

[8] 周亚新，龚尚猛. 工作分析的理论、方法及运用 [M]. 上海：上海财经大学出版社，2007.

[9] 刘晶玉，任嵘嵘，邢钢. 研究型大学校长：胜任力与职业化发展 [M]. 北京：科学出版社，2016.

[10] 彭剑峰，荆小娟. 员工素质模型设计 [M]. 北京：中国人民大学出版社，2003.

[11] 罗双平. 从岗位胜任到绩效卓越：能力模型建立操作实务 [M]. 北京：机械工业出版社，2006.

[12] 黄勋敬. 从胜任到卓越：商业银行行长领导力模型 [M]. 北京：中国金融出版社，2009.

[13] 严正. 胜任素质模型构建与应用 [M]. 北京：机械工业出版社，2013.

[14] 乐国安. 社会心理学 [M]. 北京：中国人民大学出版社，2009.

[15] 辞海 [M]. 上海：上海辞书出版社，1979.

[16] 金勇进，杜子芳，蒋妍. 抽样技术 [M]. 北京：中国人民大学出版社，2015.

[17] 郭志刚. 社会统计分析方法——SPSS 软件应用 [M]. 北京：中国人民大学出版社，1999.

[18] 程琳. 公安学通论 [M]. 北京：中国人民公安大学出版社，2014.

[19] 马克思恩格斯选集（第三卷）[M]. 中共中央翻译局译. 北京：人民出版社，2012.

[20] 刘永芳. 管理心理学 [M]. 北京：清华大学出版社，2008.

[21] 王逸撰，黄灵庚校点. 楚辞·章句 [M]. 上海：上海古籍出版社，2017.

[22] 王子今. “忠”观念研究——一种政治道德的文化源流与历史演变 [M]. 长春：吉林教育出版社，1999.

[23] 李宏. 人民警察核心价值观基本问题研究 [M]. 北京：中国社会科学出版社，2017.

[24] 毛泽东选集（第四卷）[M]. 北京：人民出版社，1991.

[25] 马亚雄. 公安学基础教程 [M]. 北京：中国人民公安大学出版社，2012.

[26] 顾明远. 教育大辞典 [M]. 上海：上海教育出版社，1998.

[27] 魏所康. 培养模式论 [M]. 南京：江苏教育出版社，1999.

[28] 高海清. 马克思主义哲学基础 [M]. 北京：人民出版社，1985.

[29] 周雪光. 组织社会学十讲 [M]. 北京：社会科学文献出版社，2003.

[30] 郭宝. 现代警察大学构建之思考：以云南警官学院为视角 [M]. 北京：中国人民公安大学出版社，2017.

[31] 胡璋剑. 应用型人才培养新论 [M]. 北京：中国社会科学出版社，2009.

[32] 范瑛. 警察胜任力模型建构与培养策略研究 [M]. 北京：中国人民公安大学出版社，2016.

[33] 简明，金勇进. 市场调查方法与技术 [M]. 北京：中国人民大学

出版社，2008.

[34] 金盛华. 社会心理学 [M]. 北京：高等教育出版社，2005.

[35] 顾明远. 教育大辞典 [M]. 上海：上海教育出版社，1998.

[36] 姜杰. 西方管理思想史（第2版） [M]. 北京：北京大学出版社，2011.

[37] 林格. 教育，就是培养习惯（上、下）[M]. 北京：清华大学出版社，2007.

[38] 叶澜. 教育概论 [M]. 北京：人民教育出版社，1991.

[39] 温亚震. 基于胜任力模型的专业技术人员管理指南 [M]. 北京：中央编译出版社，2011.

[40] [美] 奥尔特加·加塞特. 大学的使命 [M]. 徐小洲，陈军等译. 杭州：浙江教育出版社，2001.

[41] [美] 德里克·博克. 回归大学之道——对美国大学本科教育的反思与展望 [M]. 侯定凯，梁爽，陈琼琼译. 上海：华东师范大学出版社，2008.

[42] [美] 亚伯拉罕·弗莱克斯纳. 现代大学论——英美德大学研究 [M]. 徐辉，陈晓菲等译. 杭州：浙江教育出版社，2001.

[43] [美] 赫伯特·西蒙. 管理行为 [M]. 詹正茂译. 北京：机械工业出版社，2013.

[44] [美] 沃伦·本尼斯，诺埃尔·蒂奇. 决断——成功的领导者怎样做出伟大的决断 [M]. 姜文波译. 北京：中国人民大学出版社，2008.

[45] [美] 罗伯特·M. 赫钦斯. 美国高等教育 [M]. 王利兵译. 杭州：浙江教育出版社，2005.

[46] [美] 约翰·亨利·纽曼. 大学的理想 [M]. 徐辉译. 杭州：浙江教育出版社，2001.

[47] [美] 克拉克·克尔. 高等教育不能回避历史——21世纪的问题 [M]. 王承绪译. 杭州：浙江教育出版社，2001.

[48] [美] 雅斯贝尔斯. 什么是教育 [M]. 邹进译. 上海：生活·读书·新知三联书店，1991.

[49] [美] 斯蒂芬·P. 罗宾斯. 组织行为学 [M]. 孙建敏，李原等译. 北京：中国人民大学出版社，2002.

[50] [美] 伯顿·R. 克拉克. 高等教育系统——学术组织的跨国研究

[M]. 王承绪译. 杭州：杭州大学出版社，1994.

[51]［美］布迪厄. 实践感 [M]. 蒋梓骅译. 南京：译林出版社，2003.

[52]［美］莱尔·史班瑟，莘那·史班瑟. 才能评鉴法 [M]. 魏梅金译. 汕头：汕头大学出版社，2003.

[53]［美］罗伯特·J. 格雷戈里. 心理测量历史、原理及应用 [M]. 施俊琦等译. 北京：机械工业出版社，2013.

[54]［美］约翰·S. 布鲁贝克. 高等教育哲学 [M]. 王承绪等译. 杭州：浙江教育出版社，2001.

[55]［美］欧内斯特·博耶. 关于美国教育改革的演讲 [M]. 涂艳国，方彤译. 北京：教育科学出版社，2002.

[56]［日］岸根卓郎. 我的教育论——真、善、美德三位一体化教育 [M]. 南京：南京出版社，1999.

（二）学术论文

[1] 王利明. 卓越法律人才培养的思考 [J]. 中国高等教育，2013 (12).

[2] 胡琦. 我国高校文化素质教育走向及模式改革 [J]. 高校教育管理，2014 (7).

[3] 谭胜，王红丽. 试论教学练战一体化本科人才培养模式的内涵——以公安大学实践探索为例 [J]. 中国人民公安大学学报（自然科学版），2015 (3).

[4] 李立国. 亚里士多德的自由教育思想简析 [J]. 焦作大学学报，1999 (3).

[5] 胡娟，刘昊，陈英霞. 中国高校战略规划现状分析——基于 2013 年“中国高校战略规划现状”的调查数据 [J]. 中国人民大学教育学刊，2014 (12).

[6] 胡娟，祝贺，秦冠英. 本科教育到底需要多长学习时间——本科生学分学习量的国际比较分析 [J]. 复旦教育论坛，2016 (1).

[7] 沈健，胡娟. 高水平大学优势学科布局与选择的量化分析——基于中美两国 29 所世界一流高校的数据 [J]. 中国高教研究，2013 (9).

[8] 王战军. 美国佛罗里达大学卓越计划研究：州政府支持与大学自主谋划 [J]. 比较教育研究，2017 (6).

[9] 谭胜. 高等教育分类体系视域下公安院校本科人才培养的思考 [J]. 中国人民公安大学学报（自然科学版），2012（1）.

[10] 王力. “卓越计划” 人才培养模式特征分析 [J]. 亚太教育，2015（11）.

[11] 陈益飞. 高校培养卓越人才探索 [J]. 教育评论，2013（4）.

[12] 韩新才，王存文，闫福安. 我国高校卓越工程师人才培养存在问题与对策研究 [J]. 教育教学论坛，2015（8）.

[13] 马红民，李非. 创业团队胜任力与创业绩效关系探讨 [J]. 现代管理科学，2008（12）.

[14] 王是平. 高层管理团队胜任特征对并购整合效能影响的实证研究 [J]. 北京工商大学学报（社会科学版），2010（2）.

[15] 南宁，胡建平. 基于胜任力的人力资源管理 [J]. 管理纵横，2002（8）.

[16] 吴建军. 公安队伍建设的新视点：警察胜任力 [J]. 公安研究，2011（8）.

[17] 李敏蓉. 基于胜任力模型设计的公安民警 “微能力” 素质培训 [J]. 公安教育，2014（9）.

[18] 邓海清，昌远华. 公安机关基于岗位胜任力的干部绩效考评体系构建研究 [J]. 甘肃警察职业学院学报，2017（9）.

[19] 黎宜春，陈雨薇. 广西公安院校卓越警务人才培养模式的探析 [J]. 高教论坛，2016（5）.

[20] 李立国，薛新龙. 建立以人才培养定位为基础的高等教育分类体系 [J]. 教育研究，2018（3）.

[21] 李志明. 现代人才测评理论及实施策略 [J]. 管理科学，2009（2）.

[22] 涂艳国. 试论古典自由教育的含义 [J]. 清华大学教育研究，1999（3）.

[23] 马陆亭. 为什么要进行高等学校分类 [J]. 中国高等教育，2010（20）.

[24] 陈伟. 高等学校分类模式的反思与 “理想类型” 建构 [J]. 教育发展研究，2016（11）.

[25] 潘懋元，吴玫. 高等学校分类与定位问题 [J]. 复旦教育论坛，

2003 (3).

［26］潘懋元，王琪．从高等教育分类看我国特色型大学发展［J］．中国高等教育，2010 (5).

［27］魏永忠．改革开放以来公安机关机构改革及其启示［J］．中国人民公安大学学报（社会科学版），2008 (6).

［28］张立刚．警务革命视野下的中国警察教育改革［J］．云南警官学院学报，2009 (3).

［29］王虹．世界警务革命背景下的警察教育探析［J］．法制与社会，2004 (6).

［30］王大伟．新警察专业化论——第五次警务革命向何处去［J］．中国人民公安大学学报（社会科学版），2012 (6).

［31］黄进．开展法学专业改革培养卓越法律人才——中国政法大学建设“卓越法律人才教育培养基地”的做法［J］．法学教育研究，2014 (1).

［32］傅国良．卓越警务人才教育培养的探索与实践［J］．公安教育，2012 (12).

［33］章乐．人之卓越的丧失与制造平庸的教育［J］．教育发展研究，2011 (21).

［34］张清杰．让学生享受卓越教育 成就卓越人生［J］．中国高等教育，2011 (21).

［35］伍晔等．基于胜任力冰山模型的企业营销人员培训研究［J］．企业家天地（理论版），2011 (1).

［36］赵曙明，杨慧芳．企业管理者的任职素质研究［J］．心理科学，2007 (6).

［37］韩云忠．论人的超越性本质［J］．山东师范大学学报（人文社会科学版），2012 (3).

［38］徐志林．警察职业能力与警察职业能力培养［J］．上海公安高等专科学校学报，2014 (1).

［39］贾建锋等．胜任特征模型构建方法的研究与设想［J］．管理评论，2009 (11).

［40］王洪波．调查问卷编制中应注意的三个问题——以某校三个问卷为例［J］．教育科学论坛，2005 (11).

［41］陆跟书．大学生的课程学习经历、学习方式与教学质量满意度的关

系分析［J］．西安交通大学学报（社会科学版），2013（2）．

［42］王力一．论警察机智勇敢的职业品性［J］．学理论，2015（12）．

［43］蒋秀娣．人生是一条河［J］．思维与智慧，2010（18）．

［44］周全胜，王小山．大学生理论思维能力培养的意义与路径探微［J］．学理论，2014（9）．

［45］刘峰．胜在决断——谈企业领导的决断力［J］．企业管理，2009（3）．

［46］蒋丽华．侦查学专业本科学生法律素养的培养路径——以北京警察学院为例［J］．上海公安高等专科学校学报，2015（8）．

［47］张乾友．个人知识、专业知识与社会知识——知识生产的历史叙事［J］．自然辩证法通讯，2017（1）．

［48］王海燕．提升警察群众工作能力的现象与模式建构研究［J］．法制与社会，2014（7）．

［49］耿晓栋．论警察心理素质培养［J］．法制与社会，2009（3）．

［50］周川．专业散论［J］．高等教育研究，1990（1）．

［51］李瑛．当前公安民警面临的主要压力及解决对策分析［J］．法制博览，2014（11）．

［52］王媖娴．性别视角下的警察职业文化［J］．中国人民公安大学学报（社会科学版），2017（1）．

［53］徐环业．初任培训民警思想教育工作探析［J］．武汉公安干部学院学报，2013（3）．

［54］石中英．价值教育的时代使命［J］．中国民族教育，2009（1）．

［55］林玲．高等院校“人才培养模式”研究述论［J］．四川师范大学学报（社会科学版），2008（7）．

［56］蔡炎斌，蔡拔平．基于卓越警务人才培养的公安院校师资队伍建设的思考［J］．江西警察学院学报，2014（3）．

［57］王大伟．中国公安教育的特色与定位——从中西比较的角度考察［J］．中国人民公安大学学报，2003（2）．

［58］崔海龙，刘敏．英国警察教育对我国应用型公安院校建设的启示［J］．公安教育，2018（1）．

［59］汤常一，吴秀明．论美国警察院校政府经费投入保障机制及启示［J］．中国市场，2016（5）．

[60] 栾明香. 英国关于师生教学接触时间问题的争论 [J]. 世界教育信息, 2008 (12).

[61] 张英彦. 论高校实践教学目标 [J]. 教育研究, 2006 (5).

[62] 谭胜. 公安一级学科体系下公安专业内涵建设的思考 [J]. 公安教育, 2012 (6).

[63] 黎宜春, 杨媚, 潘枫. 公安院校法律专业第二课堂的调查与分析 [J]. 高教论坛, 2017 (5).

[64] 戴继诚. 试论公安院校构建第二课堂的必要性 [J]. 公安教育, 2007 (6).

[65] 杨铠华, 陆亚. 公安院校大学生心理危机特点及干预研究 [J]. 云南警官学院学报, 2016 (1).

[66] 刘春华. 埃利奥特与哈佛大学的改革 [J]. 高校教育管理, 2016 (3).

[67] 闫玉. 略论养成教育的内涵及实施途径 [J]. 长春师范学院学报, 2000 (11).

[68] 魏莉莉. 从养成教育之标准看学校教育 [J]. 当代青年研究, 2004 (5).

[69] 邢国忠. 把大学生养成教育作为高校育人的重要途径 [J]. 思想政治教育研究, 2008 (3).

[70] 薛玉山. 对高校学生养成教育的几点思考 [J]. 吉林教育科学, 1996 (9).

[71] 王世英. 论学习者自主养成教育 [J]. 学术论坛, 2011 (4).

[72] 简福平, 陈旭. 试论大学生养成教育的主要途径 [J]. 思想理论教育导刊, 2009 (5).

[73] 曹智荣. 警察院校大学生成就动机与创业意向的调查分析 [J]. 高教学刊, 2016 (1).

[74] 谭胜, 李冬梅. 土耳其警察教育与培训体系 [J]. 公安教育, 2009 (2).

[75] 吴跃章. 警务现代化背景下培养卓越警务人才的实践与思考 [J]. 公安学刊, 2014 (2).

[76] 侯勇, 戴媛媛. 大学生成就动机的培育 [J]. 高校辅导员学刊, 2010 (12).

［77］李欧．警校生警察职业认同现状调查与对策建议［J］．湖北警官学院学报，2014（3）．

［78］郭军．网络环境下公安院校大学生阅读现状调查——以铁道警察学院为例［J］．铁道警察学院学报，2014（10）．

［79］李梅，王明银．论习近平的人才培养理念［J］．长江丛刊，2016（27）．

［80］詹伟，李云龙．英国警察培训模式与方法及对我国公安院校教学方法改革的启示［J］．公安教育，2015（5）．

［81］陈凯．公安院校大学生思想政治教育面临的问题及其解决途径［J］．今日南国（理论创新版），2018（4）．

［82］章春明．构建治安学人才培养动态课程体系［J］．云南警官学院学报，2017（5）．

［83］袁广林．公安院校学科建设与专业建设论略［J］．中国人民公安大学学报（社会科学版），2017（2）．

［84］卢晓东．本科专业划分的逻辑与跨学科专业类的建立［J］．中国大学教学，2010（9）．

［85］欧科良．当前公安院校教学管理制度下的主要问题分析及对策［J］．湖南警察学院学报，2018（5）．

［86］赵逢灿．论公安院校的养成教育［J］．公安大学学报，1991（1）．

［87］傅俊华．对加强警察职业行为习惯养成教育的思考［J］．铁道警官高等专科学校学报，2010（3）．

［88］薛雷．浅议当代大学生养成教育［J］．长春工业大学学报，2009（2）．

［89］周光礼．“行业划转院校”的“去行业化”与“再行业化”：环境变迁与组织应对［J］．教育研究，2018（9）．

［90］许庆瑞，张蕾，王勇．知识员工的能力及其测度［J］．科学与科学技术管理，2002（8）．

（三）学位论文

［1］范瑛．警察胜任力模型建构与培养策略研究［D］．湖南师范大学，2015．

［2］周全兴．我军院校初级指挥军官培养模式研究［D］．华东师范大

学，2005.

［3］李貌．大学毕业生通用职业胜任特征模型研究［D］．宁波大学，2008.

［4］董海瑛．医学毕业生胜任特征模型构建研究［D］．四川大学，2007.

［5］刘晶玉．研究型大学校长胜任力模型研究［D］．东北大学，2011.

［6］许安国．行业特色研究型大学教师胜任素质模型构建及实证研究［D］．北京交通大学，2013.

［7］朱骏杰．沈阳市警察能力建设中胜任力应用研究［D］．大连理工大学，2013.

［8］杨莉．公安机关基层领导干部胜任能力模型构建［D］．浙江大学，2008.

［9］包飞．刑事警察胜任特征模型的建构［D］．华东师范大学，2006.

［10］王驰．警察胜任特征建构研究［D］．苏州大学，2006.

［11］周迪生．上市公司财务总监能力素质模型研究［D］．首都经济贸易大学，2006.

［12］赵辉．中国地方党政领导干部胜任力模型与绩效关系研究［D］．西安交通大学，2003.

［13］李政庭．警察的职业荣誉感培育研究［D］．中国人民公安大学，2014.

［14］张佩瑶．民办高校教师影响力研究［D］．西北大学，2010.

［15］姜涛．高等教育大众化背景下的辅导员影响力研究［D］．辽宁大学，2015.

［16］江浩．论大学生的养成教育［D］．合肥工业大学，2005.

［17］孔德秋．从底线伦理的视角谈职校学生的养成教育［D］．南京师范大学，2004.

（四）外文文献

［1］Orgen Sandberg. Understanding Human Competence at Work：An Interpretative Approach［J］. Academy of Management Journal，2000（1）.

［2］CHIMTH，Glaser，Farr M. J.，The Nature of Expertise［M］. Hillsdale，NJ：Erlbaum，1988.

［3］Bereiter S.，Scardamia M.. Surpassing Ourselves：An Inquiry into the

Nature and Implications of Expertise [M] . Lasalle, IL: Open court, 1993.

[4] NAE. Educating the Engineer of 2020: Adapting Engeering Education to the New Century [M] . Washington: The National Academies Press, 2005.

[5] Jorgen Sandberg. Understanding human competence at work: An Interpretative Approach [J] . Academy of Management Journal, 2000: 42 (1) .

[6] David C. McClelland. Testing for Competence rather than for Intelligence [J] . American Psychologist, 1973 (28) .

[7] Norris N.. The trouble with competence [J] . Cambridge Journal of Educaiton, 1991: 21 (3) .

[8] Messick S.. The interplay of evidence and consequences in the validation of performance assessments [J] . Educational Researcher, 1994: 23 (2) .

[9] Nordhaug O.. Competence specificities in organizations [J] . International Studies of Management & Organzation, 1998 (28) .

[10] McClelland D. C. , Boyatzis R. E.. Leadership motive pattern and long-term success in management [J] . Journal of Applied Psychology, 1982: 67 (5) .

[11] Boyatzis R. E.. The Competent Management: A Model for Effective Performance [M] . New York: John Wliey, 1982.

[12] Prahalad C. K. , Hamel G.. The core competence of the corporation [J]. Harvard Business Review, 1990: 68 (3) .

[13] Spencer L. M. , Spencer S. M.. Competence at work: Models for superior performance [M] . New York: John Wiley & Sons, 1993.

[14] Brundrett M.. The question of competence: the origins, strengths and inadequacies of a leadership training paradigm [J] . School Leadership and Management, 2000: 20 (3) .

[15] Mc Clelland, D. C. &Dailey, C.. Evaluating new methods of measuring the qualities Needed in superior Foreign Service officers [J] . Boston: Mc Ber &Co. 1973: 76 (4) .

[16] Harlow G Huger. Encyclopedia of American Education [M] . New York: Facts on File, Inc. 1996.

[17] Mc Clonnell E. A.. Competence vs Competency [J] . Nursing Management, 2001: 32 (5) .

[18] Cheng M. I. , Dainty R. I. , Moore D. R.. The differing faces of manage-

rial competency in Britain and America [J] . Journal of Management Development, 2002: 22 (6) .

[19] Flecher S. NVOs, Standarpds and competence: A Practice guide for employers management and trainers [M] . London: Kogan, 1992.

[20] Ledford G. E.. Paying for the skill, knowledge and competencies of knowledge workers [J] . Compensation and Benefits Review, 1995: 27 (4) .

[21] Michael Armstrong , Angela Baron. Performance Management [M]. London: The Cromwell Press, 1998.

[22] Cochran J. K. , Bromley M. L.. The myth of the police subculture [J]. Policing: An International Journal of Police Strategies & Management, 2003, 26 (1) .

[23] Steven D. Kepnes. Apr. Buber as Hermeneut: Relations to Dilthey and Gadamer [J] . The Harvard Theological Review, 1988 (2) .

[24] Eisenhardt, Kathleen M.. Making Fast Strategic Decisions in High Velocity Environments [J] . Academy of Management Journal, 1998: 32 (3) .

[25] Motowidlo J. , Carter G. W. , DunnetteM. D. etal. Studies of the structured behavioral interview [J] . Journal of Applied Psychology, 1992 (17) .

[26] Boss W. , Tarnai C.. Content analysis in empirical social research [J]. International Journal of Educational Research, 1999 (31) .

[27] Godfrey P. , Hill W. L.. The problem of unobservables in strategic management research [J]. trategic management Joernal, 1995 (16) .

[28] Finkelstein S. , Hambrick D. C.. Strategic Leadership: Top Executives and Their Effects on Organizations [M] . St. Paul, MN: West Publishing Company. 1996.

[29] Ernest T. , Pascarella Patrick T. Terenzini. How College Affects Students: A Third Decade of Research [J] . Jossey-Bass, 1991. (25) .

[30] Mary E. Huba, Jann E.. Freed, Learner-Centered Assessment on College Campuses: Sifting the Focus from Teaching to Learning [M] . Allyn & Bacon, 2000.

[31] Nicholls. Motivation In: H. E. Mitzled. Encyclopedia of education research (15ed) [M] . New York: Macmillian, 1982.

[32] N. Brewer, C. Wilson. Psychology and Policing [M] . Hillsdale, NJ:

Lawrence Erlbaum Associates，1995（9）.

[33] George F.，Madaus Daniel L. Stufflebeam，Michael S. Scriven. Program Evaluation：A Historical Overview [A] . Evaluation Models –Evaluation in Education and Human Services [C] . Netherlands：Springer Netherlands，1983（6）.

[34] Lee Maggy，Punch，Maurice. Policing by Degrees：Police Officers' Experience of University Education [J] . Policing & Society，2004：23（5）.

[35] Colin Rogers，Bethan Smith. The College of Policing：Police Education and Research in England and Wales [J] . Higher Education and Police，2018：（2）.

http://xueshu. baidu. com/usercenter/paper/show? paperid=e79083a0dc78d7e2bef0c74211837d79&site=xueshu_se.

[36] Birzer，Michael L. . The theory of andragogy applied to police training [Online] . Policing：An International Journal of Police Strategies，2009.

https：//www. emeraldinsight. com/doi/full/10. 1108/13639510310460288.

附　录

附录1：行为事件访谈步骤与提纲

一、访谈准备

自我介绍并简要介绍访谈目的，并承诺相关保密约定，营造良好的访谈环境。

访谈目的表述如下：介绍本书旨在通过对警察胜任力研究，为公安院校人才培养改革提供借鉴或改革思路，访谈是获取胜任力要素的一个重要方法。

二、了解记录受访者个人情况

请受访者介绍一下个人情况，并设定三个补充问题，进一步了解对方现状，根据现场情况进行追问：

问题1：您从事过几个岗位，从事目前的岗位多少年了？

问题2：您目前工作的重要内容是什么？

问题3：您是否有立功受奖的经历？有几次？

三、正式访谈提纲

以STAR方法引导访谈对象完整描述4-6个警务工作中的重要事件，根据情景设定不同的追问。

（一）S（Scene）在什么情景下发生了什么样的事？事件过程是什么样的？有什么背景？该事件理想中怎么发展？

（二）T（Task）他在该事件中是什么角色，有什么作用，有什么具体任务？完成这个任务需要哪些主客观条件？目前的条件和优势如何？

（三）A（Action）他是怎么做的？需要克服哪些困难？当时的情感、心理是什么状态？采取行动背后有哪些理念或目的作为支撑？

（四）R（Result）这件事情的结果是什么？他是否满意？他认为这件事情成功或者失败最关键的主客观因素是什么？在其中有什么体会和感受？

四、访谈总结

对访谈进行总结，特别是通过回顾总结事件，从中发现他身上的素质与能力，并与他交流、确认。

根据对方反应和回应程度，还可以请他谈谈警务工作中最重要的素质和能力是什么。

最后表达谢意，并表明在梳理访谈中，如果遇到问题还可能联系他，请他给予协助。

附录2：访谈记录（节选）

访问地点：主楼办公室 时间：2017 年 10 月 20 日晚 6：30-7：10 姓名：刘警官 性别：男 警龄：7 年 警衔：一级警司 职务：四川某地刑警中队民警 工作经历：本科毕业，主要从事刑侦工作 访谈者：谭胜、王同学	
导入语：略 比较成功的事情： 1. 我是做刑侦工作的，我觉得比较成功的就是通过一些新的技术型的手段，把以前比较复杂、比较困难的案件予以解决。2012 年，我遇到了一个关于网络诈骗的案例。犯罪嫌疑人通过网络渠道发布了一个销售汽车的广告，这条广告里除售车信息外，只有一个联系销售的电话号码。通过这则广告，犯罪嫌疑人伪造手续，将车卖给受害人。犯罪嫌疑人在收到购车款后就消失了，联系不上。受害人报案后，我们局通过所有的常规手段都无法找到犯罪嫌疑人，因为他的作案地不在他的居住地，也不在和他有关系的地方，而是选择了一个陌生的地方。而他所有的信息都是虚假的，包括他在网上留下的注册信息。唯一一个联系信息就是他使用的手机号码，但经查也不是实名注册的。后来我通过一些渠道了解到有关部门掌握了一些高科技手段，包括信息侦查、网络侦查等，我就去和这些部门协调，并向专业人士学习请教。我很快掌握了一些信息系统使用的方法，在其他同志的配合下，仅一个月的时间我们就把犯罪嫌疑人的身份、活动轨迹、同案犯都掌握了，最后对他实行了定点抓捕。这个是比较有成就感的例子，因为搞刑侦工作压力比较大，如果利用这些高科技的手段使一个比较复杂的案子有眉目，是会有满足感的。 2. 后来，我负责民警的实战训练，就是做了实战教官。我发现，民警的受伤率高是民警在处置警情时面临的一个比较严峻的问题，于是我就组织有针对性的训练，把它运用到抓捕当中去。有一次，我带着一个民警和三个协警一起处警，其间遇到一个少数民族的犯罪嫌疑人，因醉酒后不听劝告，寻衅滋事，当我们到现场后，和我们对峙。事情发生在一个医院的大厅里，对方	科技素养 专业技能 学习能力 人际沟通 决断能力 成就感 荣誉感 实战水平 组织能力 发现问题 能力

续表

拿了一根比较粗的长棍，周围还有许多就医者。如果是在以前，我们的民警肯定对这种情况比较棘手。按照先前训练的方案，我果断决定迅速疏散周边群众，避免误伤，并寻找时机控制犯罪嫌疑人。我们按照分工，一人和对方谈话，分散注意力，我看准时机，和一名协警冲上去将其制服。通过训练，我们把以前无法解决的问题顺利解决了。这是我自身教学的过程，也是我们再学习、再演练的过程，自身的这方面能力也在提升。通过这件事，大家都非常认可我们这个实战培训班，这也是很有成就感的，也对教官这个身份特别认同，觉得有意义、有价值。 3. 我本科是地方大学的，后来被选到了突击队，这是一种缘分，更能体现自身价值，也更能凸显做警察的政治本色。因为突击队训练比较残酷，我也很自豪能熬过这 3 年，被选上是一种荣誉，但是突击队的生活也是比较残酷的，被选上也是挺有挑战的。每天 5 到 10 公里长跑，每天下午还得训练 3 个小时，最后我们的衣服都是可以拧出水来的，基本都是虚脱状。痛苦的是天天这样，一开始周末也不休息，只是后来随着警龄的增加，训练量会减少一点。只能说这也是一种经历吧，青春的一种经历，因为年纪大了之后，再做这些是不可以想象的。 遗憾的事： 1. 现在整个公安队伍的素质并不是特别高，法律意识也比较缺乏。例如，搞侦查的，他们可能认为侦查的手段是最重要的，把法律看成了限制的条款，很少会从法律的角度出发为自己的行为找一个依据。现在看我们的法律可能已经很完善了，其实从公安的角度来看并不是这样的，有很多地方还是真空状态，这给我们的执法带来了很多的风险。在这方面，自己的理论水平很缺乏，不能解答这方面的困惑，所以这方面我必须加强学习，学习法律知识，学习法律知识的运用。 2. 有一个小混混，他一个兄弟的摩托车被别人骑走并给卖了。这个小混混就想为兄弟出头，于是约了几个人找到这个骑走摩托车的人，把他带了回去。之后，对他进行非法拘禁，并实施了捆绑、开水烫、刀割等折磨行为。一天晚上，有两个犯罪嫌疑人负责看守他，这两人以为他已经被揍怕了，不会再有什么反抗行为，就没有在意，自顾睡去。这个被拘禁的人因为身上疼没有睡着，且越想越气，他心里盘算："如果我不先发制人的话，我肯定还会被收拾。"于是，他找了一把砍刀把两个人砍了，其中一人重伤，手筋被砍断了，牙也掉了十几颗。这起案件由我负责办理。刚开始接受这个案子，按照	群众意识 决断能力 勇敢精神 学习能力 职业认同 荣誉感 忠诚可靠 职业认同 意志力 身体素质 心理素质 法律知识 理论思维 分析思维 公平正义感 责任担当

续表

当时获得的一些证据，我将其定性为正当防卫或防卫过当。但是，看到伤者之后，我又重新收集证据，特别是证人证言，发现一个细节，那就是一个受伤者被砍后想要逃离，但被这个被监禁的人拉了回来补了几刀。关于这几个人如何定性的问题存在很大争议。经了解，看守被监禁人的两个犯罪嫌疑犯属于从犯，并没有直接对被监禁人实施人身攻击，只是限制其人身自由。对其罪行定性，我们认为是属于非法拘禁罪，检察院认为是绑架罪。最后，检察院发回要求重新取证。新的证据有一处指向绑架罪，但并不完善。我们将证据提交检察院，经法院审理，对两个被砍伤的犯罪嫌疑人以绑架罪定罪，一个被判了 11 年，另一个被判了 10 年，其中那个被判 10 年的人只是负责看管，没有任何其他行为。这件事情我感觉比较遗憾，我觉得自己没有坚持，没有执着意识。心中如果觉得定性不合理，应该按照法律的要求继续取证。再者，法律方面以及判决程序我觉得应该需要更加完善完备，切实做到公正公平。 3. 我们上学的时候老师也跟我们说过，说以后要是当民警的话，社会的阴暗面会伴你一生，这对自己的心理压力非常大。有一次我处警，一个 60 多岁的老头正在马路边割电线，割了之后拿去卖，当时他的行为已经构成了犯罪。但是我们可以确定，如果他不这么做，他可能连活都活不下去。但是，按照规定，我仍然对他进行了治安处罚。后来，虽然很后悔，也自己掏钱把他送回去，给他买吃的。但是，这件事情自己还是没有处理好，没有把握好情与法的关系。这也可以看出，其实很多事不是我们怎么做的事，而是社会上其他原因导致的，所以给自己的心理压力就比较大。	责任担当 意志力 为民意识 法律意识 心理素质 同情心 灵活性 社会公德

附　表

附表1：警察胜任力初始模型及特征要素释义表

维度	特征要素	内涵与释义
角色呈现	忠诚品性	对党忠诚，党性强，政治站位明确，做党和人民的忠诚卫士，忠诚履行党的决定，自觉参加党的活动
	廉洁自律	熟悉廉洁从警和纪律作风方面规定，按照规定审视自己的行为，时刻警醒，自觉改正不当行为，廉洁做人
	爱国精神	是爱国者，热爱祖国，有民族自尊心，有保卫国家安全、维护祖国荣誉主动性、自觉性
	法律基础	有执法人意识，熟悉法律基础知识，懂得运用法律知识，自身职务行为和日常行为均在法律框架内进行
	社会知识	掌握一定的文史哲知识和科技素养，熟悉信息技术手段，遵守社会公德，具有人文精神，知识博学，社会经验丰富
	身体素质	体检中身体各项指标正常，精力充沛，注重身体锻炼，身体素质过硬，是身体健康者
	群众工作能力	懂群众、知群众，有群众工作能力与方法，从群众利益考虑问题，能化解群众矛盾，做好群众工作
	语言文字能力	有文字功底，掌握公文撰写规范与要求，有良好的语言文字和沟通能力，胜任公文执笔人的任务

续表

维度	特征要素	内涵与释义
知识与能力	公安专业知识	掌握警务工作的专业知识与核心技能，能将专业知识技能运用于警务实践，从事专业性强的工作
	相关专业知识	有从事警务工作的基本知识，了解公安工作分工和基本过程，从事过公安工作的多个岗位
	警务技战术	掌握武力执法技能，包括擒敌技能，熟悉警用武器警械的使用，有威慑力
	处警能力	掌握现场警情处理能力，包括一般治安案件处理，也包括重大案件中职责分工内的任务，懂得运用处警中的警务战术
	警察心理	具备从事警务工作的专业心理素质，特别是在执行重大重要案件或危险任务时，有着良好的心理素质并有调节方法
内隐素质	学习创新	有着保持学习钻研的习惯，有一套学习方法，在工作中常有新方法、新思路
	决断能力	懂得决策决断的一般方法和过程，对事物有自己的观点和认识，能抓住时机，解决关键问题
	理论思维	常思考、会总结、善提升、能推广，能够透过现象看本质，知其然知其所以然，具有一定的预见性
	灵活应变	能根据不同的情景作出不同的应对措施，不僵化，不拘泥于程式
	职业认同感	热爱警察职业，认同职业价值，体现职业忠诚，在警务工作中能发挥自身能力与作用
	人际关系	重视营造良好的人际关系，重视协同配合，以诚待人，有人际沟通的技能和技巧
	勇敢精神	不怕牺牲，面对危险不畏惧不退缩，并能正确处理自我保护和打击违法犯罪行为的关系
	意志力	面对困难，不放弃；有着良好并持之以恒的工作习惯；为了目标，不断坚持和努力
	责任担当	认真履行岗位职责，细致地做好每项工作；有担当意识，对于过错不推诿，尽责始终
	荣誉感	有荣誉心，有追求进步和发展的前景目标，有体现能力和价值的愿望，并将之作为工作的动力

附表2：公安机关人民警察工作情境及其胜任力调查正式问卷

尊敬的警官：

您好！为了掌握公安一线人才需求，更好地培养公安专业人才，我们拟开展公安机关人民警察工作情境及其胜任力的相关研究。以下是这方面研究的问卷调查，恳请您在百忙之中予以支持，并请根据自己的理解或亲身经历在相应的选项下打“√”。选项无对错之分，请您一定根据自身的实际情况选择代表您真实情况或想法的选项，您的填选将是我们研究的重要参考。十分感谢！

（您所填内容将以匿名形式呈现，仅作研究之用）

基本信息所在地区：华东□　华北□　华南□　西南□　西北□　东北□

性别：男□　女□　　　　学历：博士□　硕士□　学士□　其他□

警龄：<5 年□　5-10 年□　>10 年□

职务：局领导□　队所领导□　处室科领导□　其他□

毕业院校（第一学历）：部属公安院校□　省属公安院校□　211 或 985 院校□　其他□

所学专业：公安文科□　公安工科□　普通文科□　普通工科□

警种：刑警□　交巡警□　治安□　刑科技□　公安管理□　其他□

是否在公安一线岗位：是□　否□

是否为军转干部或其他部门调入警队：是□　否□

大学学习期间选修课：<1 门□　1-5 门□　6-8 门□　>8 门□

大学期间第二课堂：丰富□　一般□　不丰富□

大学期间影响较深的教师：<1 人□　1-3 人□　4-6 人□　>6 人□

大学期间影响较深的专业课程：<1 门□　1-3 门□　4-6 门□　>6 门□

大学期间接受警务化管理程度：严格□　较严□　一般□　没有□

大学前警务实习时长：<2 月□　2-4 月□　>4 月□

大学以来立功受奖次数：<1 次□　1-3 次□　4-5 次□　>5 次□

序号	代号	题项	非常不认同	不认同	不确定	认同	非常认同
1	A1	了解并认同党的领导地位形成过程及其历史必然性，要做党和人民的忠诚卫士					
2	A2	能自觉参加或执行基层党组织的活动或决定					
3	A3	有一定的政治觉悟，有清晰的政治站位，要做政治安全的捍卫者					
4	B1	我熟悉公安机关“十项规定”，日常工作生活中时常提醒自己遵守警纪要求					
5	C3	有爱国的品质，对有损祖国尊严和利益的人或事，我感到义愤填膺					
6	D1	熟悉法律基础知识尤其是熟悉与警务工作相关的法律，做一个懂法者					
7	D2	作为执法者，掌握关于处警行为或措施的法律或政策依据					
8	E1	努力做一个博学者，广泛涉猎文史哲知识，开阔视野，为做好工作打好基础					
9	E2	对现代科技尤其是警务技术的发展有所了解，是技术关注者，有科技敏感性					
10	E3	努力做一个社会人，注重公德，懂得人情世故，体现出人文关怀					
11	F1	我近年来体检结果的主要指标都正常，是身体健康者					
12	F2	我在工作中时常感到疲乏，特别是加班后很难缓过劲*					
13	G1	懂群众，了解群众工作的一般过程与方法					
14	G2	知群众，常从群众权利和利益的角度处理问题					
15	G3	能充当群众矛盾化解者角色，能够有效化解矛盾					

续表

序号	代号	题项	非常不认同	不认同	不确定	认同	非常认同
16	H2	工作中常作为执笔人，起草文字材料并受到好评					
17	I1	学校学习掌握的专业知识转化提升后能用在警务工作中					
18	I2	掌握警务专业性强的技能，在一定范围内有些人还是难以胜任的					
19	I3	常作为专家或业务骨干被抽调参加一些重要工作					
20	J1	熟悉公安工作分工，了解很多岗位一般工作过程					
21	J3	常与其他岗位或警种的同事进行业务交流，并从事过多个岗位					
22	K1	会一套较为实用的擒敌制敌本领					
23	K2	在警务工作中熟悉常用警用武器装备并能熟练使用					
24	K3	常主动找机会演练警械或警务技战术，并已经或希望应用于实战					
25	L1	具备在处警或巡逻时处理好一般矛盾的基本能力					
26	L2	在处突任务中，在我的职责分工内，具备有效控制局面、不使事态扩大的能力					
27	M1	在执行重要或重大警务任务时，具备控制紧张情绪的能力					
28	M2	在连续紧张的警务工作中，具有健康的业余活动和方法调节身心					
29	M3	受到领导批评，我感到心理压力很大，会影响心情和工作积极性*					
30	N1	我学习能力较强且有一定的学习方法					
31	N2	我在工作中喜欢钻研琢磨，常有新方法、新思路					

续表

序号	代号	题项	非常不认同	不认同	不确定	认同	非常认同
32	N3	我有读书看报的习惯，有意识地紧跟时事和专业前沿					
33	O1	我有做一项决定或决策的一般过程和方法					
34	O2	我在警务工作中常能抓住时机，把握关键，解决棘手问题					
35	O3	我对事物、事件常有自己的认识、观点和判断					
36	P1	对一些具体问题知其然知其所以然，我能讲出深层道理					
37	P2	我对警务工作经验常思考、会总结、善提升、能推广					
38	P3	我能根据一些理论知识对事物发展有一定预见性，并往往被实践证明其正确性					
39	Q2	我在处理问题时常备有几种不同方案并会根据实际情况选择					
40	R1	我充分了解、熟悉警察职业的职责任务					
41	R2	虽然警察工作辛苦，但有职业自豪感，我比较充实和有价值					
42	S1	以诚待人，人以诚待我，我有着良好的工作氛围					
43	S2	我在工作中重视协调配合，常争取别人帮助和帮助别人					
44	S3	我重视并把营造良好的人际关系作为做好工作的前提					
45	T3	遇到过危险，但我还没有真正想过要退缩					
46	U1	我有一些坚持很多年的、效果不错的工作习惯					
47	U3	我坚信付出才会有回报，坚持才会胜利					

续表

序号	代号	题项	非常不认同	不认同	不确定	认同	非常认同
48	V1	对将要移交的案件或工作，我必须仔细检查后方可出手					
49	V2	对工作中的确是自己的职责或过错，我会承担，不会推诿					
50	V3	工作责任是伴随警察职业始终的，在岗一天尽责一天					
51	W1	我还想进步和发展，争取获得荣誉，必须努力做好本职工作					
52	W2	我不想被别人看作能力低下，我要体现能力和价值					

附表3：部分公安院校本科毕业生教学满意度调查问卷（节选）

序号	题项		选择（√）
1	我认为入学所选专业是我的理想专业	A. 当然，我的专业我做主	
		B. 随便一选，选专业就像买彩票	
		C. 授命于父母，只得服从	
		D. 分数论英雄，被调剂了	
2	我对所学专业的态度	A. 浓浓爱意，渐入佳境	
		B. 马马虎虎，平淡是真	
		C. 形同陌路，我们是最熟悉的陌生人	
3	我认为我所学的专业的培养目标明确、特色鲜明	A. 非常同意，为学校专业设置亮起五颗星	
		B. 还可以，勉强好评	
		C. 真心觉得一般般	
		D. 很糟糕，评价不好	
4	我认为本专业课程设置	A. 简直完美	
		B. 比较合理	
		C. 不尽合理，但可以接受	
		D. 重复交叉课程太多	
5	我认为本专业课程学期分布	A. 四年紧凑，累而充实	
		B. 太轻松，需要增加课时量	
		C. 中间紧，两头松	
		D. 中间松，两头紧	
6	我认为课程体系中最好的、对我影响最大的课程模块	A. 普通通识课	
		B. 公安通修课	
		C. 专业基础课	
		D. 专业课（主干课）	

续表

序号	题项		选择（√）
7	我认为课程结构中最有问题的课程模块	A. 普通通识课	
		B. 公安通修课	
		C. 专业基础课	
		D. 专业课（主干课）	
8	我认为网上选课时	A. 想上的课分分钟选到	
		B. 拿出抢票的必杀技，想选的课还是能选上的	
		C. 选课难，难于上青天	
		D. 我是捡漏王，你们只管选，剩下的是我的	
9	我对学校公选课课程满意度	A. 品类丰富，完全对胃口	
		B. 基本满足我的兴趣需求	
		C. 仅对部分课程满意	
		D. 不能满足我的兴趣需求	
10	我对思想政治教育的认识	A. 形式多样，内容丰富，感同身受	
		B. 主要利用各类课程接受教育	
		C. 主要利用思想类课程接受教育	
		D. 接受被动的说教，没有新意	
11	我对专业实习效果的满意度	A. 实践出真知，收获满满	
		B. 比较有用，但与所学的专业关联不大	
		C. 挺有意思，最起码了解基层情况	
		D. 流于形式，打酱油了	
12	我认为学校对本专业的实验实训课课时安排	A. 安排完美，张弛有度	
		B. 课时太多，累	
		C. 课时太少，要求增加	
		D. 并不关心，安排多少上多少	
13	我对本专业实验实训类课程质量的评价	A. 内容充实，注重从理论到实战的能力培养	
		B. 内容比较充实，能培养实战能力	
		C. 态度上重视，但往往内容不如预想的好	
		D. 内容空洞，理论与实际脱节	

续表

序号	题项		选择（√）
14	我对自己的毕业论文（设计）的满意度	A. 毫无瑕疵，十分完美	
		B. 大体还行，需要老师指导进一步打磨	
		C. 能过就行，有待商榷	
		D. 不敢直视	
15	我对专业课程教材的满意度	A. 大部分教材经典实用	
		B. 大部分就上课用用	
		C. 部分教材我“典藏”得很好，还是崭新的	
		D. 教材完全是种负担	
16	我认为大部分教师课堂教学中注重启发式、案例式教学	A. 非常同意，确实受益	
		B. 比较同意	
		C. 一般，运用案例水平有待提高	
		D. 不同意，他们经常照本宣科	
17	老师在教学中经常引入学科研究前沿或时事动态	A. 经常，很感兴趣，且能拓展知识面	
		B. 经常，不感兴趣，或听不太懂	
		C. 偶尔引入研究前沿或时事动态	
		D. 几乎没有讲过	
18	我认为本专业理论教学内容陈旧，与公安实践脱节	A. 非常同意	
		B. 比较同意	
		C. 一般	
		D. 不同意	
19	我与教师的学业交流关系	A. 容易见到，并能耐心解答问题	
		B. 打电话预约，能够见到并交流	
		C. 上课或参加学校有关活动时能够见到，在课后留下一点时间与同学交流	
		D. 上课后走人，很难见到	
20	我对图书馆图书种类、信息资源满意度	A. 种类丰富，完全能满足阅读需求	
		B. 种类齐全，但是一些行业前沿新书上新较慢	
		C. 一般水平，不常去所以不关心	
		D. 种类太少，完全不能满足我阅读的小火苗	

续表

序号	题项		选择（√）
21	我对大学各类团学活动、第二课堂开设情况的认识	A. 应接不暇，题材广泛，品种丰富	
		B. 能够保证我课余时间不落空	
		C. 抓紧时间抢，不然没有名额	
		D. 单调乏味，没有兴趣	
22	我对学校警务化管理的认识	A. 严格严厉，算是挺过来了，发现一些要求成为习惯了	
		B. 按章办事，不出事，我还是我	
		C. 时紧时松，只要不在风头上就没事	
		D. 说说而已，谁都没有当真	

图表索引

后　记

十年追求，矢志不渝，读博之路漫长而坎坷。曾几何，为失之交臂的深造机会沮丧懊恼；经年后，又为失而复得的求学平台惊喜不已。从中国人民公安大学到中国人民大学，距离不远，都承载了从工作到学习，再从学习到工作的循环往复过程，也是经历和思维在理论与实践之间不停转换的过程。

人才培养是教育研究领域的重要命题，也是公安高等教育实践的核心任务。任何一种人才培养模式抑或是改革举措，其背后都有理论支撑或价值追求。本书的研究就是基于本人长期从事公安教育工作的实践思考，试图在高等教育理论、胜任力理论的框架中对当下公安人才培养改革进行理论思考，探索理论指导实践的现实路径。

当然，任何理论都不是万能的，任何一种人才培养模式也不能解决所有问题，达成所有目标。本书的研究只是众多人才培养改革研究中的沧海一粟、冰山一角。限于作者的认识水平和研究能力，本书的探索仍然比较浅显，有的观点还有待商榷，敬请各位专家教授予以批判和指正。

本书在写作过程中，得到了本人导师中国人民大学胡娟教授的全程指导，也得到了李立国教授、洪成文教授、秦立强教授、曹淑江教授等多所高校的多位专家教授的大力支持，严宇博士、姬艳涛博士、高文豪博士亦对本书进行了多次斧正润色。在群众出版社的大力支持和帮助下，本书得以编辑出版。这既是本人艰辛攻博之路的一个总结，也是探索新知、开启新视角的一次尝试。在此，由衷感谢所有为本书无私付出的师长和同仁。

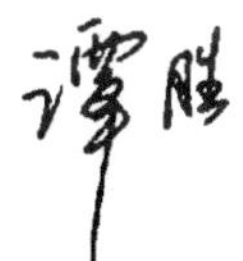

2024 年 2 月